文化叢刊

魯迅與我七十年

周海嬰 著◎蕭關鴻 原書主編

台灣版序

我首先想說的是這本回憶錄能夠在台灣出版，與台灣的讀者見面，使我十分激動和高興。雖然是寫這短短的一篇序，容我從遠處說來，請讀者諒解。

父親魯迅曾在一九二七年四月，給一位台灣青年張秀哲君的譯著《勞動問題》〈小引〉一文中寫道：

「只因爲本國太破爛，內憂外患，非常之多，自顧不暇了，所以只能將台灣這些事情暫且放下。」

「但正在困苦中的台灣青年，卻並不將中國的事情暫且放下。他們常希望中國革命成功，贊助中國改革，總想盡些力，於中國的現在和將來有所裨益，即使是自已還在做學生。……」

是的，父親這句話說在七十五年之前，他沒有估計到如今海峽兩邊的變化。求進步、求變革、求富裕、求統一，是我們的共同目標。

序

吳洪森：這幾天有幸讀到《魯迅與我七十年》清樣。我想知道周海嬰爲什麼請你爲他的回憶錄寫序呢？

王元化：我只能告訴你一些我和魯迅家人的來往情況。抗戰時上海有份抗日救亡的雜誌叫《婦女界》，許廣平是《婦女界》主要負責人。起先上海地下黨文委派戴平萬同志去幫助作些編排方面的指導。（當時就在凌山家聚談）後來戴平萬有別的工作要做，就派我去。時間是一九三九年。因這緣故，見到了許廣平。我那時對魯迅先生是非常敬佩的，總希望從許廣平那裏聽到有關魯迅的故事。許廣平有空也會和我們講一點，她那時就對我們說魯迅也是普通人，不要把他神化，還講了一些這方面的故事。這些故事有的她已寫到回憶錄裡面去了。後來我們聽說海嬰需要請家教，我的一位友人樂起同志知道後自告奮勇去了。樂起本名樂嘉澍，抗戰前原是清華大學物理系研究生，和李政道同學。七七事變後因獻身抗日，放棄學業，在上海地下黨週邊做工作。他也是魯迅崇拜者。樂起去輔導海嬰不久，我們就聽說他和海嬰玩起橋牌來了。這次看了海嬰的回憶錄才知道樂起是以這種方式在教海嬰英語。我八十年代見到海嬰時提起樂起，他還口口聲聲樂老師樂老師，對樂起很有感情。

一九四二年我在儲能中學教國文，那時周建人也在儲能教書，教生物。海嬰書中多次談起周建人，但沒有提及這件事。大概他那時太小，不知建人先生因家境困難還在中學兼過課。這裡提出來算是給海嬰回憶錄作點補充。

改革開放後，我和海嬰見過幾次面，就在前兩年，他還為上海召開魯迅紀念會的事情打電話給我，他說外地有些這類會議的組織者不讓周令飛在會議上發言，請我向有關領導反映一下。市裡答復上海不會這麼做，有關領導還招待海嬰和令飛吃了一頓飯。

吳：說實話，我剛拿到這本清樣時，期望並不高。我想，海嬰是搞無線電技術的，也沒聽說過他寫過什麼文章，再說，魯迅至今依然是被高度政治化的人物，他的後代能秉筆直書嗎？但看著看著，我就被這本書吸引了。海嬰的敘述很誠懇很坦率，從樸實的文筆中，可以感到作者為人的正直，即使涉及到一些恩恩怨怨，他也很寬容。

王：是的。許廣平解放後也出版過回憶錄，當時環境不允許她把什麼都講出來，比如解放後被打倒的胡風、蕭軍等，許廣平的書中就不能不儘量避開。海嬰寫回憶錄是在九十年代，顧慮少，眞實性較強。書中有不少地方顯示了海嬰敢講實話的勇氣，不為尊者諱，也不為親者諱，把很多事都寫了出來。

海嬰能夠歷史地看問題，撇開了上一代的恩怨。比如創造社的問題，四條漢子問題等。即使像李初梨解放後仍然以偏見成見對待魯迅，海嬰寫到他，還是很心平氣和的。

海嬰是個很有感情的人。魯迅在世的時候，海嬰還很小，魯迅習慣於夜間工作，早上睡覺，因此每天早上許廣平都要叮囑海嬰輕手輕腳，海嬰常在臨出門上學之前，悄悄溜到樓上魯迅房間裡，給魯迅的煙嘴裝上一支煙。這樣的細節令人感動。海嬰寫到朱安時，帶著高度讚揚的口吻。魯迅去世後，許廣平一直承擔著魯迅母親和朱安的生活，她和朱安夫人之間互相尊重，像姐妹那樣相處，這是值得後人敬重的。

吳：魯迅對待海嬰的教育方式是儘量不作限制，讓他自由發展。但海嬰長大後，個性和愛好都很受限制。他十八歲時迷上無線電，還考取業餘無線電牌照，但天線才架起來兩天，上海地下黨就通知拆掉，因爲許廣平家來往的人太多，怕引起國民黨注意。解放後他在北大讀物理，有一次看到同學爲橋牌的規則爭論，他插了幾句嘴，結果卻傳開魯迅的兒子不好好讀書，一心打橋牌。爲此，北大團委書記還專門找他談話。說作爲魯迅的後代要注意影響。從此他再也不敢參與任何文娛活動。這種影響一直波及到他的兒子。一九八二年，周令飛在日本和臺灣女孩戀愛，後來去臺灣成親。國民黨的報紙將之宣傳爲魯迅的後代投奔臺灣，這裡則有人向海嬰施加壓力，要求他發表脫離父子關係的聲明。幸好海嬰頂住了，要不然數年之後，兩岸通婚成了稀鬆平常的事，海嬰如何面對自己的兒子。從這裡可以看到，海嬰不僅有寬厚忍讓的一面，也有勇於頂住壓力，耿介的強脾氣。

王：我們一直把魯迅當做一面旗幟，海嬰的地位處境很容易讓人對他產生誤解。海嬰不能像普通人一樣生活，他時時刻刻都活在別人的期望中。因爲他是魯迅的兒子，所以人們對他往往期望過高，過嚴，過苛。甚至有時還提出不應該有的要求。

吳：我原以爲海嬰屬於特權階層，但看了他的回憶錄才知道，他們不僅沒有受到特殊的照顧，連應該屬於他們的權益也被侵犯了。「文革」時將許廣平的醫療單位從北京醫院和其他「走資派」一起轉到了北大醫院，許廣平心臟病突發的時候，該醫院沒有值班醫生，拖延了搶救時間才去世的。許廣平去世一個月，他們全家六口就被要求搬家。搬到一套舊建的工房裡。而許廣平解放初買下的一座四合院被公家拿去後，卻至今不歸還。他們搬到工房後，因爲排汙管堵塞，糞水滿地流，兩個孩子都得了肝炎，沒錢治病。周恩來知道後，將積存在銀行裡的魯迅稿費批了三萬塊錢給他們，才解決了燃眉之急。後來，爲了魯迅版稅的繼承權問題，和人民文學出版社多次協商不成，對簿公堂，社會上就紛紛傳言魯迅的兒子愛錢。

王：海嬰爲魯迅版稅繼承權的問題打官司，有些人不能理解，認爲海嬰不該這麼做。我卻不這麼看。如果我們承認他也是一個公民，也有合法的權利，那麼就應該依法辦事。據海嬰和我講，他到了日本，看到內山完造遺孀生活非常困難，回來後就向出版社建議，將魯迅著作的日譯本版稅撥出一部分資助她的生活。但出版社置之不理，連日譯本的樣書也不給他一本。他覺得自己的權益沒得到尊重，才引發了訴訟的事。

從海嬰的回憶錄可以看到，他們一家的捐獻遠遠大於他們所得到的。魯迅當年在北京買下的兩處房子捐獻出來做博物館這就不說了。許廣平將和魯迅有關的一切物品幾乎全部捐獻出來了，包括魯迅朋友送給魯迅的物品和文物，連魯迅特地爲海嬰謄抄的《兩地書》，海嬰摸都沒摸一下，就捐出去了。這些捐獻從紀念魯迅來講，也可以說是應該的。但自從到了解放區一直到解放後許廣平去世，魯迅的稿費他們分文未取。而且，許廣平作爲國家幹部，一直在支付保姆的工資，按理她是可以享受由政府支付保姆工資的待遇的。像她這樣自覺減輕國家負擔，不是人人做得到的。許廣平去世之後，海嬰用不起保姆，辭退的費用卻要按國家工作人員的待遇讓海嬰支付。這些是是非非是不難明白的。

吳：海嬰回憶錄提到魯迅的死可能和須藤醫生的陰謀有關。在魯迅病逝前半年，一位美國醫生路過上海經朋友引介來爲魯迅看病。這位醫生的結論是，魯迅的病情主要是肋膜積水，只要將積水抽去至少還可以活許多年。這位醫生說這是個很簡單的手術，只要他指導一下，一個護士都可以做這種手術。但須藤醫生卻一直不施行這位美國醫生的方案，還是以注射激素的方式給魯迅治療。據許廣平後來瞭解，採用激素治療，病人感覺舒服一些，但同時也會加速病情的發展。最奇怪的是，須藤醫生自從魯迅去世就消失不見了，再也沒有出現過。因此許廣平生前一直對魯迅的死有懷疑，對海嬰也講過。許廣平解放後多次東渡日本，當年和魯迅有交往的都紛紛來看望她，唯有這須藤醫生沒出現，這就加深了她的懷疑。

王：這件事我早就聽說過。從海嬰回憶錄得知，須藤醫生是日本黑龍會副會長。黑龍會是日本在鄉軍人組織，這組織是鼓吹軍國主義、侵略中國的。須藤醫生曾建議魯迅到日本去治療，魯迅拒絕了。日本就此知道了魯迅的態度，要謀害他是有可能的。像這樣一件重大懸案，至今爲止，沒有人去認眞調查研究，眞令人扼腕。現在由海嬰提出來，希望就此能引起重視，能將這件懸案查個水落石出。另外魯迅在有人提醒他之後，爲什麼堅持不換醫生，這也是一件懸案。

吳：魯迅生前希望海嬰不要做個空頭文學家，要做個能自食其力的人。就此而言，海嬰是實現了魯迅的希望的。

王：我不認爲魯迅的後人從事文學才算繼承了魯迅。我覺得最重要的是對魯迅以及許廣平道德人品的繼承。做個空頭文學家，道德人品又有問題，那是繼承魯迅嗎？那是對魯迅的背叛。我覺得海嬰在很多方面爲人正直，這是能安慰魯迅和許廣平在天之靈的。

目次

記憶中的父親

我是意外降臨於人世的。原因是母親和父親避孕失敗。父親和母親商量要不要保留這個孩子，最後還是保留下來了。由於我母親是高齡產婦，生產的時候很困難，拖了很長時間生不下來。醫生問我父親是保留大人還是要孩子，父親的答覆是留大人。這個回答的結果是大人孩子都留了下來。由於屬難產，醫生是用大夾子產鉗把我夾出來的，當時也許很疼，但是沒有一個孩子會記得自己出生的經歷。據說當時我的頭被夾扁了。有人說難產的孩子腦子笨，不知道這對我以後的智力有沒有影響？至少在我小時候，背誦古文很困難，念了很多遍，還是一團醬糊，丟三忘四。而我父親幼年時，別的孩子還在苦苦地背書，他已經出去玩了。這些，在父親的著作裡都有記錄。

父親的寫作習慣

在我記憶中，父親的寫作習慣是晚睡遲起。以小孩的眼光判斷，父親這樣的生活是正常的。早晨不常用早點，也沒有在床上喝牛奶、飲茶的習慣，僅僅抽幾支煙而已。

我早晨起床下樓，腳步輕輕地踏進父親的門口，床前總是一張小茶几，上面有煙

這張相片，母親最喜歡！一九三三年五月一日攝於上海。

嘴、煙缸和香煙。我取出一支插入短煙嘴裡，然後大功告成般地離開，似乎盡到了極大的孝心。許媽急忙地催促我離開，怕我吵醒「大先生」。偶爾，遇到父親已經醒了，眯著眼睛看看我，也不表示什麼。就這樣，我懷著完成一件了不起大事的滿足心情上幼稚園去。

整個下午，父親的時間往往被來訪的客人所佔據。一般都傾談很久，我聽到大人們的朗朗笑聲，便鑽進去湊熱鬧。母親沒有招待點心的習慣，糖果倒是經常有的，有時父親從小鐵筒裡取出請客。因此我嘴裡講「陪客人」，實際上是爲分得幾粒糖。待我糾纏一陣後，母親便來解圍，抓幾顆打發我走開。我在外邊玩耍一會兒回來，另一場交涉便開始了。這就是我爲了要「熱鬧」，以解除「獨生子」的寂寞，要留客人吃飯。父親實際上已經疲乏，母親是清楚的，可我哪裡懂得？但母親又不便於表態，雖也隨口客氣，卻並不堅留。如果客人理解而告辭，母親送客後便鬆一口氣。如果留下便飯，她就奔向四川北路上的廣東臘味店買熟食，如叉燒肉、白雞之類。順便再買一條魚回來，急忙烹調。至於晚上客人何時告辭，我就不得而知了，因爲我早已入了夢鄉。

講到睡覺，我想起在我四五歲時，床頭旁的五斗櫃上，總點著一支蠟燭。它是普通的白色蠟燭，每逢我不願睡覺的時候，許媽便哄著點燃燭火，說「阿彌陀佛，拜拜！」這才騙取了熄燈的效果。可惜我雖經過幼小時的「培訓」，至今仍沒信佛，任何

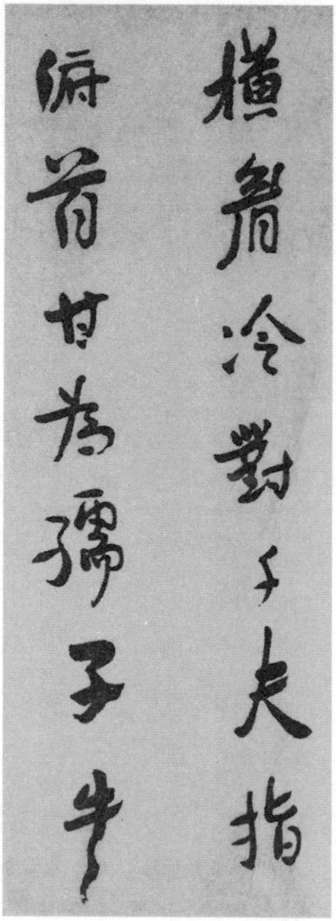

宗教也沒有影響我。

如果哪天的下午沒有客，父親便翻閱報紙和書籍。有時眯起眼靠著籐椅打腹稿，這時大家走路說話都輕輕地，儘量不打擾他。母親若有什麼要吩咐傭工，也從來不大聲呼喚，總是走近輕講。所以此時屋裡總是靜悄悄的。

晚間規定我必須八點上樓睡覺，分秒必爭也無效。因此夜裡有什麼活動，我一概不知。偶然在睡意迷蒙之中，聽到「當朗朗」跌落鐵皮罐聲，這時許媽正在樓下做個人衛生，不在床邊，我就躡足下樓，看到父親站在窗口向外擲出一個物體，隨即又是一陣「當朗朗……」，還相伴著雄貓「嘩喵」的怒吼聲。待父親手邊的五十支裝鐵皮香煙罐發射盡了，我下到天井尋找，撿到幾只凹凸不平的「砲彈」，送還給父親備用。這是我很高興做的一件事。原來大陸新村的房子每戶人家二樓都有一個小平臺，那是前門進口處的遮雨篷。而雄貓就公然在這小平臺上呼喚異性，且不斷變換調門，長號不已，雌貓也大聲應答，聲音極其煩人。想必父親文思屢被打斷，忍無可忍，才予以打擊的。

這裡要插一段國民黨曾要暗殺父親的史實。那是一九九二年，我從全國人大調整到全國政協，作爲「特邀代表」編入第四十四組。組裡有幾位熟人和知名人士。但在小組會議室靠窗邊處，坐著一位我不熟悉的老者。他沈默寡言，神情嚴肅，不與他人插話談笑，但是每個討論題目，均按主旨簡短發言。當我得知他便是國民黨軍統著名的暗殺高手沈醉，不禁多看了幾眼。散會後，他對每個人均禮節性地致意。眞所謂人不可貌相，這位當年地位顯赫的可怖人物，長相卻並不橫眉獰目，更不是解放前我所見過的國民黨小特務那種模樣。如今我們黨和人民對他寬恕了、容納了，他被入選政協當委員，大家同席而坐，不再怒目以對。因此，在小組會的休息時間裡，相互走訪寒暄，我也跟著去沈醉住處訪問。他那時正舉步不便，因幾年前在北戴河傷了腿，斷了骨。當他面對我時，只見他瞳孔收縮一下，似乎情緒頗爲起伏，但當時並未交談什麼。過了幾天，我又在餐廳遇見他，他約我得空談一下。我應邀去他房間，他顯得很激動，向我吐露一個「從沒透露的秘密」。他說，在一九三幾年，他接到上級命令，讓他組成一個監視小組打算暗殺我父親。結果在對面樓裡著

我探頭在大陸新村二樓父親寫作室（臥室）沈醉小組曾在對面監視。

溧陽路藏書室。「石一歌」寫作班子描述父親在這間屋裡刻苦攻讀馬列。這陰沉沉的房間怎麼能久待！

人監視了多日，他也去過幾回，只見到我父親經常在桌上寫字，我還很小，在房間裡玩耍，看不到有什麼特別的舉動。由於父親的聲望，才沒有下手，撤退了。他說，否則我會對不住你，將鑄成不可挽回的悲劇。他本可以不講，把這段歷史深埋在腦子裡，跟隨自己在世上一起消失。而他卻坦率地告訴了我，為此，我尊敬他。

溧陽路藏書處

以前有一些文章講到，父親在大陸新村附近租了個房間存放書籍，稱為「秘密讀書室」。我尚可根據自己的印象，補述一些情況。

一九三二年，上海「一．二八」

戰爭之後，父親即打算從北川公寓遷居。因此早在一九三二年十月五日，他的日記裡就有和母親「同往大陸新村看屋」的記載。後因父親有北平之行，就拖了下來。直到一九三三年三月三十一日，才「決定居於大陸新村」。六天之後，即三月二十七日，便「移書至狄思威路」。

父親的習慣是，平時只將日常要用的，或新近買的書存放在家裡。二樓臥室裡有個書櫃，總是塞得滿滿的，連頂上也堆著一包包的書。狄思威路才是他主要的藏書處。

狄思威路今稱溧陽路，我曾隨父親去過幾回。是二樓一間普通的房間，面積約有十幾平方米，沿壁四周，都是木製書箱。箱子本色無漆，有活門，內分兩格，裝滿各種書籍，可以加鎖。一隻隻書箱從下而上，幾乎疊到屋頂。這種書箱由父親設計，木板製成，體積並不過大，遷移搬運，書籍連箱運走，不致混亂散失。有如當今的小「集裝箱」。

記得頭一次去是某天的下午。我們來到這幢樓下，從大門進去，一轉彎走上木製樓梯，來到二樓，父親用鑰匙開門以後，我也隨之而入。剛一進門，雖是白天，室內光線很不夠，幾乎看不清楚裡邊的東西。父親隨手開燈，我環顧四周，粗粗一瞥，只見電燈吊在屋子中央，普通白色的燈泡，頂多二十五瓦，有個圓傘形燈罩。室內沒有可供長時間閱讀的桌椅，更沒有茶具和熱水瓶之類的用品，燈罩也未見裹上紙筒。由於久關不住人吧，只感到房間裡有點潮濕陰冷，且因久不開窗，還有一股發黴的氣味，待不多久，便感到有點寒氣襲人，冷颼颼的。父親以極快的動作，從幾個書箱中分別取出幾冊書籍，用隨身帶來的布包袱包好，鎖上房門，即帶我來到了街上。

多年前，上海發行了一本《魯迅的故事》，在《秘密讀書室》一節中有這樣的文字：「多少個漆黑的夜晚，魯迅來到這裡，用張紙罩著電燈，聚精會神地讀著讀著。」為了肯定「故事」的情節，書中還選用了一幅油畫作為插圖。畫的正面，書架上除了林立的書刊以外，還有鬧鐘一座，時針指向深夜一點半左右，電燈用紙張裹著，地下擺著茶几，上有煙缸之類用具，主人公正在手持香煙，作徹夜攻讀狀……當時，看了這段「故事」和插圖，直感地覺得和自己的印象不太符合。

一九八〇年十一月中旬的一天，我去看望叔父。這一天，他興致很高，談到這間藏書室，他說，他曾在魯迅博物館講過一次，內容是，當時為了安全起見，魯迅托內山先生租了一間房子作為藏書之用。因為這屋裡存書較多，光線較暗，長時間看書是不可能的，他到那裡去，主要是拿要看的書，或者存放已經看過的書，因此還是稱為藏書室比較合適。我問起那塊「鐮田誠一」木牌的來歷，他說，魯迅住在「景雲裡」的時候，柔石、雪峰常來交談。後來柔石被捕，國民黨進一步搜捕，風聲很緊，魯迅就攜帶全家人到花園莊避難。中間似乎還在內山先生家裡住過一夜。等到稍稍平靜一點，魯迅回家到藏書室，看到門口釘了一塊木牌，上寫「鐮田誠一」，大概是內山先生出於好意，利用這種方法，藉以掩人耳目的。魯迅立即拆下，收藏起來。叔叔談到這塊木牌的時候，恰好嬸嬸也在一旁，追憶起來，也有這個印象。我問叔叔，溧陽路藏書室外邊，是否也釘過寫著「鐮田誠一」的木牌，他說：「我沒注意到有這麼一塊木牌。」

後來，叔叔又一次回憶起藏書屋，把我叫去，說因上次的談話而引起進一步的回憶。他說，魯迅正在和創造社的成仿吾筆戰時，曾跟去過一次溧陽路藏書室。是用鑰匙開進去的。那時代租房子，只要按時付房租，至於住什麼人、姓什麼、房東一概不問不管。門開進去，一房間都是馬列主義方面書籍，也有蘇聯的文藝理論之類和國內外左翼雜誌，總之，滿屋子都是這一類書籍。叔叔還講：在回家的路上，你父親問我家裡是不是有馬列主義書籍？我說有。他說怎麼能放在家裡！我說：書店裡不是公開放在櫃檯上賣的嗎？他說：「唉！書店裡賣和家裡有，是完全兩回事，你怎麼可以隨便放在家裡呢！」由此可見，魯迅在筆戰時，還要隨時警惕敵人到家裡搜查。我從他在一九三三年十月二十一日寫給曹靖華的信中也讀到這樣的話：「此地變化多端，我是連書籍也不放在家

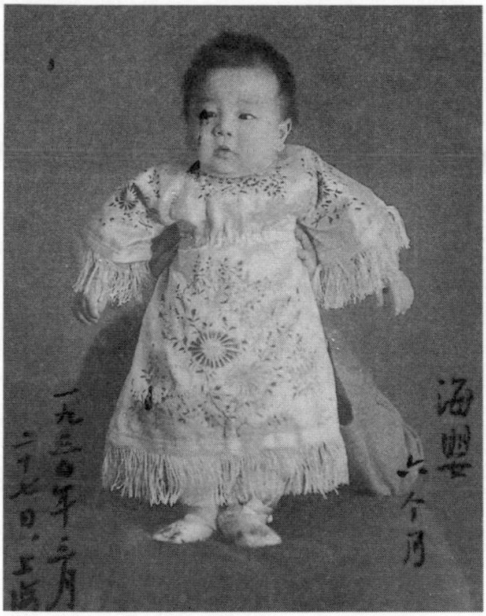

父親題字：「海嬰六個月　一九三〇年三月二十七日，上海」。後面抱著我的是父親。

裡的。」因此，他讓「鐮田誠一」的名牌掛在那間屋子門口，其用意很可理解了。

同年，我去上海魯迅紀念館，特別留心地看了這塊木牌，見它本色無漆，呈長方形，墨書「鐮田誠一」四字，不知出於何人之手。歷時雖久，但風雨之跡不甚明顯，大概正如叔叔所說，只在室外釘了個把多月，時間並不太長之故吧。

「積鐵成象」玩具

瞿秋白和楊之華兩位革命前輩，曾幾次來我家避難小住。那時，我因只有三歲多一點兒，許多事情記憶不深。只記得我對他們兩位，一稱何先生，一稱何家姆媽。儘管他們當時處在顛沛流離之中，但在來往中間，還不時地對我家有所饋贈。如贈送母親掛在浴室裡用的鏡子等等。就連對我這個年幼的孩子，也特意贈送過東西。一九三二年十月九日，父親在他的日記中寫道：「下午維甯及其夫人贈海嬰積鐵成象玩具一盒。」玩具有積木，似乎衆所周知，這裡說贈的是「積鐵成象」，好像不易理解。其實就是鐵材製成的可搭成各種形象的玩具。父親對它這樣命名，是非常貼切的。

這一盒珍貴玩具，我在幼小時沒讓玩。等我稍稍長大以後，母親才從衣櫃中鄭重地取出，說這是何先生送的，過去因你太小，一直由我替你保管，現在才可以玩了。但是立有一條規矩，就是每次玩過以後，要把拆開的零件，按原來的位置，有條不紊地重新裝進紙盒。還翻開盒蓋，告訴我說，這上面有全部零件的清單，可以按件核對，以防丟失。我仔細一看，匣蓋面呈黃色，裡面為白色，何先生還親自以清晰秀麗的筆跡，按順序寫明零件的名稱，如各有多少種，多少件，連有多少顆螺絲、螺母都寫得一清二楚，毫無遺漏。現在回想，這字裡行間，凝集著一位革命家對待事物非常縝密細心、一絲不苟的精神，眞令我感動。

這種「積鐵」玩具，在四十多年前非常稀罕，只有舶來品。盒分大中小三種，零件多少繁簡不一。何先生送給我的是一個中盒。記得其中大小輪子各有四個，長方形底座一個，長方形鐵片兩塊，梯形鐵片一塊，還有許多不同形態的條、軸若干，搖把一隻，還附有螺絲和卡子一小盒。零件全都漆以紅綠兩色，滿布均勻的圓孔，以備搭積時穿固螺絲之用。所有零件都做得非常精緻。匣內還附有厚厚的說明書一冊，載有搭成的各種器物圖像若干幅，從簡至繁、一一備載。簡者如天平、椅子，蹺蹺板；繁者如火車、飛機、起重機等等。我最喜愛搭的是起重機，搭成以後，還掛上一件物品，然後用搖把慢慢搖起，逐漸升高，十分有趣。這種玩具，不僅益智，而且因為它用鐵材製成，經久耐用，所以我對它一直保持著濃厚的興趣。

這種玩具，後來國內已有類似產品出售。規模與此大同小異。名稱有的叫做「建築模型」，價格四元至十元不等。但何先生送我的一套，據說售價之貴令人咋舌。他們兩位革命前輩，自己生活極其艱苦，卻用昂貴的價格買下這套玩具送我，用心可謂深矣！據母親介紹說，當時何先生預料，將來革命成功，必有一番大規模的建設，而這些建設工作，沒有人才是不行的，因此他認為對下一代必須及早給以科學技術教育，以備將來深造之用。言談之間，何先生還隱約透露，像他們那一代的革命家，難免有不測之虞，「留個紀念，讓孩子大起來也知道有個何先生」，這就是他們僅有的一點願望。是的，何先生的身影，雖然想不起來了，但是面對著他留下來的這一盒禮物。卻成了我緬懷革命前輩的最好依憑。我上學以後，開始愛好理工專業，後來又投身於科技工作，細想起來，也許和他們兩位當初對我的啓迪不無關係吧？只因自己不夠努力，一生毫無建樹，對國家沒有什麼貢獻，實在有負於前輩的厚望，內心慚愧不已。

懷爐

父親致命於肺病，但在生前經常折磨他的卻是胃病。但這胃病並不是因與章士釗打筆仗才發作的。聽叔叔周建人講，父親年輕時本來很健壯，難得見他生病。他得胃病最早的起因是少年時代趕鄉考。考場距家頗遠，有錢人家的考生雇了烏篷船去，而父親家貧，只能靠步行。入場時間又在半夜，要在家裡吃了晚飯趕去，隨身還得帶考籃，上面放著筆墨硯臺和食物、小板凳之類。而同伴中大都二十多歲，有的已是他的叔叔輩，他們腿長跑得快，加之出發前有個同伴定要先洗了腳才走，等洗完腳又聽說考場門快要關了，因此大家只能大步奔跑。這可苦了父親，他年少跑不快，只能一路硬拼著。但他剛剛吃飽了飯，哪裡經得住這種劇烈的運動？由此落下了病根。

到他十八歲那年，帶著祖母籌措的八塊盤纏，辭別故鄉，來到南京，考入江南水師學堂。每逢嚴冬，衣服單薄，只能買點辣椒下飯，藉以取暖，使胃部不斷受到刺激，加以中年以後，牙齒又全部拔去，裝以義齒，咀嚼能力衰退，這就更加重了胃的負擔。因此胃病常犯，困苦不堪。每當這個時候，胃部強烈痙攣，從外面撫摸，好像一塊硬團，堅硬如石，疼痛異常，良久不得稍緩。那時我已稍稍懂事，每見他疼痛時用轉椅扶手頂住上腹部，長久不動，以求減輕痛楚。母親看得著急，有時便用手掌替他輕輕按摩。

即使胃病發作，父親也不停止工作。以一九三三年十二月十日至十六日爲例，從這一周的《日記》來看，差不多每天都有「胃痛」的記載。但是，在此期間，他照常接待客人，購置圖書，撰寫稿件，答覆來信，修訂舊書，參觀美術展覽，以至「得西諦所寄《北平箋譜》尾頁一百枚，至夜署名訖，即寄還」。眞是事務紛繁，忙得不可開交。在這種情況下，胃病一旦發作，如果只是一般地服藥和按摩，已不能奏效。所以在十二日有「用懷爐溫之」，次日又有「仍用懷爐溫之」的記載。

這懷爐到底是什麼樣的東西？讓我稍作介紹。

上海的冬天，室內往往比較寒冷。用暖水袋，維持不了多久，頂多一小時就會變涼。經常灌裝熱水，又比較麻煩。當時虹口一帶的日本藥店，除銷售藥品而外，往往有這種懷爐出售。我在家裡見過兩種：一種有眼鏡盒那麼大小，但稍許厚實一點，用

母親抱著三歲半的我。父親寫的是「一九三二年六月渡邊義知君所照　上海北四川路也」。

鍍鋅鐵皮壓成，外貼黑色絨布。所用燃料，是把優質炭末緊壓成圓棒形，直徑約爲二公釐，外裹薄紙。打開匣蓋，中有容納炭棒的圓槽，並有小齒條可卡緊，以免移動。據說，每根炭棒可燃三小時。可是母親用火柴點燃以後，不消多時便即熄滅。屢點屢滅，只好棄置不用。我也偷偷試點過幾次，結果一樣，也不成功，所以未見父親用過。這大概是由於產品沒有「過關」的緣故。

另外一種，爐體呈扁平長方形。厚僅一點五公分，電鍍克羅米（鎳）。匣蓋豎開，下半段可以灌注酒精。有一根石棉製的爐芯，用火柴點燃後，芯子就發出熒熒綠光，蓋上匣蓋，讓其在內部徐徐燃燒。匣蓋刻有圖案洞孔，藉以流通空氣，散發熱量。這時爐體逐漸灼熱，外邊套上黑色天鵝絨的緊套，放進懷中，可以維持數小時之久。現在市場上有時也有這種懷爐出售，只是體呈圓形，與我幼時所見，不過大同小異而已。這種東西，使我不禁產生聯想：每到晚上九十點鐘，我已是早入夢鄉時，父親卻在這漫漫長夜、寒氣襲人的環境當中，帶著疾病，僅用懷爐帶給他些許微溫，滿腔熱情地為理想世界的到來貢獻著自己的一切。

火爐

雖然有了懷爐，但那時江南的冬天實在太寒冷，尤其到了「三九」天氣，室內常常硯臺結冰，室外水龍頭凍得放不出水來，因此父親仍難以堅持久坐不動地寫作。

為了保證父親工作，後來在他的寫作室兼臥室的西側裝了火爐。火爐並非晝夜不滅，只是每天傍晚，收集廢紙，找尋木柴把它點著。每天晚飯後，父親習慣總要放鬆休息一下，這時全家圍著熊熊爐火，隨意閒談，倒也甚是有趣。這時我經常提些幼稚的問題，讓父親記在日記裡，成為笑談，如「爸爸能吃（掉）嗎？」之類的忤逆話。火爐燃料需用「煙煤」，北方稱「紅煤」，但因為江南煤價較貴，每年總是熬到十二月中旬以後，才開始生火。一九三三年十二月十九日，父親在《日記》中記道：「始裝火爐焚火」，二十一日又記：「下午買煤一噸，泉廿四。」當時，一石大米大約平均八元上下，這樣，一噸煤炭所需費用，相當三石大米，實在是很昂貴了。

取暖的火爐，記得換過幾種。先頭用過一種洋式鐵爐，有複雜的外形，曲折的煙道。爐身上下，有好幾個門，還有儲煤的特殊裝置，能夠自動下落添煤。爐身還有摩托車汽缸外翼形狀的散熱片，看起來樣子很科學，但它卻要吃「細糧」——紅煤（煙煤），還要每顆如核桃大小，如果不是「細糧」，煤塊大小又不合適，往往就要卡殼。

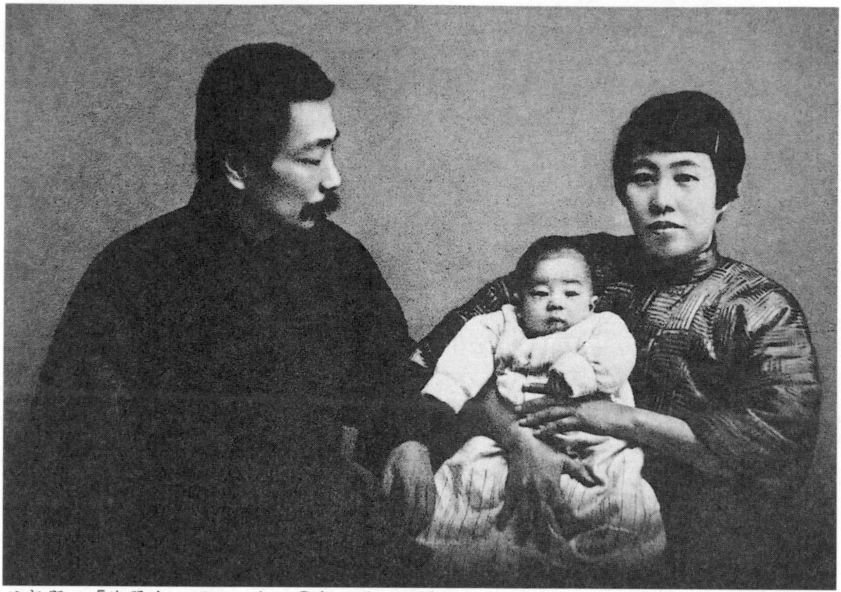

父親題：「海嬰生一百日一九三〇年一月四日攝於上海。」

如果煤塊稍碎，爐膛又被堵死，只要稍不留意，往往就煙消火滅，實在難以伺候，最後還是請它休息。接替它的，是常見的直筒圓形火爐。它沒有那麼嬌貴，上邊添煤，底下出灰，只要添足硬煤，往往可以維持到次日早晨。

安裝火爐，固然解決父親取暖這件大事，但洗浴仍比較煩難。我不記得父親曾帶我到外邊公共浴室沐浴過（當時上海公共浴室比較普遍）的印象。因此每逢洗浴，家裡就要有一番大的動作。浴室位於一樓二樓之間的拐角處，面積約有六平方米，長三米，寬二米多。室內南側安有浴盆，一到預定的某天下午，母親和許媽就開始準備。擦洗澡盆，點燃炭盆，打點替換衣服。晚飯以後，洗澡的熱水由路邊的一家南通人開的「老虎灶」送上門，由小夥計挑兩只有蓋的木桶，幫你倒入浴缸；也可先倒進一半，另一桶暫擺缸邊，這只木桶便滋滋冒著熱氣，致使室內更加霧氣瀰漫。浴室裡先端進炭盆，木炭火發出螢螢紅光，畢畢剝剝地響著，散發出陣陣暖氣，但也有一股令人不快的煙氣。待洗澡水倒進浴盆，我總受優待，第一個入浴。待我浴後，然後才是父親、母親。有一次我在滿是水蒸氣的浴盆裡洗好之後，裹著一條大毛巾，站在馬桶蓋上準備穿衣服。忽然感到一陣昏暈，眼前什麼也看不清了。原來是木炭發出的一氧化碳把我熏倒了。不知隔了多久，我才隱隱約約地聽到耳旁許媽的呼喚聲音：「弟弟，弟弟。」慢慢睜開眼睛，發現自己已被抱上三樓，蓋著被子躺在床上，這時只是感到兩腿酥軟，起不了床。這事著實讓父母緊張了一陣。不過等到第二天一早，我照樣去幼稚園上課了。

鬥魚

父親的房間裡有兩隻魚缸。一隻矮而圓胖，紫紅色的邊沿，短短的三條腿。它雖然晶瑩透明，我卻並不喜歡，因爲它沒有給我們帶來多少樂趣。缸裡養著的幾條金魚，呆頭呆腦的，卻又非常嬌氣。上海的自來水氯氣很重，再加上我們不會侍弄，所以養不了幾天，有的金魚就肚子朝天，翻起白眼夭折了，這使我非常掃興。

但是，另有一隻魚缸，情況卻不一樣。這只魚缸，高約尺半，寬約一尺，看上去玻璃不怎麼光潔，並不怎麼值錢，也許原本就是爲家庭養魚而製作的吧。

這只魚缸，放在父親寫字臺的右側，緊貼南窗。冬天，太陽從窗口射入，把水缸曬得很暖；夏天來了，順手一挪，將它移到西牆邊，又比較陰涼。但這只魚缸裡養著的十尾鬥魚，卻非常惹人喜愛。父親伏案寫作感到勞累時，就停下筆，喚我一起來觀賞魚的遨遊姿態。這種鬥魚，身體扁平，色顯暗褐，呈流線型，約有三寸多長，幾條帶紋橫貫全身。外表極其平凡，但卻活潑善遊，忽而上升，忽而下降，追逐咬鬥，靈活異常，從不見因爲失去控制而衝撞在狹窄的缸壁上。完全不像金魚那樣慢條斯理，懶懶散散，即使外界有什麼震動，也只是搖搖尾巴，沈入缸底完事。

當時，我不知那些鬥魚的來歷。後來讀到母親所寫的《我怕》一文，看到有關這缸魚的一段記述，只不過母親稱之爲「蘇州魚」：「右方，靠在藤躺椅可以鑒賞著的一缸『蘇州魚』，是夏天病重的晨光，內山先生特地送來的，共十尾。看看那魚的活潑姿態，給與他不少的歡喜……」

內山完造先生爲什麼在一九三六年的夏天，「特地」送這麼幾條鬥魚給父親呢？想來也許寓有一番深意吧。大概一方面是爲了使父親得以賞心娛目，消除疲勞，一方面也是爲了希望父親能以自己的堅強毅力，鬥敗病魔的襲擊，能夠早日恢復健康。

也許是「天隨人願」吧，經過一場嚴重的折磨以後，父親的疾病顯然有所減輕，能夠起床活動了。這不但使我們全家和他的朋友們慶幸，而且使他自己的心情也感到愉

父親在上海景雲裡寓中。一九二八年三月十八日——此相片首次發表。

快。每在空閒的時候，他便和母親一起往魚缸裡換水，鋪沙，佈置水草，再把魚缸輕輕地放回原處。有時看到水草過密，怕妨礙魚的呼吸，又去掉一些，再撒下魚蟲，然後靜靜地觀看魚在水中爭奪吞食的情景。我有時乘大人不備，伸手入水，想撈一兩條魚來玩，然而鬥魚極其敏捷，往往從指縫裡溜掉。沒有辦法，最後只好放棄這種念頭。

但我這個「好事之徒」，並未就此罷休。逮不住鬥魚，就想出一個新招，在這魚缸裡養了一群蝌蚪。這是糾纏著許媽，從郊區小溪裡撈來的，約有三十多隻。一直養到它們脫去尾巴，長出四隻小腳來。小青蛙是兩棲動物，不能光讓它們在水裡撲通。於是我們便小心地從魚缸裡倒出一些水，加些清沙，讓它們在淺堆旁邊跳躍。有時跳得很高，差點跳出缸外，我便用一塊玻璃蓋住缸面。對於我的這些舉動，父親似乎也並不認爲是多事之舉而加以制止。但後來，不知哪一天，這些青蛙被誰全部倒掉了。四十多年以後的今天回想起來，這些都已成了夢境。

一枚生病圖章

父親的印章，現存有四十九枚。有名章、號章及筆名章，還存有判別古籍眞僞的「完」、「僞」、「善」、「翻」等單字章和「莽原社」等等的社團章。以石質居多，還有水晶石、牙質和玉質的。外形有圓有方；有經過加工者，也有不加磨製保持自然形態者。有一枚刻「只有梅花是知己」，石質，沒有邊款，據說是芹侯叔祖所刻。這些印章，現分別保存於北京和上海的魯迅紀念館中。遺憾的是，一九四一年十二月，母親遭日本憲兵隊逮捕以後，父親的手稿、日記和圖章，都被當做「罪證」抄沒。待到母親獲釋，東西發還時，才發現丟失了「十幾個圖章」，其中有母親自己的印章，有「魯迅先生紀念委員會」的圖章，也有父親的幾枚印章（見《遭難前後》）。這十幾枚圖章，連同一九二二年父親的一冊親筆日記，雖經母親的當面追尋，但均杳如黃鶴，一去不復返了。當時，日本憲兵隊的審問者名叫奧谷，如尚在世，能夠提供線索，使這些東西得以發現，是我的一線希望，也是廣大魯迅研究者和一切維護中日友好者的願望。

上海魯迅紀念館保存著一枚白色木質圖章。式樣極其普通，呈長方形，印面爲37×10釐米，刻有陽文「生病」二字，字體正方，質地一般，刀力平平，顯見刻工並非名家。沒有邊款標記，不明作何用途。母親生前，紀念館的同志似乎也未問及，因而使一些研究者不得其解。其實，我倒是一個「知情人」。

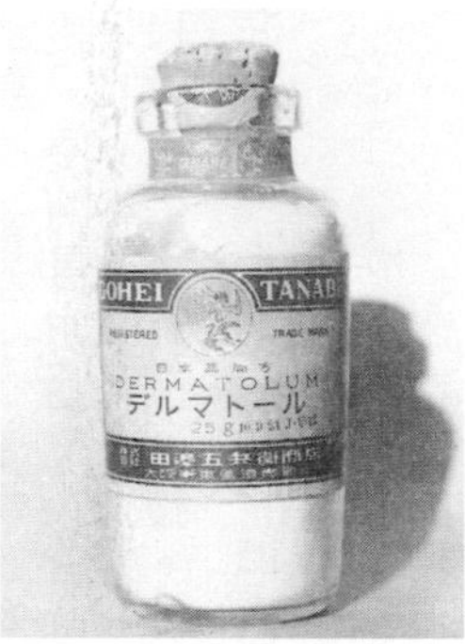

父親購買的家庭用藥。右：防止感染發炎的「黃碘」藥粉。虎標萬金油（左）如意膏（前左）OZO硫磺軟膏（右後）黃金膏（後左：瘡節拔毒軟膏）兜安氏軟膏（硼酸性質）。

當年大陸新村一樓會客室的裡間，有一張我們平日吃飯的八仙桌，桌上有四隻小抽屜。這枚圖章，就放在朝南方向、大門方位的那只抽屜中。和它放在一起的，還有個小圓匣印泥。我小時候，曾經拿這只圖章往紙上蓋著玩，弄得手指油膩膩的儘是腥紅色，這枚圖章也被我弄得遍體印泥，滿是朱砂色。據我所知，這枚「生病」圖章，是父親在逝世之前的那一年請人刻製的。當時，他已病得很重（據《日記》，從一九三六年六月五日至六月三十日，就「艱於起坐」），連一向堅持的日記都不能記了，因而也就不能像過去那樣，有信必覆，有稿必看了。想必父親接到信件，不願拖延時日，以免寄信人和寄稿人牽掛，所以想出此法，在回執蓋上「生病」二字的圖章，使寄件人見此回執，就能明白情況，不致焦急催促。這也是父親對相識與不相識的朋友一種認眞負責的態度。那時我已經六歲多了，有時在樓下玩耍，遇到來信要蓋此章時，往往不許旁人插手，搶著完成自以爲非常榮耀的任務。後來，很多熟人知道父親病重，除了問候以外，一般都不忍再以事務相煩了。但有些人並不瞭解，所以偶然也仍有送稿件前來請教的，碰到這種情況，母親估計短期來不及閱讀，便婉言謝絕，如有持介紹信件送稿者，便在來信後面蓋以這「生病」二字圖章，以讓送信人有個回覆。父親去世後，這枚圖章，連同其他什物，一併搬到霞飛坊（現淮海坊）六十四號，再也沒有使用過。想不到如今倒成了一件很有紀念意義的文物了。

父親為我治病

父親青年時代雖然學過醫，但他很謹慎，一般不替人看病或開處方，也不隨便向人介紹成藥。他自己有病，往往他滿不在乎，可是看到親友生病，就顯得非常焦急，尤其是上海他弟弟家中孩子有誰生病，更是念念不忘，關懷備至。因此，我們家裡經常備有一些日用藥品，種類雖不多，但往往能夠奏效。粗分起來，不外兩種，一種是外用藥物，一種是內服藥品。

前不久，我看到上海魯迅紀念館曾經展出過一種「口瘡藥」，五十毫升容量圓形棕色玻璃瓶，還剩三分之一藥液。我想起來了，這是日本醫師配製的，專門治療口唇潰瘍，

買給蕭紅服用的中藥——白鳳丸。

由硝酸銀液和藥用甘油混合而成。每當舌頭唇頰潰破，發生綠豆大的白腐點時，如果單用硝酸銀燒灼，疼痛難忍，混以藥用甘油，使藥性和緩，塗在患處可以減輕劇烈的痛楚。每日搽二三次，創口就會癒合。大概這是爲小孩子們特意配製的吧。除了這種口瘡藥以外，還有一種顆粒狀的結晶碘，二十五克短矮型玻璃瓶裝，可以配製碘酊，用於蟲咬、無名抓癢、無名紅腫、小瘡初起等症，比零售碘酒便宜得多。除了藥水、藥粒以外，還有一種淺黃色的細膩藥粉。也是玻璃瓶裝，容量二十五克。

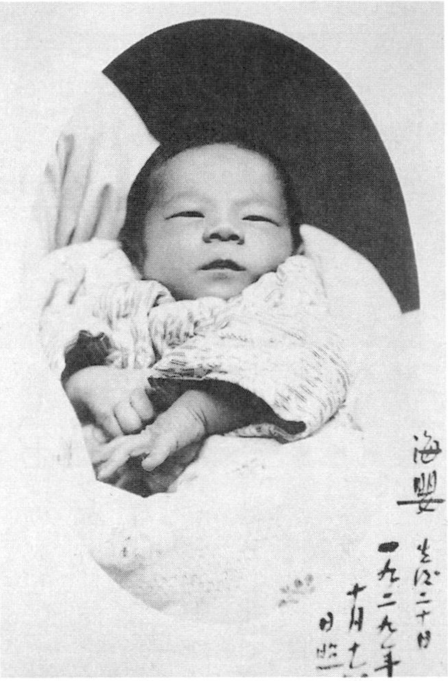

照片的題字是父親手跡：「海嬰生後二十日一九二九年十月十六日照」。抱我的是父親。

記得我小時候膝蓋部位長過一瘡，出膿穿破後，一個多月總不長新肉，露著一個大洞，經常流血不止，父親給我用這種藥粉，填入傷口，過了不久，就從裡向外長出新肉，傷口逐漸得到癒合。幾十年的時間，像流水一樣逝去，但是父親彎下身，細心地給我敷藥的情景，至今猶在眼前。「憐子如何不丈夫」，這是他的名言，也是對自己的很好寫照。

醫治普通常見的皮膚病，除了「兜安氏馳名藥膏（DOANS OINTMENT）」、「韋廉氏醫生藥局」出產的「如意膏」（SHE-KO）以外，父母經常使用的還有虎標萬金油。

特別值得一說的是，夏季用得最多的是「兜安氏」的痱子藥水。透明玻璃製大形扁瓶，一個夏季總要用掉一瓶半以上。父親在寫給親友的信中說，夏天天氣悶熱，他的事情又多，往往弄得「滿身痱子」，身心很不舒適。其實，使他更著急的倒是我每年一到夏季，總要長一身痱子，又紅又癢，抓撓不得，一不小心，潰破化膿，那就更加難受。記得每到晚飯以後，我跑到二樓，躺在父親床上，天色已暗，但不開燈，以求涼爽。這時候父親就準備一個有蓋的小碗和一塊天然海綿，將「兜安氏」痱子藥水先搖晃幾下，待沈澱在下層的藥粉混合均勻，然後在小碗裡倒上一點，用藥水把海綿浸濕，輕輕塗在我胸上或背上，每揉一面，母親用扇子搧乾，再揉一面。這是我感到最快活的時刻，可以不怕影響父親的寫作而被「驅趕」，有機會親近父親，躺在父母兩人之間，心裡感到無比溫暖。時間悄悄逝去，直到天色黑盡，父親又要開始工作了，我才懷著依戀不舍的心情，無可奈何地回到三樓，在自己的臥床上進入睡鄉。

除了外用藥品以外，家裡還備有一些口服藥品。父親除了去藥房買魚肝油和含「幾怪」（一種藥物名稱）的咳嗽藥水「伯拉吐」之外，很少買成藥治療疾病。親屬有病，總是去醫院檢查或請醫生到家裡診治，然後再按處方買藥。如果需要注射，往往由醫生親自操作，或由護士代爲注射。當時醫生開的處方，一般都由該醫生所在醫院附屬的小型藥房配製。我頗好奇，常鑽到配方的地方去看，可以聽到乳缽研藥的聲音，看到混合後的藥末在十幾張方形紙上分勻，然後以梯形或三角形藥包包好，插在一起，裝在大口袋內交患者帶走。藥量不多，往往只夠服兩三天的，服完藥後，再請醫生診治。我用的內服藥水，一般加的糖漿較多，容易入口。如果藥末太苦，則用一種半透明的薄糯米紙，包好捏攏，稍浸以水，再馬上置於舌上含水吞服，這樣才不致滿嘴苦澀。我因體弱，從小多病，在這方面父母花去的精力不少。

除了藥品以外，家裡還購置了一些簡單的醫療器具。比如溫度計（攝氏標準）、蒸氣吸入器、通便用的玻璃注射器等等，以備應用。紗布、繃帶、鑷子、剪刀等等，也都放在二樓五斗櫃的抽屜裡面，隨用隨取，用後放回，井井有條，從不紊亂。各種藥品，也都有一定的存放位置，為的是取用方便。我現在仍然記得它們的排列。附帶一提的是，這裡雖說是「家庭日用藥品」，但它的服務對象，有時並不只限於家庭以內。例如大姐周曄有過記述：父親和叔叔曾在某天入夜，為一位受傷的洋車工人包紮傷口，這已衆所周知，就無庸贅述了。

我小時候種下了氣喘病的根子，每到疾病發作期間，不但自己痛苦不堪，也使父母擔心勞神，不勝其苦。

我得的這種哮喘病，每在季節變換的時候發作。一犯起來，呼吸困難，徹夜不眠。父親為我常用的一種方法，我且稱之為蒸氣吸入法。架好一套吸入器皿，即在盛水小鍋中卡上一支細管，加橡皮圈密封，將細管一端通入另一小杯，杯中裝有調好的「重碳酸曹達」和食鹽稀溶液，用酒精燈加熱燒開，蒸氣將藥液噴射帶出，再經一玻璃喇叭口集中成為一束。這時母親給我帶上圍兜，並且蒙上眼睛（怕鹽水刺痛眼睛），叫我張口吸氣。濕潤的水汽進入氣管，藥味鹹而略苦。如果還不痊愈，父親就改用一種藥膏熱敷。先將「安福消炎膏」隔水泡熱，母親按我背部大小準備一塊布料，父親用鈍刀將白色的粘稠藥膏刮在布上，貼在我的背部或前胸。二十分鐘以後揭去。這種藥膏不知都有哪些成分，僅感到有一種薄荷味，十分清涼，對於我劇烈的哮喘，也能起到緩和作用。

但以上兩種方法，都不如芥末糊的功能來得神速。這似乎成了父親對付我哮喘病的一張王牌。說起來也很簡單，用一個臉盆，放進二兩芥末粉，沖入滾燙的開水，浸入一塊毛巾，待芥末汁浸透以後，父親便用兩雙筷子插入毛巾，以相反的方向絞去水分，以我能夠忍耐的溫度為準，熱敷背部，上面再用

父親在北京師範大學演講。一九三二年十一月二十七日北京師範大學操場。

一塊乾毛巾蓋住，十幾分鐘後撤去，此時背部通紅如桃，稍一觸及頗感疼痛。經過這一番熱敷，感到呼吸大為通暢，而且又困又乏，緩緩睡去，往往可以睡個通宵。這種方法不知由誰介紹，其療效大好，屢試不爽，但有時哮喘劇烈，此法仍不大奏效，父親就直接用二三兩芥末，加涼水和勻，如「安福膏」一樣塗在布上，貼在背部。此糊雖涼，但越敷越熱，刺癢灼熱，頗不可忍。時間也以十分鐘為度，若時間稍過，則背部灼出水泡，如開水燙傷一般。這樣氣喘雖緩，但卻要吃另一種苦頭了，因此父親一般不輕易採用。

父親因對我疾病十分重視，費去他不少精力。平時有點小毛病，即趁早為我治療，如不奏效，就請醫生或到醫院就診。這些在他的《日記》中多有記載。我沒有詳細統計，至少也在百次左右吧！但他對自己的疾病，卻似乎不太當一回事。給我印象最深的是，有一次我和父母去須藤醫院診治，我比較簡單，只取一點藥品，便和母親進入一間有玻璃隔壁的換藥室，這時看見父親坐在一把有靠背的木椅上，斜側著身體，衣襟半敞著。再順眼細看，他的胸側插著一根很粗的針頭，尾部連有黃色半透明的橡皮管，接著地下一隻廣口粗瓶，瓶中已有約半瓶淡黃色液體，而橡皮管子裡還在徐徐滴下這種液體，其流速似乎與呼吸起伏約相適應。父親安詳地一邊吸煙，一邊還與醫生用日語交談著。過了一會兒，拔去針頭，照常若無其事地和我們一同步行回家。後來，我看他的《日記》，在一九三六年八月七日記有「往須藤醫院，由妹尾醫師代診，並抽去肋間積水二百格蘭（按：相當於二百毫升），注射 Tacamol 一針。廣平、海嬰亦去。」我想，這大概就是我目睹的這一次了，離他去世僅兩月多一點，應該說，此時他已進入重病時期，而仍顯得如此滿不在乎，他對於自己的身體以至生命，真是太不看重了。對醫生來說，除了注射一種藥劑，我也未見施以什麼特別的治療手段。這我將在另文詳說。

電影和馬戲

聽母親說，父親原先不大喜歡看電影。在北京期間不要說了，到了廣州，也看得不多。有一次雖然去了，據說還沒有終場，便起身離去。到上海以後，還是在叔叔和其他親友的勸說下，看電影才成了他惟一的一種娛樂活動。

我幼年很幸運，凡有適合兒童觀看的電影，父親總是讓我跟他去觀看，或者也可以說是由他專門陪著我去觀看。有時也讓母親領著我和幾個堂姊去看《米老鼠》一類的卡通片。記得和父母一同看過的電影，有《人猿泰山》、《泰山之子》、《仲

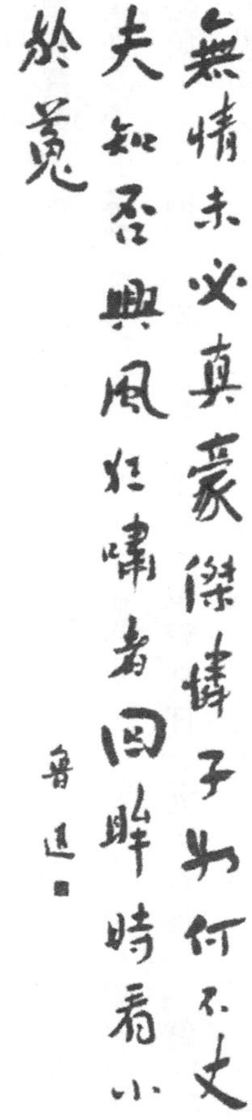
無情未必真豪傑憐子如何不丈
夫知否興風狂嘯者回眸時看小
於菟
魯迅

夏夜之夢》以及世界風光之類的紀錄片。

看電影一般不預先買票，碰到喜歡的片子，往往在晚餐以後即興而去。或者邀請叔叔嬸母，或者邀請在身邊的其他朋友，共同乘坐出租汽車去，當時汽車行就在施高塔路（現山陰路）路角，去人招呼一聲，就能來車。車資往往一元，外加「酒錢」二角。因爲看的多是九點晚場，因此對我來說，出去的時候興高采烈，非常清醒，等到回家，已經迷迷糊糊，不記得是怎樣脫衣，怎樣上床的了。

由看電影進而觀馬戲。有一次，在飯桌上聽說已經預購了有獅虎大象表演的馬戲票，時間就在當晚，我簡直心花怒放，興奮不已。因爲那是名聞世界、譽馳全球的海京伯馬戲團演出。按常規，我以爲這回准有我的份兒，就遲遲不肯上樓，一直熬到很晚，豎起耳朵在等待父母的召喚。誰料父親考慮到這些節目，大多爲猛獸表演，且在深夜臨睡之前，怕我受到驚恐，因此決定把我留在家裡，他們自己從後門悄悄走了。當我發現這一情況以後，異常懊喪，先是號啕大哭，後是嗚咽悲泣，一直哭到矇矇地睡去。父親知道我很難過，和善而又耐心地告訴我上述考慮的意見，並且答應另找機會，特地白天陪我去觀看一次。因而一九三三年十月二十日的《日記》中，就有這樣一條記載：「午後同廣平攜海嬰觀海京伯獸苑」。這「獸苑」裡面，只是關著的動物，我們參觀時沒有什麼表演，只看了一些馬術和小丑的滑稽節目。不過這對於我，已經是如願以償，以後也就不再成天噘嘴嘟囔不休了。後來聽說，這個馬戲團去美洲途中，在海上遇到風浪（一說船上失火），連人帶獸，全部沈入海底，無一倖免。

從《日記》推算起來，我當時只有四歲多一點。時間雖然過去了六十多年，但這件事情，給我的印象很深。由此可見，父親為了我的身心健康，是何等煞費苦心。他的慈愛之心，至今仍時刻在溫暖著我，也使我認識到如何才能當一個好父親。

也許因為年紀幼小，那時看電影的情景，大都印象模糊了，只是其中有一次，雖然父親的《日記》中不記此事，但我卻至今不忘。

有一天，吃過晚飯以後，時間相當晚了，門外忽然來了一輛汽車，說是請我們去看電影的，父親和母親遂帶我上了車。不久，來到一個地方，高大的洋樓，建築非常漂亮。大門內燈火通明，樓道裡是鮮紅的地毯，頭頂上是耀眼的吊燈。我們被引進一所大型的餐廳，說是要參加晚宴。我感到很稀奇：怎麼，看電影還請吃飯？請吃飯也不事先告訴，我們都是吃過飯來的，怎麼消納得了？當時看到外國人對父親很客氣，站著跟他講話，還不住地點頭。我聽父親答覆說：已經吃過晚飯了。但是按照歐洲人的習慣，晚餐一般都在九點以後，大概盛情難卻，結果還是被引到陳列極其豐盛的餐桌旁邊，和其他客人順序坐下。我和母親坐在側端座位之上，只見大家都不大動手。因為坐的距離比較遠，對主人的談話聽不清，也聽不懂。我只好望著一些異香果品，腦子活動開了。母親察覺我的心理，詢問我要吃什麼？我羞澀地指了指書本上曾經見過的芒果。母親伸手取來一隻，它又扁又長，通體蠟黃，放在她面前的空盤裡，仔細地剝好，然後又謹慎地換過我面前的瓷盤，叮囑我小心，不要讓它滑溜滾去。我聞著芒果透出的陣陣奇香，正在考慮從正面還是從尖端一口咬下去，消受它的佳味，忽然耳邊一陣椅子響，主人和客人都紛紛離席，向門口走去。母親示意讓我放下餐巾跟她出來。我只好望著這金黃色的通體沁出汁水而又完整無損的芒果，悵然告別，和其他客人一道來到一間放映廳裡。這裡只擺兩三排沙發，大家隨意坐下，稍停便熄燈開映。這次放映的是俄文原版片《夏伯陽》，因為沒有翻譯，沒有字幕旁白，也沒有現場解說，我一句也沒有聽懂。只記得其中有一個鏡頭，描寫夏伯陽在作戰時，手把「馬克辛」重型機槍向敵人勇猛掃射。這使我感到痛快之極，曆久不忘。至於電影演完以後，父母如何向主人致謝，如何和別的客人話別，我卻是一點印象也沒有了——因為那時我已迷迷糊糊瞌睡起來了。

父親對我的教育

曾有許多人問過我，父親是否像三味書屋裡的壽老師那樣對我教育的？比如在家吃「偏飯」，搞各種形式的單獨授課，還親自每天檢查督促作業，詢問考試成績；還另請家庭教師，輔導我練書法、學樂器；或在寫作、待客之餘，給我講唐詩宋詞、童話典故之類，以啓迪我的智慧。總之，凡是當今父母們想得到的種種教子之方，都想在我這裡得到印證。我的答覆卻每每使對方失望。因為父親對我的教育，就是母親在

《魯迅先生與海嬰》裡講到的那樣，「順其自然，極力不多給他打擊，甚或不願拂逆他的喜愛，除非在極不能容忍，極不合理的某一程度之內。」

我幼時的玩具可謂不少，卻是個玩具破壞者，凡是能拆卸的都拆卸過。目的有兩個：其一是看看內部結構，滿足好奇心；其二是認為自己有把握裝配復原。那年代會動的鐵殼玩具，都是邊角相勾固定的，薄薄的馬口鐵片經不住反復彎折，紛紛斷開，再也復原不了。極薄的齒輪，齒牙破蝕，即使以今天的技能，也不易整修。所以，我在一樓的玩具櫃裡，除了實心木製拆卸不了的，沒有幾件能夠完整活動的。但父母從不阻止我這樣做。對我「拆卸技術」幫助最大的就是前述瞿秋白夫婦送的那套「積鐵成象」玩具。它不但使我學會由簡單到複雜的幾百種積象玩法，還可以脫離圖形，自我發揮想像力，拼搭種種東西。有了這個基礎，我竟斗膽地把那架父親特意為我買的留聲機也

「一九三六年，九月，照於大陸新村前。」（母親的字）我割破了右腕。手腕上包紮的紗布是父親親手裹的。

大卸開了。我弄得滿手油污，把齒輪當舵輪旋轉著玩，趣味無窮。母親見了，吃了一驚，但她沒有斥責，只讓我復原。我辦到了。從此我越發膽大自信。一樓裡有一架縫紉機，是父親買給母親的，日本 JANOME 廠牌。我憑著拆卸留聲機的技術積累，拿它拆開裝攏，裝攏又拆開。

在我上學以後，有一次父親因我賴著不肯去學校，用報紙卷假意要打屁股。但是，待他瞭解了原因，便讓母親向教師請假，並向同學解釋：確不是賴學，是因氣喘病發需在家休息，你們在街上也看到的，他還去過醫院呢。這才解了小同學堵在我家門口，大唱「周海嬰，賴學精，看見先生難爲情……」的尷尬局面，友好如初。我雖也偶然挨打罵，其實那只是虛張聲勢，嚇唬一下而已。父親自己給祖母的信中也說：「打起來，聲音雖然響，卻不痛的。」又說：「有時是肯聽話的，也講道理的，所以近一年來，不但不挨打，也不大挨罵了。」這是一九三六年一月，父親去世前半年，我已將七歲。

叔叔在他供職的商務印書館參加編輯了《兒童文庫》和《少年文庫》生物方面的叢書，每種幾十冊。他一齊購來贈給我。母親收藏了內容較深的少年文庫，讓我看淺的。我耐心反復翻閱了多遍，不久翻膩了，向母親索取少年文庫，她讓我長大些再看，而我堅持要看這套書。爭論的聲音被父親聽到了，他便讓母親收回成命，從櫃子裡取出來，放在一樓內間我的專用櫃裡任憑選閱。這兩套叢書，包含文史、童話、常識、衛生、科普等等，相當於現在的《十萬個爲什麼》，卻著重於文科。父親也不過問選閱了哪些，或指定看哪幾篇，背誦哪幾段，完全「放任自流」。

父親給祖母的信裡常常提到我生病、痊愈、頑皮、糾纏、讀書和考試成績等情況，有時還讓我寫上幾句。從存留的書信墨跡裡，在信尾尙有我歪歪扭扭的個把句子。我當時是想長長地寫一大段的，表達很多心裡話，可惜一握筆便呆住了。在一九三五年一月十六日的信裡，父親寫道：「海嬰有幾句話，寫在另一張紙上，今附呈。」

父親寫信經常是用中式信箋，印有淺淡的花卉、人物和風景，按不同親疏的朋友親屬選用。如遇到父親寫信，我往往快速地從桌子倒數第二個抽屜裡挑選信箋，以童子的愛好爲標準，挑選有趣味的一頁。父親有時默許使用，也有感到不妥的，希望我另選一枚，遇到我僵持不肯，相互得不到一致時，他總是歎息一聲勉強讓步的。偶然父親堅決以爲不妥的，那當然只有我妥協了。據悉有一位日本仙台的研究者阿部兼也先生，他最近專門分析父親信箋選用與收件者的內在關係。遺憾的是他不知道內中有我的「干擾」，使研究裡滲進了「雜質」。在此，我謹向阿部先生表示歉意。

我小時候十分頑皮貪玩。但是我們小朋友之間並不常在弄堂玩耍，因爲在那裡玩要受日本孩子欺負。母親就讓我們在家裡玩，這樣她做家務時就不用牽掛著時不時探頭察看。有一回，開頭我們還安靜地看書、玩耍，不久便打鬧開了，在客廳和飯廳之間追逐打鬧，轉著轉著眼看小朋友被我追到，他順手關閉了內外間的玻璃門，我叫不開、推不開，便發力猛推，推了幾下手一滑，從豎格上一下子脫滑，敲擊到玻璃上，「砰」的一聲玻璃碎裂，右手腕和掌心割了兩個裂口，血汩汩而下。小朋友嚇得悄悄溜走了，而我也只顧從傷口處挖出碎玻璃，至少有三四小片。許是剛剛割破，倒未有痛感。父親聽到我手腕受了傷，便從二樓走下來，我也迎上去，覺得是自己闖的禍，也沒有哭的理由。父親很鎮定，也不責罵，只從樓梯邊的櫃裡取出外傷藥水，用紗布替我包紮，裹好之後，仍什麼也沒說，就上樓了。

後來他在給祖母的信中提到這件事：「前天玻璃割破了手，鮮血淋漓……」這是一九三六年九月二十二日寫的，距父親去世僅二十三天。有一張母親和我在萬國殯儀館站在一起的照片，可以看到我右手腕包紮著紗布，可見當時傷得不輕。

曾經有人引用一段話，說在父親葬禮的墓前，我被人抱著不知悲哀地吃餅乾，似乎是一個智力低下的小白癡。我翻拍了這張相片寄去，詳告眞情，祈望考慮。但這位作者卻大不以爲然，說他的根據是某某名人所述，根據確實，倒是我在雞蛋裡挑骨頭，大不友好。試問，我這個七歲男孩長得高高大大，——次年我剛八歲，學校檢查體格，身高已達四尺，即公制的一米二二，請問我還是手抱的兒童嗎？——這當然是題外話了。

大陸新村九號

父母到上海定居，住過景雲裡、阿莫斯北川公寓、以及臨時避難的幾處。這些我絲毫沒有記憶，而大陸新村的印象倒不少。看來幼兒要到三歲以後才有記憶力，至少對我是這樣的。這大陸新村，現在知道是當時大陸銀行所建築的，共有兩條弄堂，我們住的是第一條。南邊的先造，稱「青雲小築」。我家住的是九號。靠弄堂底還住有一家日本人，也就是許媽爲我秘密存放餅乾的地方。我家大門原先是鐵柵式，後來封上洋鐵皮，因爲有日本小孩常來欺負我，丟石塊，喊叫「八格耶羅」，還用洋涇浜的中國話罵我「豬玀」。

天井

大陸新村九號是新式裡弄，進前門是方形的小天井，長四公尺，寬二公尺半，人一多就擠得轉不開身。這裡種過牽牛花，由於只有二尺許一條土壤，名貴花卉種不活，但種過內山夫人贈的南瓜籽。

內山夫人（內山美喜）經常給我家送些花卉。對此，父親在日記中多有記載。如一九三三年五月三十一日贈「躑躅一盆」，十二月三十一日贈「松梅竹一盆」等等，但

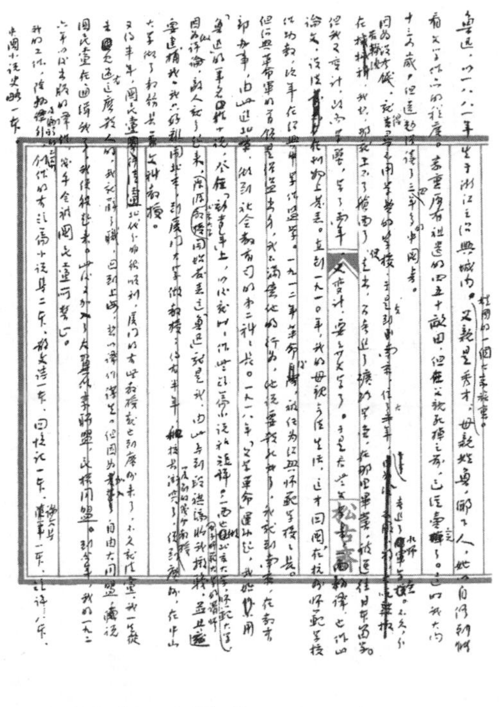

魯迅自传　作于一九三五年

父親手蹟《魯迅自傳》作於一九三五年。

也有未記載的。我印象較深的是有一次送一盆牽牛花(上海通稱喇叭花)。清晨，大家還沒有起床，它已迎風帶露，徐徐展開圓錐形的花朵，呈現它的風采；到中午，則因經不起烈日的毒曬，花朵就收攏萎蔫，顯得十分委屈。但一到次日清早，另一批花朵又燦爛挺拔地開放，給人們帶來了新的歡愉和希望。它的生命可真是頑強啊！凋謝以後，總要撒下許多延續生命的橘瓣形籽，次年重新將之種下，總不會讓愛花的人失望。

父親很少下樓，也沒有工夫爲那些花卉整理枝葉澆水施肥，但這盆牽牛花卻格外吸引他，他非常讚賞內山夫人的種花手藝。一般的牽牛花都只有小酒盅大，又性喜攀附，只要拉一條繩索，它往往能爬一丈之高。但這盆牽牛花卻只在尺許大的盆內盤桓，且花型大有小湯碗那麼大，又逐日輪流開放。日本婦女大多擅長插花和盆景藝術，因此父親曾饒有興趣地聽內山夫人介紹過擺弄牽牛花的奧秘。

為了使這盆牽牛花能夠年年開放，母親總是仔細地收拾花籽，挑選顆粒粗壯者保存起來，以備明年再種。而我對於這種事情往往不甚盡心，頂多用雙手捧著收集起花籽，倒進一個小罐就算完成任務。我最關心的是一棵南瓜秧。這是鄉下農民挑進城來出售的，我買來一棵栽下以後，就早早地央求母親給它拉上繩子，期望它早日竄藤、開花、結瓜。南瓜秧種在小天井的西側，這個小天井雖然不過十二三平米，但它在我的心目中，卻感到無限廣闊。每天清晨，只要沒有忘記，總要給南瓜澆水施肥，忙上一通，然後再去幹別的事。終於，見到它開了花。黃

一九三五年十二月八日母親和六歲的我攝於上海。次年十月十九日父親去世。

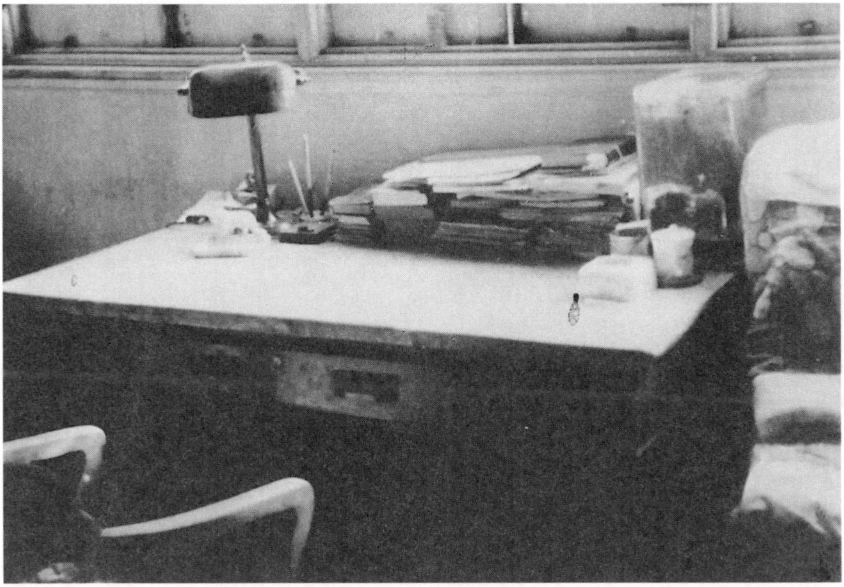

父親去世後幾天，他的寫字桌。原貌。右上角是玻璃魚缸，我在缸裡養過鬥魚和小青蛙。

黃的，也呈喇叭形。也許是南方本來雨水勤，而我又多澆水的緣故，結果發現花開的倒不少，瓜卻不多。秋天來臨，瓜藤逐漸萎黃。

有一天下午，父親興致很高，和母親一同來到天井。大門門楣上有一塊水泥雨遮，離地面高約三米，這時架起了凳子，不記得是誰爬上去的，只記得令人吃驚地摘下兩隻沈甸甸的南瓜，一隻較大，直徑約在尺半以上，扁圓蠟黃滿身皺折，老結得很；另一隻很小，還有點青，呈長圓形。我顧不上收藤拉秧這些活，第一次收穫的喜悅沖上了心頭，當時那高興的勁頭恐怕遠遠超過了淘金者看到金礦一樣。把它捧到客廳的桌子上以後，還獨自端詳了很長時間。恰巧晚間內山完造先生來訪，告別時，父親從二樓送到樓下，在南瓜前面停住步，用日語向內山先生介紹，說這是孩子種的瓜，今天上午剛剛摘下來的。內山先生連連誇獎我，稱讚瓜長得很大。父親接著就說：「海嬰是大方的，既然先生喜歡，就送你一隻吧！」說罷，就提起一隻最大的南瓜送給內山先生。我一時沒有準備，感到出乎意料之外，心想：只受了幾句誇獎，卻失了一個大南瓜，心裡怪不是味兒，但也只得裝做爽快地答應了，心裡卻感到悵然若失。

大陸新村三樓的前陽台，我曾陪父親躺過一會兒。

第二天中午飯前，內山夫人親自端來一隻蓋碗，裡邊熱騰騰地盛著異國香味的煮南瓜，顏色微暗，是用醬油和糖兩味調料悶燒的，不加鹽和其他佐料。一嘗，果然香甜酥軟可口，連瓜皮都可以食下。至此我才心裡舒暢不少，感到這只大南瓜送給內山先生實在不可惜了。之後，母親又將剩下的那只南瓜煮了紹興風味的「麵疙瘩」。吃完以後，心裡剩下的疙瘩也就飛到九霄雲外去了。

大陸新村一樓西側，放置一張瞿秋白寫作的桌子。

客廳

從天井進門是客廳，中央一張大桌，可會客也可用餐。它可坐八人，父親坐南面北，它既是主位又不礙上菜。配的八張椅子，均一色薄黑漆。在一九四六或四七年由邵維昌用調和漆重新油過，變為棕黃色。我曾建議上海魯迅紀念館設法復原，似乎說過幾次都沒有動作，不知是否認為證據不足。其實檢查椅子的油漆便是最可靠的證明。

這間客廳日常很少使用，平時家庭用飯都在玻璃格門內間，隔門可敞開。叔叔嬸嬸來也在內間吃飯，兩家人團聚在一張小桌邊更顯親切。孩子不上桌面，碗面上夾些菜在一旁吃，上桌面是孩子長大成人的標誌。如叔父不帶孩子來，那我就可坐在桌子邊上了。父親是紹興人，又在家鄉長大，按照生活環境和遺傳，應當具有相當酒量。但記憶中沒有見醉倒過。其實他量不大，一兩杯而已。喝盡杯中的酒就說：「盛飯哉！」同時勸別人再繼續，但是客人也就此停杯用飯了。我不記得父親喝過白酒之類。叔叔曾送來五加皮，酒色橙紅，由於是黑瓶大肚，印象很深。

蕭軍一九三五年到上海，東北大漢酒量難以估計，在我家吃飯時候，也沒有他喝醉的印象。母親也不曾有過限制的語氣。也許青年們在老師面前加意克制吧。

關於醉酒，父親曾給我講過，祖父他老人家「好酒」。紹興上層人喜歡以白斬雞下酒，且以胸脯肉爲上乘。某次宴席上的冷盆裡雞脯肉不多，也許別人手快夾走了，祖父一怒之下竟把臺面掀掉，不歡而散。父親講了他父親的失控，也許亦引以爲戒，所以，除了《兩地書》起首有提到喝「醉」以外，沒有什麼文章講述過這種情節。

這裡還有一個關於留聲機的故事。在父親的著作中，常常可以看到，他很討厭上海三十年代留聲機的聲響，每當他仰臥籐椅、閉目構思的時候，如果有這類聲響來打擾尤感不適。這時，如果我囉囉嗦嗦地跑去糾纏，無盡無休地問這問那，母親就會把我趕快帶開，打發我下樓去玩。

在大陸新村寓所客廳外所攝。一九三六年十月二日攝於上海。

但一九三五年五月九日，父親在他的《日記》中有這樣一項記載：「下午爲海嬰買留聲機一具，二十二元。」既然他很討厭當時那種甚囂塵上的世俗之聲，爲什麼又花錢來買這架留聲機呢？原來這又是爲了我的緣故。

大概是那年四月，或者更早

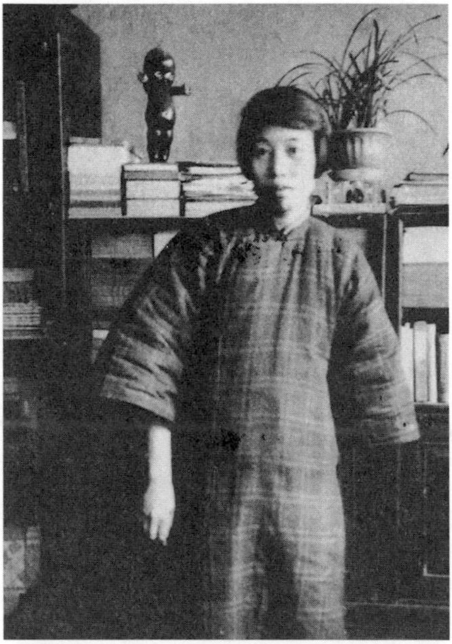

母親初到上海，住景雲裡寓所。時一九二八年三月十六日。

一些時間吧，許媽帶我到隔壁鄰居家去串門。那是一戶日本僑民。他家有一台落地式手搖大型留聲機，高約一米半，比我的身體還長一截。聽到他們在播放唱片，十分新鮮。可是仍感到不過癮，因爲主人不許我用手摸動它，內心深處隱存羨慕之情。回家以後，婉轉向母親提出要求，母親又向父親表達了我的這個願望。經過商量，表示只要不打擾父親，可以考慮，但規定不許在父親工作時播唱，只在飯後稍許放一會兒。我自然只有答應。過了幾天，有一個晚上，看見內山先生笑呵呵地同一個店員來到我家，拎來了一架小型攜帶型留聲機，父親下樓接待。內山先生用日語向父親介紹這架留聲機的性能，並且當場試放。放完以後，讓我再來看看，問我喜歡不喜歡。當時，我覺得它與鄰家的那台相比，眞是小巫見大巫，差得太遠，連連搖頭，表示不要。父親見此情景，就告訴內山先生，說孩子不大喜歡，請麻煩給另換一台。內山先生痛快地答應了，讓店員拎走了這台留聲機。過了幾天，換了一台，仍然不大，我還是嫌小不要；又過了幾天，通知說另換了一台，比較大，搬不來，母親就帶我到內山書店去觀看。去了以後，見留聲機放在裡面房間是一種中等大小的。這時我意識到大人們已經很不耐煩了，不能再提過高的要求，就表示接受了。

留聲機送到家裡以後，我發現它還附有兩匣金屬鋼製唱針，每盒二百支，還有近十張黑色蟲膠唱片，都是日本產品，是兒童歌曲，如有聲似火車行駛的：「嗚卡卡……嗚、卡、卡」的音樂片。後來，內山書店店員鐮田誠一也送了兩張唱片（見一九三五年五月十七日《魯迅日記》）。還有一張京劇《捉放曹》，記不起是誰的贈品。總之，大都是兒童唱片，而且只有那麼幾張，聽來聽去，都熟透能背，非常膩了，再加後來父親健康欠佳，所以，除非來了客人，或在飯後偶爾播放

大陸新村的後門，出入往來和信件都走這裡。

大陸新村一樓東北側，我的玩具櫃。

父親大病初癒後在大陸新村寓所門前所攝。一九三六年三月二十三日

一兩次外，一般也就很少使用了。

這架留聲機有共鳴箱，發聲比小型攜帶型洪亮。發條有兩盤，上緊以後，可以連續播放正反面達六七分鐘之久。但它的缺點是不如小型攜帶型方便。唱機的其他部件，如齒輪發條，轉速平衡器等等經常被我拆開又裝攏，裝攏又拆開。不過這已經是我八、九歲以後的事了。

現在大陸新村舊居一樓，可以看到這一台棕黑色中型手搖留聲機，它高約二十九點三釐米，寬約四十釐米，厚約三十六釐米。這台展出的留聲機是 **Magna Phonic** 牌的七十八轉鋼針放唱的日本產品，它已經陳舊了，覆蓋的布料也已破舊。這是當時購置的原件，但如打開它的上蓋，就會發現它的面板添了許多大小不等的洞孔。這是我十五六歲時的「傑作」。那時不知愛惜，忽然心血來潮，想把它改成一台「準電唱機」，所以才弄成這個樣子。

我在十二三歲的時候，熱衷於無線電技術。楊霽雲先生與父親過從頗多，他見我安裝礦石收音機，組裝電子管收音機，拆拆弄弄，樂之不疲，便把一台他非常喜歡的當時十分先進的金屬電子管收音機相贈，專門供我拆裝各種無線電試驗之用。四十年代初葉，上海無線電零件商行，有國產電唱機頭開始出售，我買了一個，裝在手搖唱頭的斜對側，再用屏蔽罩電線接入收音機的電唱輸入插孔，由收音機後級擴聲播唱，音量音質自然比機械振動發聲優勝一籌。但這種改裝的東西，由於動力是手搖上弦之故，唱片轉速很不穩定，所以自出心裁，稱它爲「準電唱機」。不過這已是父親過世好幾年以後的事了。

陽臺、廚房、浴室

從裡間北進，迎面是洋灰質樓梯。上去十幾級是父親的臥室。邊上亭子間。三樓臥室邊上也有一間亭子間，可留住客人。三樓的臥室由我一直住到遷出大陸新村。臥室正面是落地窗，窗外是個寬一米長二米不足的陽臺。

有過一次，父親爲了什麼事氣憤不平，獨自躺在這陽臺上，母親束手無策，也不知憤懣的緣由，而我以爲這樣躺著頗有趣，也擠進去躺在他身邊，父親哼了一聲「小狗屁」，起身了，他的氣憤也一下子煙消雲散，下樓吃飯去了。

三層樓上還有一個曬臺，供平日曬晾衣被用。到了春節要燃放花炮、煙花，它又是好去處。樓下的天井太窄，能躥天的煙花施展不開，而陽臺的視野開闊，「穿天老鼠」在空中可搖曳多時，那是孩童最興奮的時刻。當時我們都不敢點，父親也不插手，因爲有建人叔叔在。那時叔叔才四十上下，正在壯年時期。他燃放煙花時，我們三個小孩都躲在大人身後張望，兩個姐姐用手指堵住耳朵，小妹妹周蕖才三歲，連看也沒有她的份兒。焰火壓軸戲是一個「花筒」，小碗直徑，半尺多高。點燃時噴出一蓬二米高的銀花，一分鐘便熄滅了。我們帶著餘興未盡的依戀，在父母「明年再買！」的許諾中下樓。

父親在大陸新村寓所附近。
約一九三五年攝。

大陸新村每幢樓的三層組成一個「井」字形，後牆都有一個小窗可開，它通風，冬暖夏涼，採光明亮。一樓廚房間有一個帶烤箱的煤氣灶，鐵鑄的，是洋貨，我沒有見到使用過。還有一具燒洗澡水的小鍋爐，熱水直接通到浴缸的龍頭，可放洗澡水。但是此鍋爐的熱效率太低，燃料極不經濟。廚房的位置在後門的第一間。廚房後窗下是洗菜池，淘米、接水等日常家庭事務都在這裡操持。廚房間也配備煤氣灶，不知是因爲燃氣價格貴還是用不慣「洋玩藝兒」，每家都棄之不用，大多仍是燒煤球爐，每天早晨拎到弄堂生火，用柴火引燃。因此每當早晨七八點鍾，弄堂裡便煙霧瀰漫。後窗也往往是郵件報紙雜誌的投遞口，郵件向裡一拋，常拋入盆裡打濕，母親便默默地晾乾交給父親。

作者夫婦與徐梵澄（右二）。

有時候還得用熨斗熨乾。投遞員投擲時，每每口裡喊一聲「信」，聽到喊聲，便趕快搶出來接，即使打濕了也便於抹乾。若有掛號信來，就從裡間櫃子抽屜裡取出圖章蓋在收據上。郵遞員一般是有章便可並不在意是否「張冠李戴」。大概他們以為門戶送準就盡到了職責，毋須顧及姓名圖章是否相符。那時的女傭也大多只識少量幾個字，一定要求收件人姓名與圖章相符看來也有點過分。廚房的門裝有「司必靈」鎖，也即是彈子鎖，可用鑰匙開啓，不必叫門。前門裝有掛鎖，平時不作進出用，每逢生客來訪才開啓，以示隆重。前、後門都裝有電門鈴，因此有時廚房間內響鈴，卻分不清是哪邊叫門，總得兩邊奔波一陣。

有一次父親病臥在床我正在客廳玩要，聽得後面有人敲門，傭人應聲出去開了門。來人是個青年，說是要見先生。傭人告訴他先生身體不適，不能見客。他二話不說，轉身就走。過一會兒又響起敲門聲，傭人剛剛打開後門，只見來者仍是他，手中捧了束鮮花，招呼也不打，只顧直往樓上衝去。這時母親正在二樓父親身邊，立即迎了下來，企圖擋住他不讓他去影響父親的休息。但他仍逕自到父親床邊，什麼話也沒說，只向父親身邊放上鮮花，轉身下樓而去。當時父親也只看看他，一言未發。這事母親曾在回憶錄裡寫到過，但沒有提名，只說是「一位青年」。

這位執拗的青年就是當今著名的梵文研究家徐梵澄先生。徐先生與父親本來就熟。當年父親創導新木刻藝術，很多國外木刻圖冊就是通過他在德國留學代為購買的。他出國時，父親曾交給他一些中國宣紙，希望他趁便贈給德國畫界朋友，以作中國造紙文化的宣傳。不想年輕的徐先生並未領會父親的意圖，回國時將宣紙原封帶了回來，使得父親頗為不悅。也許當他闖進來獻花時，父親還餘氣未消，才未與理睬的吧。但此一行動也頗見徐先生赤誠的性格。

徐先生對父親的敬仰之心不但終生未改，還惠及我這個後代。直到晚年（他在中國社科院任職）還經常惦記著我，聽到我遭遇不順的事，如長子的婚事和為父親稿費問題對簿公堂，特意寫信為之呼籲。長輩的這種殷殷關切之情一直使我深為感動。這自然是後話。

可惜，徐先生已於前年過世。我又少了一位關心愛護我的長輩，實在不勝痛惜。

阿花與許媽

幼時看護過我的保姆有兩位，她們是阿花和許媽。

對於阿花，我當時太小，全然沒有印象。我是從一張陳舊而尚未褪色的六寸照片中認識她的。從照片上看來，她約莫二十五六歲，清秀的面孔，明亮的眼睛，瓜子臉，端正的鼻梁，烏黑而又勻整的「劉海」覆額齊眉，衣著整潔合身，神態端莊文靜，雙手扶抱著我坐在她的膝上。其時，我僅一歲。如果不是留下這張照片，我無論如何也想不到，還有這麼一位阿姨曾經扶我學步，帶領我邁開了走進生活的第一步。

聽母親說，父親初到上海，家裡並不起火，只和叔叔一家搭夥開飯。到我出世以後，因為家庭事務繁重，母親照顧不過來，所以才聘阿花來幫忙。她是紹興人，娘家不知還有什麼人，丈夫是章家埠的農民，患有「大腳瘋」（俗稱象皮腿，許是寄生蟲病吧），失去了勞動力，生計無法維持，經常虐待和毒打阿花，還想把她賣出去，阿花得知才設法逃脫，來上海獨自謀生。先在景雲裡某家幫工，後經人介紹來我家幫忙。她工作十分得力，做起活來乾淨利落，一邊唱著山歌，一邊幹活，心情似乎比較愉快。但是過不多久，發現她卻有點異常，有人敲門，常常被嚇得喪魂落魄。上海弄堂房屋，前門正對著別人的後門。有一天對面人家廚房裡人影綽綽，阿花一見，面色發

王阿花抱著我。

白，驚恐之情、莫可名狀。仔細一問，她才對我母親說，是她丈夫帶人從鄉下趕來，準備要劫她回去。嚴重的局面，一直僵持了幾天，空氣相當緊張，眼看祥林嫂被人綁架的一幕又要重演。父親花錢請來一位律師，向他們傳話去，有事大家商量，不要動手。不知是誰，找來了一位紳士從中調停。這位紳士來到景雲裡，一見父親大吃一驚，連忙說：「原來阿花在先生葛裡（這裡），好說好說。」原來這位紳士名叫魏福綿，曾請父親做過他的保證人，並且彙劃學費，可以說是非常熟稔。父親請叔叔出面與他協商，結果說定由父親拿出一百五十元代阿花「贖身」，准其自由，一場風波才算平息。而這件事情，在父親一九三〇年一月十日的《日記》中，卻只有寥寥二十一個字：「夜代女工王阿花付贖身錢百五十元，由魏福綿經手。」

之後，阿花在我們家有一段時間。她畢竟比較年輕，帶幼兒缺少經驗，每在清晨抱我在北窗下與人談天，或去汽車修理間與人說話，以致使我受到風寒，由氣管炎轉成支氣管炎，長期治療，反復不癒，父母爲此也勞累不堪。最後，還是和叔叔商量，不如改請年老的保姆妥當，阿花才離我而去。阿花走後，未見來過，也許是因爲我們搬家，她尋不到地方。有人曾經在橫濱橋附近見她乘坐在人力車上，衣著尙可，匆匆而去。大概生活暫時尙過得去（當時乘坐人力車出行很平常），但此後再沒有音訊。在舊社會，勞動婦女的命運一般都很悲慘，不知她最後下落如何？如果她還健在，計算起來，年紀當在九十歲以上。但世事滄桑，一切都難以意料，也許她早已離開人間，

許媽和我在鄰居的天井裡。照片上的字爲父親手跡。

結束了坎坷一生！

繼阿花之後，我家又請來一位許媽。她在我家呆得時間較長，而我也不再是意識混沌的嬰兒，因此對於她，我留有自己的記憶。她是江蘇南通人，近五十歲，大概由於在家務農，平素練就了一副好身骨，體格健壯，背起我走毫不費力。她與同鄉對話，都用方言，十句中有九句我聽不懂。但平時卻講上海話，可見她在上海幫工，時間不短了。

我第一件有印象的事是，三歲那年患「阿米巴」痢疾。「阿米巴」痢疾當時稱

「紅、白」痢。眼下有痢特靈之類的藥品，可以說是特效藥了。但在三十年代，醫療水平差，醫生最拿手的是「禁食」加「禁食」，反覆用這一殺手鐧。最優惠的待遇是喝米湯。媽媽煮好一鍋稀粥，用紗布過濾淨爛米粒，我只能用小碗飲這種照得出面影的「米湯」。但我嘴裡喝著米湯，目光卻注視著另一隻碗裡的粥粒，以此進行「精神會餐」。許媽心眼極好，見我餓得東倒西歪、軟綿無力的可憐相，懇求我母親「開恩」讓我增加點軟粥而無效之下，偷偷用自己的私房錢買了餅乾，藏在隔壁鄰居日本人家裡，交由女主婦保管。現在回想起來，那是一聽五磅重的白色松脆的蘇打鹹餅乾，一層層疊得極平整。每層卡得很緊，不「破壞」幾片甭想抽出來。當我面對這聽尚未打開的餅乾時，已聞得出鐵皮罐子裡的陣陣香味。許媽只敢給我幾片，當我鯨吞下去之後，當然不斷索取，許媽戰戰兢兢地又抽出幾片之後，趕緊蓋回箱蓋，半求半騙地抱我離開這只「禍」箱子。之後，我的病情反覆，「餅乾」案不知怎地被破獲，只記得許媽在我面前哭泣著喃喃地說，吃幾片餅乾礙什麼事，怎麼能餓肚子呢？病怎麼餓得好呢！也許她也是這麼向我母親辯解的，終於沒有被辭退，而我也享受到標準的粥喝了。這罐餅乾也正大光明地放在我床頭邊。

平時爲了讓父親安心工作，總由她帶我出去玩耍消磨時間。大陸新村弄堂口往東迤南，有一爿「老虎灶」。一口碩大的鐵鍋，煮著沸水。附近居民誰要沖茶或灌暖瓶，往往花一兩個銅板立即可得，需要沐浴的住戶只要去說一聲，就會有人挑一擔滾燙的熱水送上門來，並且倒入浴盆，服務周到。開辦「老虎灶」行業以南通人居多。許媽常領我到那裡去玩。這裡是勞苦人民集聚的地方，百工雜藝，七十二行，爲求謀生，各有其能。有時玩到傍晚，估計我有點餓了，許媽便摸出一兩個銅板，臨時買個揚州小販的提籃點心（如「老虎腳爪」、「麻油饊子」、「脆麻花」等等）讓我充饑。這在無意之中使我接觸到了底層社會的一角，模模糊糊地知道上海除了高樓大廈之外，還有這麼一些去處。

從大陸新村弄口直接往北，約走幾十丈以外，便呈現著另一番風光。竹籬茅室，前後錯落，瓜棚豆架，相映成畫。到了秋天，有時候眼前是一片青紗遮目的玉米田野。這時候往往是許媽帶我捕捉螳螂和螞蚱的大好時機，也許在這裡她能夠呼吸到一些類乎家鄉農村的氣息吧。

許媽還領我到虹口公園玩過。公園裡面劃出一小塊範圍供兒童玩，有鞦韆、滑梯、蹺蹺板。但玩到後來，不愉快就尋到頭上來了。日本孩子一到，見到中國孩子在玩耍，他便來追逐爭奪；洋人孩子他們不逼迫，似乎沒有看到，「友善」之至。中國孩子玩什麼他們都來爭奪，還動手拉扯推搡，什麼先來後到的順序全都不顧，氣勢洶洶地非要你從上面下來，好讓他獨霸一方。嘴裡還罵罵咧咧的。帶領他們來公園的婦人（想必也是日本人），竟以欣賞贊許神態支援這種野蠻行爲。許媽一見到這種情形，趕緊把我揹離這種地方，再回到大陸新村北面農地抓螳螂。

隨著年歲增長，我被送進幼稚園「關」了起來，這些如畫一般的生活，也就永遠告別了。

由於小時候留下了支氣管哮喘的病根，這不但使我痛苦不堪，而且也給許媽帶來了很多負擔。病一發作，我便不能平臥，她只能扶持著我，坐在胸前，一夜不能合眼。直到東方發白，喘息稍停，她才輕輕放我入睡，自己又須起身幹別的事去了。

她帶我幾年，卻從來不談自己的家事。有時候偶然接到鄉下來信，見她獨自落淚。我一探問，便斂起悲容，答稱「沒事」。我因年幼，不懂什麼生活的艱辛，也往往不再細問。其實農村婦女除非萬不得已，是斷乎不肯出外幫傭的，而許媽家中雖有難處，卻寧願獨自隱忍，也不肯訴說。現在回想，她眞是一位善良而堅韌的婦女啊！

許媽在抗戰勝利後從江蘇南通來探望我，我拉她去留影。攝於滬霞飛路的小店鋪。

父親去世，我家搬到法租界霞飛坊以後，她就辭別要回故鄉。她對母親說：「大先生已不在世，許先生也很艱難，我回家養老去吧！」臨走時答應以後每年都來看我，但實際上並沒有常來。大概由於年紀較大，出門不便了吧！直到一九四六年春天，我上初中三年級的時候，她確實踐約來看我了。但見她頭已花白，行動也頗蹣跚。見到我似乎很高興，但不由地露出一絲悲意，頗爲傷感地說：「弟弟，這次看你長這麼大了，回去也放心了，恐怕這是我最後一次和你見面了。」母親和我都說了一些寬慰的話，請她以後再來上海住住。

臨別時她默默無語，黯然傷神，眼眶裡飽含著淚水，還給我塞了一些零用錢。我難過得說不出一句話來，只是忍著悲傷，默默地送她上路。從那以後，我再也沒有見到她那慈祥而飽受生活磨難的面龐，只能對她留下的照片，沈入深深的思念之中。

父親的死

訣別

一九三六年的大半年，我們的日子是在憂喜交錯之中度過的。父親的健康狀況起伏很大，體力消耗得很多。因此，家裡的氣氛總與父親的健康息息相關。

每天清晨，我穿好衣服去上學。按照過去慣例，父親深夜寫作睡得很晚。今年以來，因爲他不斷生病，母親就叮囑我，進出要小聲，切勿鬧出聲響，以免影響他休息。

遵照母親的囑咐，每天我從三樓下來總是躡手躡腳，不敢大聲說話。父親的房門一般不關，我悄悄鑽進臥室，側耳傾聽他的鼻息聲。父親睡在床外側，床頭凳子上有一個瓷杯，水中浸著他的假牙。瓷杯旁邊放著香煙、火柴和煙缸，還有象牙煙嘴。我自知對他的健康幫不了什麼，但總想盡點微力，讓他一展容顏，也算是一點安慰。於是輕輕地從煙盒裡抽出一支香煙，細心地插進被熏得又焦又黃的煙嘴裡面，放到他醒來以後伸手就能拿到的地方，然後悄然離去。這些動作十分輕捷，沒有一點聲響。也不敢像過去那樣每當出門，總要大聲說一聲「爸爸晏歇會！」。中午吃飯的時候，總盼望父親對自己安裝香煙的「功勞」誇獎一句。不料，父親往往故意不提。我忍不住，便迂回曲折地詢問一句：「今朝煙嘴裡有啥末事？」父親聽後，微微一笑，便說：

「小乖姑，香煙是你裝的吧。」聽到這句話，我覺得比什麼獎賞都貴重，心裡樂滋滋的，飯也吃得更香了，父親和母親也都相視一笑，借此全家人暫離愁城。

然而父親的疾病卻是日漸加重了。來訪的客人不能一一會見，只得由母親耐心解釋和轉達意見。每當病情稍有好轉，就有蕭軍、蕭紅兩人來訪。這時候父親也總是下樓，和他們一邊交談，一邊參觀蕭紅的做飯手藝，包餃子和做「合子」（餡餅）這些十分拿手的北方飯食，一眨眼工夫就熱騰騰地上了桌，簡直是「阿拉丁」神燈魔力的再現。尤其是她那蔥花烙餅的技術更絕，雪白的麵層，夾以翠綠的蔥末，外黃裡嫩，又香又脆。這時候父親也不禁要多吃一兩口，並且贊不絕聲，與蕭軍、蕭紅邊吃邊談，有說有笑，以致壓在大家心頭的陰雲似乎也掃去了不少。這時，我小小的心靈裡只有一個願望，就是希望他們能夠常來，為我們帶來熱情、帶來歡快。

父親生前來不及閱讀的書。

自六月以後，父親的疾病更令人擔憂了。六月末的這一天，他在自己的日記中追述說，自五日以後，「日漸委頓，終至艱於起坐，（日記）遂不復記。」連一向堅持的日記都不能記，可見他的病是相當嚴重了。

秋天來臨，一片蕭瑟。因爲父親日益病重，家裡寂靜得像醫院一樣。每天要測量體溫，醫生也不時前來注射（有時由護士代替）。我耳聞目睹的大都是有關治病的事情，因此，心情更加晦暗。每次吃飯也沒有過去的那種歡樂氣氛了，父親雖然還是下樓和我們一起吃飯，但吃得很少，有時提前上樓回他的房裡去。陪客人同餐，也不能終席。所以大家感到一種無形的壓力正在越來越沈重地向我們襲來。我雖然不懂父親病情的變化，也不懂什麼叫做「死期」，但腦子裡影影綽綽地感到它會產生巨大的不幸，而且與父親的生命有關。只是希望它不要降臨，離得越遠越好。

有一天，父親的呼吸比較費力。內山完造先生得知，就親自帶來一隻長方形的匣子，上面連有一根電線可以接上電源。打開開關以後，只見匣子微微發出一種「吱吱嚶嚶」的聲音，匣內閃出綠色的微光。過了一陣，便可聞到大雷雨之後空氣中特有的一股氣息——臭氧。一九三六年九月十二日，父親在日記中寫道：「夜內山君來，並持來阿純發生機一具。」說的便是這件事。使用它的目的，是爲了使呼吸舒暢一點，但試用了幾次，似乎沒有明顯的療效。不久，內山先生也就派人取回去了。

說來也許奇怪，父親去世前兩天，我下午放學回家，突然耳朵裡聽到遙遠空中有人對我說：「你爸爸要死啦！」這句話非常清晰，我大爲驚訝，急忙環顧四周，附近並沒有什麼人。但這句話卻異常鮮明地送入我的耳鼓。一個七歲的人就產生幻聽，而且在此後這麼多年再也不曾發生過，這眞是一個不解之謎。姑且寫下，以供研究。當時我快步回家，走上三樓，把這件事告訴許媽。許媽斥我：「瞎三話四，哪裡會有這種事。」

但是不幸終於來臨了。這年的十月十九日清晨，我從沈睡中醒來，覺得天色不早，陽光比往常上學的時候亮多了。我十分詫異，許媽爲什麼忘了叫我起床？連忙穿好衣服。這時樓梯輕輕響了，許媽來到三樓，低聲說：「弟弟，今朝儂勿要上學堂去了。」我急忙問爲什麼。只見許媽眼睛發紅，但卻強抑著淚水，遲緩地對我說：「爸爸嘸沒了，儂現在勿要下樓去。」我意識到，這不幸的一天，終於降臨了。

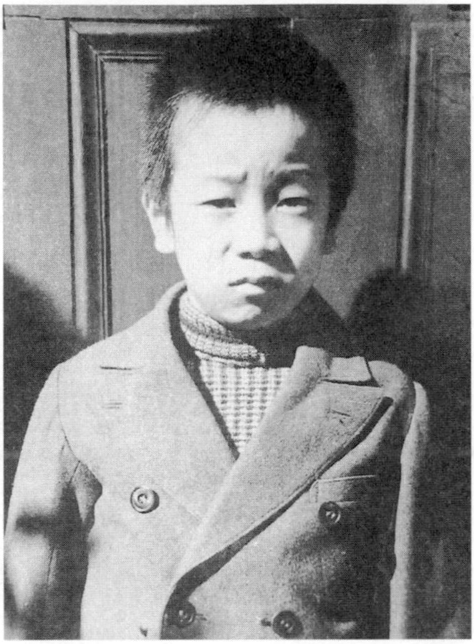
悲哀的孩子！

我沒有時間思索，不顧許媽的勸阻，急促地奔向父親的房間。父親仍如過去清晨入睡一般躺在床上，那麼平靜，那麼安詳。好像經過徹夜的寫作以後，正在作一次深長的休憩。但房間的空氣十分低沈，壓得人喘不過氣來。母親流著眼淚，趕過來拉我的手，緊緊地貼住我，像是生怕再失去什麼。我只覺得悲哀從心頭湧起，挨著母親無言地流淚。父親的床邊還有一些親友，也在靜靜地等待，似乎在等待父親的醒來。時間也仿佛凝滯了，秒針一秒一秒地前進，時光一分一分地流逝，卻帶不走整個房間裡面的愁苦和悲痛。

不一會兒，來了個日本女護士，她走到床前，很有經驗地伏下身去，聽聽父親的胸口，心臟是否跳動，等到確認心跳已經停止，她便伸開雙手隔著棉被，用力振動父親瘠瘦的胸膛，左右搖動，上下振動，想用振動方法，使他的心臟重新跳動。這一切，她做得那樣專心，充滿著必勝的信念，沒有一絲一毫的猶豫。我們也屏息等待，等待奇蹟的出現。希望他只是暫時的昏迷，暫時的假死，忽然一下甦醒睜開眼睛。然而父親終於沒有甦醒，終於離我們而去，再也不能慈愛地叫我「小乖姑」，不能用鬍鬚來刺我的雙頰了……

我的淚水順著臉頰傾瀉而下，連衣襟都濕了。我再也沒有爸爸了，在這茫茫無邊的黑暗世界之中，就只剩下我和母親兩個人了。我那一向無所憂慮的幼小心靈突然變了，感到應該和母親共同分擔些什麼，生活、悲哀，一切一切。母親擁著我說：「現在儂爸爸沒有了，我們兩人相依爲命。」我越加緊貼母親的懷抱，想要融進她溫暖的胸膛裡去。

過了一會兒，又來了一些人，有錄製電影的，有拍攝遺照的……室內開始雜亂起來，不似剛才那樣寂靜了。

這時來了一位日本塑像家，叫奧田杏花，他走近父親的床前，伏身打開一隻箱子，從瓶子裡挖出黃色黏厚的凡士林油膏，塗在父親面頰上，先從額頭塗起，仔細地往下，慢慢擦勻，再用調好的白色石膏糊，用手指和刮刀一層層地搽勻，間或薄敷細紗布，直到呈平整的半圓形狀。等待了半個鐘頭，奧田先生托著面具邊緣，慢慢向上提起，終於面具脫離了。我看到面具裡黏脫十幾根父親的眉毛和鬍子，心裡一陣異樣的揪疼，想衝上去責問幾句，身子卻動不了，母親擁著我。她沒有作聲，我又說什麼呢！奧田先生對面膜的胎具很滿意，轉頭和內山完造先生講了幾句，就離開了。

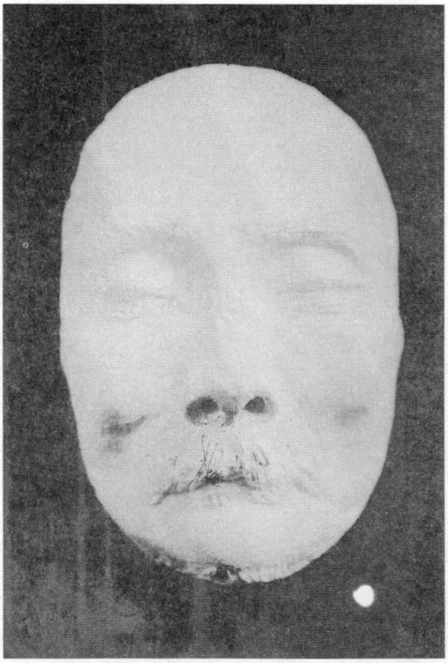

父親去世時的面膜石膏像，上面有幾根他的鬍子。

七八點鐘以後，前來弔唁的人漸漸多起來了，但大家的動作仍然很輕，只是默默的哀悼。忽然，我聽到樓梯咚咚一陣猛響，我來不及猜想，聲到人隨，只見一個大漢，沒有猶豫，沒有停歇，沒有客套和應酬，直撲父親床前，跪倒在地，像一頭獅子一樣石破天驚般地號啕大哭。他伏在父親胸前好久沒有起身，頭上的帽子，沿著父親的身體急速滾動，一直滾到床邊，這些他都顧不上，只是從肺腑深處旁若無人地發出了悲痛的呼號。我從充滿淚水的眼簾之中望去，看出是蕭軍。這位重友誼的關東大漢，前不幾天還在和父親一起談笑盤桓，爲父親消愁解悶呢！而今也只有用這種方式來表達他對父親的感情了。我不記得這種情景持續了多久，也記不得是誰扶他起來，勸住他哭泣的。但這最後訣別的一幕，從此在我腦海中凝結，雖然時光像流水一般逝去，卻始終難以忘懷。

關於父親的突然亡故，後來據日本友人鹿地亙回憶，前一天，父親曾步行到他寓所訪談，離去已是傍晚，那時天氣轉冷，以致當晚就氣喘不止，並不斷加重，引發氣胸，僅半天就告別人世。鹿地亙也就成了父親最後一位訪問過的朋友。

回頭再說石膏面膜的事。當時面膜翻注一具，交由我們留作紀念。它上面黏有父親七根鬍子，但已不是父親生時的模樣了，臉龐顯得狹瘦，兩腮凹縮，我想那是奧田杏花翻模時全副假牙沒有裝入之故，以至腮部下陷的吧。但不管怎樣，它是極其珍貴的。五十年代，上海魯迅紀念館落成，我們將這副面膜捐獻給他們，現在作爲一級文物保存著。

一九九九年，上海魯迅紀念館重建。在新館落成典禮上，市委副書記龔學平同志和我一起商量，認爲鬍子裡有父親的DNA，或許若干年以後會有科學研究價值，應該以特殊的手段專門保存。這當然是好事，作爲魯迅後人，我十分感激和欣慰。

但是此前，我也曾遇到過令人憤慨的事。那是上世紀的七十年代末，北京美術館對面有一家工藝品商店，竟在出售父親的「再」複製面膜。它在白色的石膏成品上噴塗了墨綠色，手感分量不重。我買了一具，回到家裡稍加研究，發現它沒有製作單位，也無任何別的標誌，可以判斷它是從某一石膏面膜上複製的，而不似「再創造」。我經過多方打聽，始終找不到它的出處。這眞是一件奇怪的事。如果奧田杏花先生歸國時不能多帶行李，把這具「原始」陰模留給了誰，這位「保存者」在文革後期「生產」了這些「產品」出售，以救窮急，這倒還情有可原。但是，如果它出於某位藝術家的「製作」，那麼我不禁要問：拿一個死者的原始面膜翻製賺錢，你的基本道德在哪裡？何況這是魯迅，人們心目中的偉人啊！我祈願這種褻瀆先輩的事，只在那個是非顛倒的年代才會發生。

一個長埋於心底的謎

關於父親的死，歷來的回憶文章多有涉及，說法小異大同，幾乎已成定論。但在我母親許廣平和叔叔周建人的心頭，始終存有一團排解不去的迷霧。到了一九四九年七月，那時北平雖已解放，新中國尚未成立，建人叔叔即致信母親要「查究」此事。這封信至今保存完好，全文如下：

許先生惠鑒：

前日來信已如期收到，看後即交予馬先生了。馬先生屢電催，您究擬何時返平？魯迅死時，上海即有人懷疑爲須藤醫生所謀害或者延誤。記得您告訴我說：老醫生的治療經過報告與實際治療不符，這也是疑竇之一。此種疑竇，至今存在。今您既在滬，是否可以探查一下，老醫生①是否在滬？今上海已解放，已可以無顧忌地查究一下了。不知您以爲何如？草此布達，敬祝

健康

弟　建人　啓七月十四日

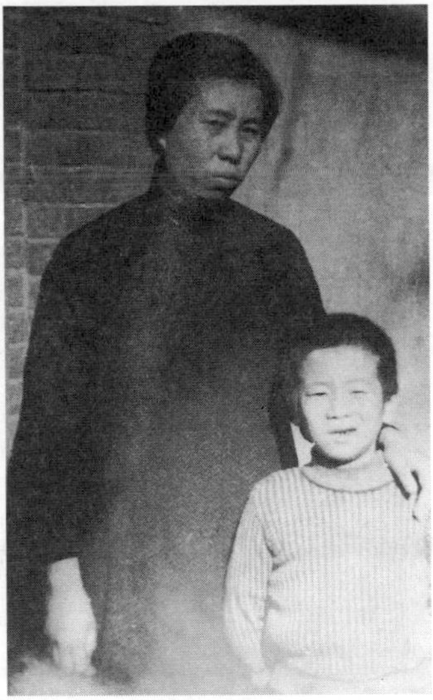

父親去世了，母子相依爲命。

到了同年十月，叔叔更在人民日報著文，對須藤醫生的診療公開表示質疑。後來聽說日本醫學界有位泉彪之助先生，曾爲此專程到上海魯迅紀念館來查閱過有關資料，最後似乎做了支援須藤醫生的結論。但這仍不能排除二老的懷疑。一直到晚年，母親和叔叔仍不止

①老醫生：即須藤醫生。這是大家對須藤的習慣性稱呼。其餘文亦同。

一次地向我談起此事，叔叔甚至在病重之際，還難釋於懷。如今我也垂垂老矣，因此覺得有責任重提這樁公案，將自己之所知公諸於眾。至於眞相究竟如何，我也無從下結論，只能留待研究者辨析了。

建人叔叔是這樣對我說的，父親臨死前，確實肺病極重，美國友人史沫特萊特請一位美國肺科專家鄧（DUNN）醫生來會診。孫夫人宋慶齡也在這裡起了幫助作用。鄧醫生檢查之後對我們說：病人的肋膜裡邊積水，要馬上抽掉，熱度就會退下來，胃口隨之就會開，東西能吃得下去，身體的抵抗力就會增加。如果現在就開始治療、休養，至少可活十年；如果不這樣做，不出半年就死。治療方法極簡單，任何一個醫生都會做。你們商量一下，找一個中國醫生，讓他來找我，我會告訴他治療方案，只要照我說的去做就行，無須我親自治療。提到是否要拍「X」光片，鄧醫生說，「經我檢查，與拍片子一樣。」講得十分有把握。鄧醫生的診斷是結核性肋膜炎，而須藤醫生則一口否定。直到一個多月後才承認，才抽積水。我相信叔叔說的話，因爲現在我也知道，這種診斷連一般醫科高年級學生都能通過聽診得出的，而不

這是母親在照片的題字：「爸爸死了幾天之後，坐在藤躺椅攝。一九三六年十月。」我正發氣喘病，形如蝦米。

應當被誤診。況且須藤醫生已為父親看病多年，更不該搞錯。

叔叔接著說：上邊這些話，是你爸爸媽媽親自講給我聽的。那時我還通過馮雪峰的妻子，也同馮（雪峰）先生談過，但他仍贊成老醫生繼續看下去，這樣鄧醫生的建議就被擱置起來。孰料鄧醫生的診斷頗為準確，十月份父親就去世了，距他的會診，恰好半年。父親死後，須藤寫了一張治療經過，使用的藥物等等，你母親經常提起這份報告，說這不符合當時治療的實際情況。診斷報告的前段，講魯迅怎麼怎麼剛強一類空話，後段講述用藥，把診斷肋膜積水的時間提前了。這種倒塡治療時間的做法，非常可疑。記得須藤醫生曾代表日本方面邀請魯迅到日本去治療，遭到魯迅斷然拒絕，說：「日本我是不去的！」是否由此而引起日本某個方面做出什麼決定呢？再聯繫到魯迅病重時，迫不及待地要搬到法租界住，甚至對我講，你尋妥看過即可，這裡邊更大有値得懷疑之處。也許魯迅有了什麼預感，但理由始終不曾透露。我為租屋還代刻了一個化名圖章。這件事距他逝世很近，由於病情發展很快，終於沒有搬成。

墓碑上的字是我幼年時寫的。

母親和蕭軍、蕭紅。前立的是八歲的筆者。

須藤醫生在我父親去世後，再也沒有遇到過。當時以為，也許是我們遷往法租界之故吧。但到了解放後，我母親幾次東渡訪問日本，在進行友好活動的過程中，曾見到許多舊日的老朋友，裡面也有為我家治過病的醫生，都親切相晤各敘別後的艱苦歲月。奇怪的是，其中卻沒有這位原與我家的關係那麼不同尋常的須藤醫生，也沒有聽到誰人來傳個話，問候幾句。日本人向來重禮儀，母親訪日又是媒體追蹤報導的目標，他竟會毫不知情，什麼表示也沒有，這是不可思議的。只間接聽說，他還活著，仍在行醫，在一個遠離繁華城市的偏僻小地方。難道他曾經診治過的病人太多，眞的遺忘了嗎？一句話，他怎麼會在那麼多熟人裡消失了呢？

叔叔又講，魯迅死後，你病了想找醫生診治，那時還沒有離開虹口大陸新村，問內山完造先生該找哪位醫生，內山講了一句：「海嬰的病，不要叫須藤醫生看了吧！」那意思似乎是已經有一個讓他治壞了，別讓第二個再受害了。

商務印書館一位叫趙平聲的人曾在「一·二八」前講過，須藤醫生是日本「黑龍會」的副會長，這是個「在鄉軍人」團體，其性質是侵略中國的，所以這個醫生不大靠得住。叔叔聽了就對父親講，並建議現在中日關係緊張，還是謹慎些不找須藤醫生吧。父親當時猶豫了一下，說：「還是叫他看下去，大概不要緊吧。」

也許是多疑，還有一件事，母親也對我說過多次。她對用藥雖是外行，有一件事卻一直耿耿於懷。她說，肺結核病在活動發展期，按常識是應當抑制它的擴展。雖然那時還沒有特效藥，但總是有治療的辦法，例如注射「空氣針」等。但是，須藤醫生卻使用了激素類針劑，表面上病人自我感覺暢快些，但促進了疾病的發展蔓延。這種針劑是日本產品，我國的醫生並不熟悉，又時過幾十年，要尋找瞭解當時日本對此類疾病的治療專家來鑒定恐怕是很難的了。我在此只是將母親的疑問記錄下來。

母親還說，父親臨死前一天，病情頗爲危急，呼吸侷促，冷汗淋漓，十分痛苦。問須藤醫生病情的發展，老醫生說：「過了今天就好了。」母親後悔地講，我總往好轉緩解的方面去想，不料這句話是雙關語，我當時太天眞了。到了凌晨，父親終於因心臟衰竭而亡故了。母親當時的傷心悔恨，我想誰都能想像得出的。

綜合以上事實，作爲一個負有全責的、人命關天的搶救醫生，須藤醫生在這兩天裡採取了多少積極措施呢？這在母親的回憶錄裡敘述得很清楚，不再重複。我還有進一步的疑問：父親是肋間積水，去世前發生氣胸，肺葉上縮壓迫心臟，最終是心力衰竭而停止了呼吸。我當時站在父親床前，看到日本女護士，兩手左右搖晃父親的胸部，力圖晃動胸中的心臟使它恢復跳動。這僅是「盡人事」而已，毫無效果的。使我懷疑的一點是：須藤似乎是故意在對父親的病採取拖延行爲，因爲在那個時代，即使並不太重的病症，只要有需要，經濟上又許可，即可送入醫院治療。須藤爲什麼沒有提出這樣的建議，而只讓父親挨在家裡消極等死？

如今父親去世已經一個甲子了，這件隱藏在上輩人心中的疑惑，總是在我心頭閃閃爍爍不時顯現。是親人的多疑還是出於莫須有的不信任？我以爲否定不容易，肯

父親下葬前群眾隊伍在整隊。

定也難尋佐證。但我想還是拋棄顧慮，將之如實寫下來爲好。我絕無以此煽起仇恨的意思，祈願日本友人，不要以此怪罪。我只是實事實說。

喪事和棺木

父親去世後，墳地選在虹橋路萬國公墓。現在看起來那裡離市區不遠，而那個年代，被視爲冷僻的遠郊，所以有一大塊地方可供土葬。那是孫夫人宋慶齡推薦的，因爲在入口不遠處有一大塊土地是宋家墓地。

宋慶齡（左二），母親（右一），我（右下）在父親下葬時。

我沒有跟隨母親去看過墓地的印象，只有和母親、孫夫人宋慶齡、茅盾夫人孔德沚和嬸嬸王蘊如這幾個人一起去挑選棺木的記憶。那是在萬國殯儀館職工來移走父親遺體後的次日。我們是早晨乘汽車去的，先看了幾家中國人開設的棺木店，店鋪陳列的棺木，有些檔次很高，也有平民化

萬國殯儀館內父親靈堂。

的。它們清一色是中國式的棺木，板材有些很厚，顯得很笨重。油漆上等，光澤鑒人，閃閃發光。也有本色的，未曾油漆過。走了幾家都不中意。聽到大家議論，傾向買西洋式的，既大方又符合父親的身份。因此，後來轉回到萬國公墓附設的售棺展示室，從西洋式裡挑選合適的。我看見母親反復巡視，打算選定一個中等價位，經濟上能承受的棺木。她們邊看邊議，最後大家讓母親買一口相當昂貴的西洋式棺木，也就是人們在葬禮照片裡所看到的那一具。我感到母親的猶豫。但時間過午，不再尋找另一家，便這樣確定了。

有文章說，這具西式棺木是宋慶齡出資購買贈予的。胡愈之先生也有這樣的回憶。對於宋先生，我始終心存感激，因為無論她與父親的友誼，對父親生病和喪事的關懷幫助，以及後來對我們孤寡母子的關懷是眾所周知的。至少，或許她有過這個動議和表示吧。但是，我從母親挑選棺木時和嬸嬸王蘊如商量的判斷，這棺木是自費購買的。

除了棺木，連葬禮費用、殯儀館等等的開支，據說也有文章說是出於「救國會」的全力資助。對此我仍是這個態度，不論是與否，一樣地萬分感激。因爲，「救國會」確實也對父親的後事給予過幫助。我希望我的子子孫孫永遠記住這一點。

但是，從虹口搬遷到法租界稍稍安定之後，母親就結算喪葬的開支，全部的支出按當時物價，令人驚駭。母親還取出一份銀行活期存摺，指著告訴我：「原先爸爸生前，考慮到如果自己有生命的意

一九三六年十月魯迅靈柩的汽車正從萬國殯儀館駛向大門。

送葬的群眾，唱著「安息吧！魯迅先生」輓歌。

外，你年齡小又多病，恐怕我一時離不開家裡去尋工作。你還要去讀書、看病吃藥，積蓄了這筆款子，粗茶淡飯可以將就幾年。如今，只剩下這麼一點了。爲了節省開銷，請叔叔嬸嬸全家搬進來同住，也好有個照應。我尋到一家學校去教書，可放心離開半日，你在三叔家裡共飯。要乖，聽話，媽媽喜歡你。」我以爲母親沒有必要向稚齡七歲的兒童講不實之言。也許「救國會」確實有這個願望，或者有過決定，但是經費拮据，最終難以兌現。而共商其事的成員以及「耳聞」的人氏，便以此作爲事實，並據此寫了回憶文章，也未可知。我內心雖有疑雲但深知這件重大的史實，不能借推斷而輕易抹殺，因此，

我特地去請教了三位重要見證人，現將所得摘錄如下。

第一位是梅志先生（胡風夫人）。她這樣說：「我想你應該去向胡愈之瞭解情況。

因爲魯迅先生喪事是馮雪峰代表黨在幕後操辦的，當時胡愈之也參加。胡風每晚都去向他們彙報、請示。救國會參加辦喪事是馮的（雪峰）決定，說過由救國會出錢，可是後來分文未出。抬棺人也是由馮決定的。」

第二位是黃源先生。他答覆說：「至於喪事費用，購棺木的錢，究竟是誰出的，出多少，（我）都沒有親自參與，事後也沒有問過你媽媽，說不確切。你一追求（究），我說不出來。我在（紀念）宋慶齡和魯迅的文章中也說過，棺木的錢是宋（慶齡）出的，但要追求（究），根據什麼，還是誰告訴我的，我就說不出來了（一九八四年五月十日函）。」

再去函胡愈之先生。他回復如下：「救國會當時是非法的團體，是沒有錢的。救國會長沈鈞儒題了「民族魂」三個大字，蓋在棺木上。但主持葬禮的是蔡元培、宋慶齡和沈鈞儒。宋慶齡親自到殯儀館，選定了棺木，又買了下來，但實際上可能由中共付錢的，因（爲）宋（慶齡）也沒有很多錢（一九八四年七月十日）。」

我又從救國會的資料裡查到：（魯迅）喪（葬）後，宋（慶齡）聲明過，所有捐款用於紀念，並非資助喪事。

綜合上面幾位重要人氏的證明，父親的棺木似乎並非由救國會或孫夫人宋慶齡出資。我母親歷來對黨感恩戴德，如果棺木確實是馮雪峰代表黨付的款，母親在國民黨的統治下需要保守秘密的話，那麼解放後直到她去世，時間約二十年，完全可以不必爲這件事保密了。在文革期間她心臟病很嚴重，明知自己健康很差，隨時可能發生不測，有些事她就口述，讓秘書記錄下來，而惟獨仍將這件事深埋於心底秘而不宣，是不可思議的。而且，從馮雪峰生前歷年的文章、講話裡，也沒有看到他講過魯迅的棺木確實是我黨付的款。

寫到這裡，想到了二位極其有關的人，打了電話詢問。一位是馮雪峰的長子馮夏熊。他對這個問題的回答是：他父親生前談論中認爲棺木喪葬費是宋慶齡支付的。沒有講過當時是由他把地下黨的款子交給治喪委員會或者我的母親（一九九九年十一月十九日詢問）。

另一位是母親生前的秘書王永昌。他在母親身邊工作了近十年，一九五九年曾幫助母親寫《魯迅回憶錄》。他對這個問題的回答：（我母親）從未講過魯迅的喪葬費和買棺木的錢，是救國會或是宋慶齡或是地下黨支付的（一九九九年十一月十九日）。他們二位的證言足以從側面否定了他人或團體曾經在經濟上給予支援。

在這裡，我將關於父親喪葬費的支出賬單附錄於後，這是母親當時親筆所寫。原物現保存於北京魯迅博物館。

喪葬的支出賬單：

墳　地　一二八〇　元

抬棺木去下葬。前左一巴金，右一鹿地亘，左後一胡風。

殯儀館　一〇〇〇　元
另付　一一六八　元

這份極其簡單的賬單，其中第三筆一一六八元究竟是什麼花費？如果是雜費，那麼它已經在殯儀館的一筆裡包括了。是否內含棺木，沒有列出。存疑。

讓我們從另一個角度來分析。一九三七年在匆匆下葬後的泥地墓園，做了碑和植了樹，花費如下：

壙面　塡泥　十二元
鋪草種樹（花廠）十九元
龍柏（龍柏十九株 大龍柏十二株）
五十五元
運工　六元
墓碑　十元
瓷像　十二元

一九三六年父親下葬後的墓地。可以看到路邊的竹籬笆。外面是萬國公墓虹橋路。

墓碑和像後鋪水泥　五元

發票的日期：民國二十五年（一九三六年）十一月十九日

正好是父親去世一個月完工的。

以上支出共計為九十九元。以這筆百元的支出和上面「另付」一項的一千一百六十八元相互比較，這筆十倍於後者的巨大支出，花費於哪裡不是值得探討嗎？當然母親這份賬單裡也有可疑之處：既然買棺木是那麼大一筆開支，又為何不明確標示呢？

總之，關於父親喪事中的這件大事，是個值得研究的謎。我不是個忘恩負義的人，只是如實說出心中的疑竇。

兄弟失和與八道灣房產

失和的緣由

一九一九年二月，父親賣掉紹興祖居老宅，將全家遷往北京。這之前，周作人見大哥忙於搬家，便向北京的學校請了幾個月假，帶著太太羽太信子和孩子到日本探親去了。搬家的一切事務自然都落在哥哥身上。父親從找房子到買下八道灣，尋工匠整修房屋和水道，購置家具雜物等等，足足忙碌了九個月。周作人卻於八月間帶著妻兒和小舅子羽太重久悠哉遊哉從日本返回北京來了。那時八道灣的房屋修繕尚未完工，父親無奈，只得臨時安排他們住在一家姓王的家裡，直到十一月下旬才搬進八道灣。

八道灣的房屋高敞，寬綽而豁亮，是被稱為有「三進」的大四合院。父親讓兄弟住後院，那裡的北房朝向好，院子又大，小侄子們可以有個活動的天地；又考慮到羽太信子家人的生活習慣，特意將後院的幾間房子改裝成日本格式。而他自己屈居於中間二排朝北的「前罩房」。這屋子背陽光，比較陰冷。

房子整理安定之後，父親為全家著想，以自己和弟弟作人的收入供養全家。他們兄弟還約定，從此經濟合併，永不分離，母親年輕守寡辛苦了一輩子，該享受清福。朱安大嫂不識字，能力不足以理家，這副擔子自然而然落到羽太信子的身上。父親自己除了留下香煙錢和零用花銷，絕大部分薪水都交給羽太信子掌管。

沒想到八道灣從此成爲羽太信子稱王享樂的一統天下。在生活上，她擺闊氣講排場，花錢如流水，毫無計劃。飯菜不合口味，就撤回廚房重做。她才生了兩個子女，全家雇用的男女僕人少說也有六七個，還不算接送孩子上學的黃包車夫。孩子偶有傷風感冒，馬上要請日本醫生出診。日常用品自然都得買日本貨。由於當時北京日本僑民很多，有日本人開的店鋪，市場上也日貨充斥，應該說想要什麼有什麼。但她仍不滿意，常常托親戚朋友在日本買了捎來。因爲在羽太信子眼裡，日本的任何東西都比中國貨要好。總之，錢的來源她不管，只圖花錢舒服痛快。對此，周作人至少是默許的。他要的只是飯來張口衣來伸手，還有「苦雨齋」裡書桌的平靜，別的一概不問不聞。當然他對信子本來也不敢說個「不」字。苦的只是父親，因爲他的經濟負擔更重了。

但這一切仍不能讓羽太信子稱心滿意。她的眞正目標是八道灣裡只能容留她自己的一家人。就這樣，在建人叔叔被趕走十個月後，她向父親下手了。也不知道她在枕邊向周作人吹了什麼耳邊風，在父親身上潑了什麼污水毒涎，——對此別人永遠是不可能知道的——我們只知道這一天，一九二三年七月十九日，周作人突然手持一函，外書「魯迅先生」，信裡邊咬牙切齒地寫著：「以後請不要到後邊院子裡來！」父親感到詫異，想問個明白，「後邀欲問之，不至。」可見羽太信子這一口咬得多麼毒！就這樣，父親也被周作人夫婦逐出了八道灣。祖母受不了這冷酷的環境，也從此住到了長子的新家。八道灣這所大宅終於稱心如願，爲周作人夫婦所獨佔，成了羽太信子的一統天下。拿祖母的話說：「八道灣只有一個中國人了。」

父親受到這種以怨報德的對待，他的忿怒心情充分表現於他用過的一個筆名——「宴之敖」。父親的解釋是，這個「宴」字從上向下分三段看，是：從家、從日、從女；而「敖」字從出、從放。即是說：「我是被家中的日本女人逐出的。」

對於這段歷史，某些魯迅研究者的推測，是他看了一眼弟婦沐浴，才導致兄弟失和的。但是據當時住在八道灣客房的章川島先生說，八道灣後院的房屋，窗戶外有土溝，還種著花卉，人是無法靠近的。至於情況究竟如何，我這個小輩當然是沒有發言權的。

不過，我以二十世紀九十年代的理念分析，卻有自己的看法，這裡不妨一談。我以爲，父親與周作人在東京求學的那個年代，日本的習俗，一般家庭沐浴，男子女子進進出出，相互都不回避。即是說，我們中國傳統道德觀念中的所謂「男女大防」，在日本並不那麼在乎。直到臨近世紀末這風俗似乎還保持著，以致連我這樣年齡的人也曾親眼目睹過。那是七十年代，我去日本訪問，有一回上廁所，看見裡面有女工在打掃，她對男士進來小解並不迴避。我反倒不好意思，找到一間有門的馬桶去方便。據上所述，再聯繫當時周氏兄弟同住一院，相互出入對方的住處原是尋常事，在這種情況之下，偶有所見什麼還值得大驚小怪嗎？退一步說，若父親存心要窺視，也毋需踏在花草雜陳的「窗臺外」吧？有讀者也許會問，你怎可如此議論父輩的這種事？我是講科學、講唯物的，不想帶著感情去談論一件有關父親名譽的事，我不為長者諱。但我倒認為據此可弄清楚他們兄弟之間「失和」的眞實緣由。以上所見，也算是一家之言吧。

八道灣房產

父親被逐出了八道灣，但八道灣房產的名頭仍是他。前面說過，八道灣的房子是賣掉紹興老屋的錢所買的。這院子裡外三進，父親將之安置母親和三兄弟的家眷。父親為此請了幾位鄉親朋友為見證人，訂了一份契約，內容是八道灣的產業，分拆為四份：三兄弟各占一份，母親（我的祖母）占一份。這一份作為供她養老送終的費用。房產主是周樹人（魯迅）。對此，周作人很清楚。但父親去世僅幾個月，屍骨未寒，他竟私自換寫了一份契約，將戶主姓名變成他自己，還找了幾個「中人」簽了字。而這一切，在上海的建人叔叔和我母子都毫無所知。可見周作人將此事幹得何等隱秘！直到朱安女士去世，許多朋友趕到西三條去保護魯迅遺物，這份契約的照片才被母親的好友常瑞麟發現收存。一九四八年，因時勢緊張，常姨把這照片寄到上海。但當時母親正急於離開上海，匆忙中顧不得細看內容，這張照片就這樣擱了下來。直到前幾年，我因要編《許廣平文集》，才在舊資料裡發現了它。我想這是周作人蓄意侵吞八道灣房產最好的證據。

周作人侵吞了八道灣房產後，將空餘的房屋出租收錢。而祖母和朱安女士的生活仍要遠在上海的母親承擔。當時我們孤兒寡母生活本已十分拮据，但母親總是及時向北京寄錢，我從她給祖母的信中多處讀到因供奉不豐而深感愧疚的語句。母親還給周作人寫信，「懇求」二先生能「負擔一半」祖母的生活。但幾次去信都不得回復。直至前年看到周作人搞的那個契約，我才

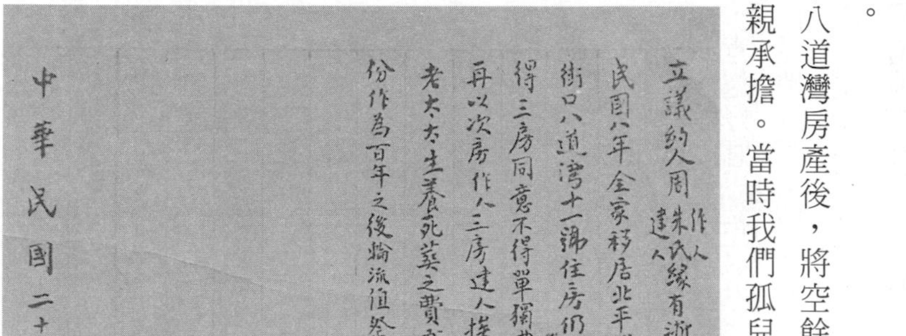
立議約人周朱氏 作人 建人 緣有浙江紹興城內覆盆橋祖遺房產一所曾於民國八年全家移居北平將房出售即以所得之款換購北平內四區新街口八道灣十一號住房仍歸三房共有經公同議定嗣後衹准居住永得三房同意不得單獨典賣惟其戶名則由長房樹人出名倘有事故再以次房作人三房建人挨次輪具所需老太太生養死葬之費亦在其中酌留全部四分之一以資公用有餘部份作為百年之後輪流值祭之用恐口無憑立約各執存證

立議約人周朱氏
周作人
周建人
見中鄉長 壽鵬飛
公 親 阮文同
代 筆 宋琳

中華民國二十六年四月 日立

父親去世後半年，周作人用偷樑換柱手法，更換的八道灣的房屋「議約」。信封上的郵政章是一九四八年六月二十九日，常瑞麟寄來。時上海已白色恐怖 ，母親設法作出反應。信封背面「內八道灣合同」是母親的字跡。

明白，原來他為了欺騙大家，早已將贍養祖母這一重要內容有意瞞掉了。

當年與祖母相熟的俞芳也曾告訴我：從太師母和許廣平的書信往來中可以看到，自魯迅逝世至一九三七年底共十四個月，太師母和朱安的生活費全部由許廣平承擔的。直到一九三八年一月開始，周作人才承擔太師母的生活費五十元。但是物價在飛漲，而生活費卻一直沒有增加，太師母過的日子自然很拮据了。尤其在日寇侵佔期間，周作人生活很富裕，出入汽車，家裡開銷很大，可是對老母寡嫂的困難仍然不予理睬。他對老母如此苛薄，竟還好意思給友人寫信和在文章中假惺惺地訴苦：留在北平苦守為了奉養老母。這十足是在唱戲給別人看，以瞞騙愛惜他的文化界朋友

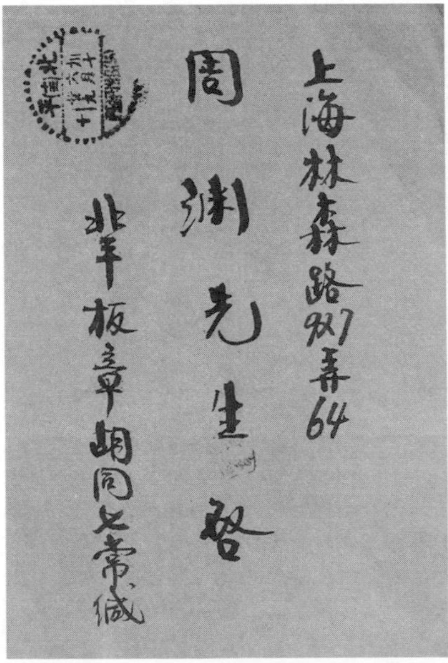

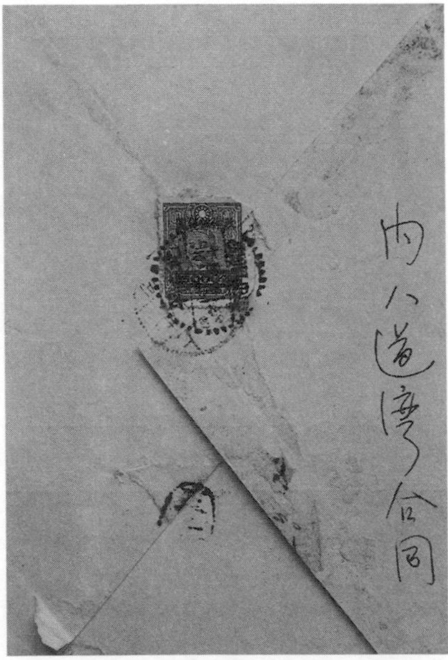

罷了。而我母親還爲自己的經濟力量薄弱，不能寬裕地奉養婆婆而深自歉疚，直到晚年還不能釋懷。

抗戰勝利後，周作人因附逆被判刑，關在南京老虎橋監獄。八道灣的房產，國民黨政府沒收了周作人的那部分，也就是三分之一。並且分割得很客氣，不是豎「切」而是橫「切」。這樣，前院由國民黨的部隊佔有了，部分後院仍讓周作人的家屬使用（應當說是很照顧的）。也就是說，從此，他們住的是產權屬於父親和叔叔的那兩部分房屋。但是看來周作人並不作如是想，至少羽太信子並不這樣認爲。

那是一九四八年，北平解放。我隨母親從東北南下到北京，住在旅館裡。某個冬日的下午，章川島先生陪我到北城購物，因時間尙早，大致才三點多鍾，章先生便問我：「要勿要到你們的房子去看看？此地靠近八道灣，儂爸爸買格房子就在

八道灣院裡窗户。周作人日本妻子的噬語口實。

葛（這）裡。」我當然高興，催促快去。我出生在上海，遠在北京的祖母極其盼望能夠看看我這個大房孫子，可以說是魂牽夢縈。但她老人家由於健康原因，始終未能南下。我也幾次失去北上省親的機會。南北相隔，只有寄照片以解老人的思念，直到她老人家去世。朱安女士也同樣無緣得見。但隨著我年齡的漸漸長大，便不時聽到有關八道灣的事，知道那裡也是自己的家，心裡就有一種親切和嚮往。走進八道灣十一號大門前院，章川島先生告訴我，他曾在院裡的西屋住過，「兄弟不和」時，他正住在此地。

川島先生攝於大石作樓上。

走進裡院，但覺空空蕩蕩的，很寂靜，僅有西北角一個老婦坐在小凳上曬太陽。老婦把章川島招呼過去，大概是詢問來者是誰。章執禮甚恭，誰知僅簡單地問答了幾句，忽見老婦站起，對著我破口咒罵起來。後來似乎感到用漢語罵得不過癮，又換了日本話，手又指又劃，氣勢兇猛，像是我侵入了她的領地。章先生連忙拉我退到外院，告訴我，她就是周作人的太太羽太信子。照理說，我是她親侄子，我們又是初會，上一輩哪怕有多大怨仇，也該與我不搭界，而她一聽說是我，竟立即做出這種反應。這給予我的印象太深刻了，直到五十多年後的今天，她那窮兇極惡的模樣尙歷歷在目。從此以後，我再也沒有踏進八道灣一步。到人民政府成立後，叔叔和我母親將屬於我們的這兩份房產共同捐獻給了國家，對此，當時報紙曾經有過報導。

關於八道灣，我還要說一件事。前一陣有人提議要保留八道灣的魯迅「故居」，我感謝愛護父親遺產的好意，但我和建人叔叔的後人都以爲大可不必。八道灣的房屋以北房最佳，而父親本人根本沒有享受過，而「苦雨齋」又與魯迅不搭界。他早年住過的屋子，又都破損不堪，而且聽說現在也不是原屋了。要說北京的魯迅故居，西三條才是。因爲這是他用自己的錢獨立購買的，並且也是居住過的。由此可見，保護八道灣實際等於保護周作人的「苦雨齋」。那麼，漢奸的舊居難道是值得國家保護嗎？這當然是我個人的看法，僅供有關部門參考。

祖母對周作人的看法

這裡，我順便說一說祖母對這個二兒子周作人的議論。當然，那時我還年小，又遠在上海，不可能親耳聆聽她老人家的談話。但有一個人卻是不時地聽到過的。她就是我前面提到過的俞芳。

關於俞芳，我想有必要做些介紹。她也是紹興人，她今已九十高齡，退休前是杭州市學軍中學的副校長。她是十二三歲時認識我父親的，那時她們三姐妹由大姊俞芬

祖母孤零零地住在去世之後的長子的家裡。（何俠攝）

帶領著從哈爾濱去北京求學，住在磚塔胡同六十一號她們家好友鈕伯伯家裡。由於她們的父親俞英崖和我父親也認識，就與我祖母互有來往。磚塔胡同六十一號有三間空房，正好那時周作人和父親鬧翻，父親要尋房子搬出八道灣，祖母也不願住在周作人身邊，便想到俞芳那個院子裡這三間現成的空房，這樣他們就成了同院而居的近鄰，由此愈加熟悉。俞芳入北京培根小學讀書時，就是父親爲她作保的，後來她畢業於北師大的數學系。

在此期間，每逢節假日和過年，俞芳姊妹經常去陪伴祖母喝茶聊天，從一九三〇年到一九三五年夏，直到俞芳畢業工作爲止。這五個年頭裡，祖母寫給我父母的家信算來足有一百多封，平均每月兩封，其中絕大部分是俞芳代筆的。俞芳總是先擬了草稿念給老人家聽，讓她提意見修改內容和口吻，謄清之後，老人家還要親自過目，從不含糊。所以，俞芳從一九二三年和祖母相識到一九三五年離開，足足有十二個年頭，對北京魯迅的家事十分清楚，她是一位絕好的見證人。

祖母在與俞芳她們聊天時，談得最多的是二兒子周作人。老人家說，信子是日本人，老二讓著點可以，但過分遷就了。信子到了北京，做了當家主婦，得寸進尺，似乎什麼事都得聽她的，否則就生氣、發病，吵吵鬧鬧全家不得安寧。吵鬧起來還要發作暈倒，起初大家不懂這是什麼病症，有一次恰好信子的弟弟羽太重久在旁，他說這不要緊的，在日本東京也時有發作，等一會兒就好。可是這樣的次數多了，弄得老二也怕她，從此就處處順著她，種下了信子飛揚跋扈的根源。後來，信子將日本的父母弟弟接到八道灣同住，生活日本化，買東西只去日本鋪子。「九．一八」事變以後，局勢稍有波動，信子就把八道灣門上的「周宅」門牌摘下，換上「羽太寓」的門牌，甚至乾脆掛上日本的國旗，表示這是日本人的住宅。而周作人卻安然自得。祖母為此歎道：「八道灣裡只有一個中國人了。」又說，老二如此昏憒！羽太家庭經濟困難，寄些錢去接濟是可以的，但把他們接到八道灣來住，就很不妥當了。

「七．七」事變前，祖母對俞芳的姐姐俞藻說：「我真為老二擔心，現在教育界開會的消息，報紙上很少有老二的名字，恐怕他對抗戰的態度不堅決……」說這話時心情很沈重。

父親逝世的電報到八道灣，周作人找了宋紫佩先生同往西三條告訴祖母。事後，祖母對俞藻說：「那天，老二和宋紫佩來，我心裡已猜想到不是好兆頭。心想，大約老大的病更加嚴重了。及至得知老大已經過世，我精神上受到沈重的打擊，悲痛到極點。只覺得全身顫抖，兩腿抖得利害，站都站不起來，只好靠在床上說話，但頭腦還是清楚的。我說，『老二，以後我全要靠你了。』老二說：『我苦哉！我苦哉！……』老二實在不會說話，在這種場合，他應該說，『大哥不幸去世，今後家裡一切事，理應由我承擔，請母親放心。』這樣說既安慰了我，又表明了他的責任。」祖母氣憤地說：「難道他說苦哉苦哉，就能擺脫他養活我的責任嗎？」

這些都是俞芳告訴我的。

建人叔叔的婚姻

建人叔叔的婚姻坎坷而辛酸，我曾聽母親講過。但翻看有關資料和回憶文字，這方面都有所回避。現就母親告訴我的，加上俞芳提供的材料，一併記述下來，以免湮沒。

羽太信子姊妹

一切都要從羽太信子說起。周作人討了這個日本老婆竟「樂不思蜀」，不想回來了。還是父親費了許多口舌，還親自到日本「接駕」，他們才全家回到紹興定居。從此一個人在北京掙錢，每月寄回所得，以供養紹興一家人的生活，包括周作人和他的老婆。爲了讓信子在家中有穩定感，便把經濟大權交到她手裡，讓其主持家務。也許她自知出身平民，起初還有自卑感（她原是父親和周作人東京留學時寄宿房東的女僕，專事打掃一類雜務。這是父親同學告訴我母親的）。但隨著看到家中老太太（祖母）和朱安都放權，又不以尊長的身份約束她，那種要完全主宰周家的野心就此逐漸膨脹起來。

那麼，周作人在家中扮演的又是什麼角色呢？這從一個例子可以看出。當時家裡有一個男管家齊坤，他採購家庭日用品，往往報虛賬，連買雙周作人穿的布鞋都加了不少碼，從中「揩油」。日長時久此事洩露出來了，要向周作人討個主意是否該辭退他。周作人沈思了一會兒，竟答覆說：「大家要辭退他，會對我日常生活的照料沒人能替代得了，還是留著吧。」由此可以看出，他對家裡是百事不管的，他只要自己過得舒適安逸和書齋的寧靜。爲此他對羽太信子聽之任之，處處姑息遷就。

不過羽太信子雖然有心控制一切，她在周家畢竟勢孤力單。於是想到身邊需要有自己貼心的人。待她懷了孕，便提出要讓她的妹妹芳子來華照料。芳子小她姐姐九歲，還是個不懂世事的小姑娘。據熟悉內情的俞芳告訴我，其實芳子起初並不願意到中國來。因爲她知道自己姐姐的脾氣，任性、自私、跋扈，還有「歇斯底裡」症，常常無端發作，難以服侍。可是考慮到家境困難，姐姐又連連去信催促，還匯去了旅費，這樣，才在猶豫拖延了兩年之後，才由胞兄羽太重久陪同來到紹興。沒想到這裡的生活起居大大優裕於日本的家，這自然使她樂於在中國生活了。從此，羽太信子得到妹妹無微不至的照顧，芳子對她的任性和跋扈也總是逆來順受。與此同時，芳子的性格也漸漸起了變化。她本是無知軟弱的人，但在信子日長時久的熏陶之下，思想行爲漸漸有了姐姐的影子，這也許就是她後來那樣無情對待建人叔叔的根由吧。

羽太信子在生活上再也離不開這個妹妹了。爲了讓妹妹能夠永遠留在身邊給自己做伴，像使女那樣服侍自己，並使她對自己有所依賴，最好的辦法就是在周家內部解決芳子的終身大事。家裡恰好有個尚未成家小叔。雖然在她看來這個小叔子性格軟弱又沒學歷，不能掙大錢，但總比嫁給陌生人進入陌生的家庭好得多。開頭，信子的謀劃未能實現。那時建人叔叔正與小表妹（舅舅的女兒）感情頗篤。可悲的是這個小表妹後來患病不治而逝。建人叔叔非常悲痛，親自爲她料理喪事。這就給了信子實現計劃的機會。終於有一天，她先用酒灌醉了建人叔叔，再把芳子推入他的房間，造成既成事實。因此，後來父親對母親談起叔叔的這樁婚事，說是「逼迫加詐騙成局」的。這事對於周作人，若說他沒有參與，從事理推想應該是否定的。因爲哪怕他對此有過些許異議，原是很容易被阻止的。但最終老實的叔叔還是被引入了信子的圈套，並從後來周作人對自己親弟的所作所爲可以看出，他在其中究竟扮演了什麼角色。

被周作人逐出「八道灣」住宅的叔叔周建人。

應該實事求是說，建人叔叔與芳子不能說絲毫沒有感情基礎，結合以後生活上相互慢慢磨合，又互教漢語日語，並且很快有了孩子，應該說婚姻還是美滿的。但信子並不把妹妹成家放在眼裡，仍要她像下女那樣守待在身邊。直到晚上，仍不讓她回房去照料自己的孩子，

祖母（中）和幼子周建人。

而要建人叔叔去抱去哄。信子甚至把建人叔叔也當傭人看待，支使他去燒茶水，動作稍慢就信口訓斥：「慢得像蟲爬」、「木乎乎，木手木腳的中國人！」叔叔老實，看在夫妻情分上，總是忍耐著。不料到後來，由於信子的不斷的挑唆，連他們夫妻之間的關係也出現了裂縫。有關這方面的情況，除了嬸嬸王蘊如，很多是俞芳告訴我的。如前面介紹的，俞芳長時間陪伴我祖母，又是鄰居，所見所聞，應當是可靠的第一手資料。再說祖母是一位和藹、寬容、大度的老人，她的看法應該被認爲是客觀可信的。俞芳和我通過多封信，時間在一九八七年，那年月還比較有顧慮，不曉得披露的時間是否成熟，就此擱置下來。現在我就將它公諸於衆吧。

那是全家從紹興遷到北京八道灣後的事，已屬而立之年的建人叔叔由於沒有相當的學歷，一時找不到合適的工作。爲了提高自己，他到大學去旁聽社會哲學方面的課，一邊閱讀各種進步書籍。但他在八道灣的日子越來越不好過，在信子的心目中，他只是個吃閒飯的「嘸作頭」，整天指桑罵槐，她還大聲告誡自己的孩子，不要去找這兩個「孤老頭」（指父親和朱安），不要吃他們的東西，讓這兩個孤老頭「冷清死」。連建人叔叔去北大聽課也冷言冷語，說什麼「這麼大年紀還要去上課，多丟人……」，甚至自己的妻子也當面侮辱叔叔。這是俞芳親眼目睹的。她這樣告訴我：有一天周作人夫婦和芳子要出去郊遊，三先生（指建人叔叔）要同行，當他剛要邁入車子，芳子竟然斜著眼冷冷地說：「你也想去嗎？錢呢？」在旁的周作人竟不置一詞。對此建人叔叔實在忍無可忍。

叔叔的南下

父親支援弟弟在北大進修，感到弟弟在這種家庭難以熬下去了。他們夫婦之間，已喪失了共同生活的基礎，也許讓弟弟外出尋職業會好些。爲此他向蔡元培先生寫了求職信。巧得很，前一時，臺灣陽明書屋發現了魯迅一九二一年致蔡元培的兩封信，內容正是關於替叔叔介紹工作的，好在篇幅不長。抄錄如下：

其一：

……舍弟建人，從去年來京在大學聽講，本系研究生物學，現在哲學系。日願留學國外而爲經濟牽連無可設法。比聞裡昂華法大學成立在邇，想來當用若干辦事之人，因此不揣冒昧，擬請先生量予設法，俾得藉此略求學問，副其素懷，實爲至幸。專此布達。敬請

道安。

周樹人　謹上

八月十六日

其二：

子民先生左右：適蒙書衹悉。舍弟建人，未入學校。初治小學，後習英文，現在可看頗深之專門書籍。其所研究者爲生物學，曾在紹興爲師範學校博物學教員三年。此次志願專在赴中法大學留學，以備繼續研究。弟以經費爲難，故私願即在該校任一科教以外之事務，足以自足也。專此

布達。敬請

道安。

周樹人　謹狀

八月廿一日

就這樣，叔叔只在北平待了一年半，便孤身一人南下了。他先是在杭州教了幾年書。後來父親給蔡元培先生的信有了著落，被安排進上海商務印書館當編輯。一九六九年，母親去世後不久，我因患肝炎去杭州休養，住在建人叔叔家裡。有時叔叔去上班，嬸嬸王蘊如得空，陪我聊天，談起叔叔離京後的艱辛生活和她沈積於心頭的委屈，這樣，我又知道了更多的情況。

嬸嬸告訴我，叔叔離京前，父親囑咐他，你這次出去，不要想家，不要想那麼容易再進這個家門，你在外謀生，自已存些錢，不必寄錢回來（那時全家的生活開支都由父親和周作人兩人承擔著）。

叔叔進的是商務印書館編譯所。所長王雲五，向以嚴厲管轄下屬著稱，他用國外進口的打卡機考勤，這在當時的出版界還是首例。上班不准遲到，違者以累進法罰扣薪金，直至開除。叔叔為了保住這個飯碗兢兢業業埋頭苦幹，不敢稍有懈怠，還經常帶稿子回家加班熬夜。

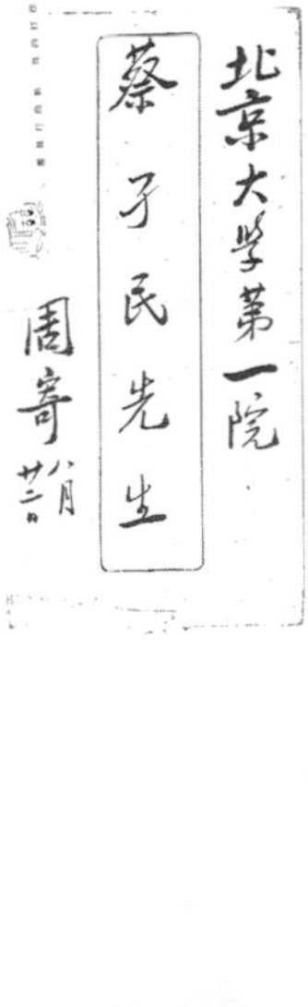

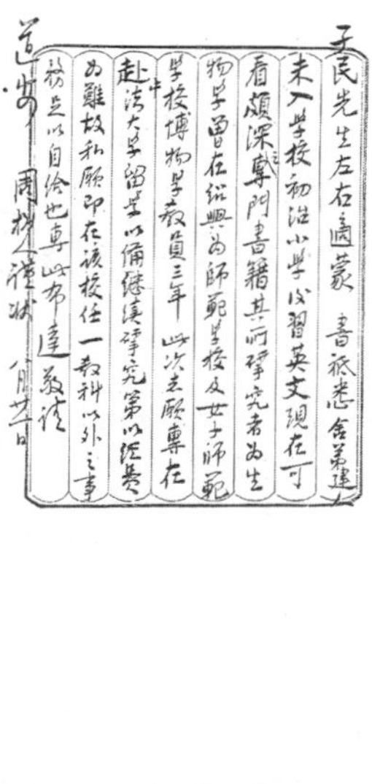
孑民先生左右：適蒙 書示，悉舍弟建人
未入學校，初治小學，次習英文，現在可
看頗深專門書籍，其所研究者為生
物學。曾在紹興為師範學校及女子師範
學校博物學教員三年。此次來廠專在
赴滬大學留學，以備繼續研究，第以從長
為難，故私願印在該校任一教科以外之事
務，並以自給也。專此布達，敬請
道安。 周樹人謹啟 八月廿二日

在上海的生活稍為安定之後，叔叔就給妻子芳子去信，讓她攜帶子女來上海共同生活。但這事卻遭到信子的百般阻攔。她嚇唬芳子：你們幾口子住在八道灣，有大伯二伯養活你們，吃喝不愁，住的又寬敞，又有院子可供孩子玩耍，如果你們去了上海，建人一個小職員，不會有多少收入，上海的物價又比北京高，你們的日子一定不會好過……諸如此類。信子竟然還這樣說，你替他生了兒子，已經盡到做妻子的責任，沒必要再去跟著一起吃苦了。總之，她要把芳子扣在身邊，永遠做她的貼身使女。而芳子本是個沒有主見的人，竟聽從了姐姐這些「知心」的話，決計留在北京，甚至去上海探望一下丈夫也不肯，即使祖母出面幾次三番地勸說，她也不從。祖母對此深為不滿，不止一次在親友面前說：「女人出嫁，理應和丈夫一道過日子。哪有像三太太（芳子）不跟丈夫卻和姊姊在一起的道理。」這些話是俞芳親耳聽到的。

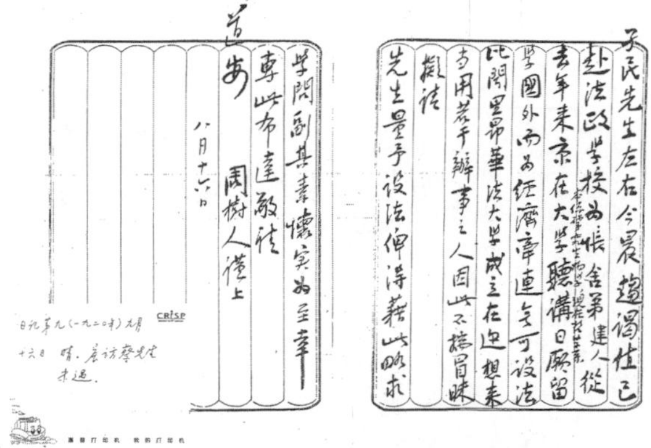
孑民先生左右：今晨趨謁，值已赴法政學校，為悵。舍弟建人從去年來京，在大學聽講，日願留學國外，而為經濟所限，無可設法。比聞里昂華法大學成立在邇，想來亦用若干辦事之人，因此不揣冒昧，敢請先生量予設法，俾得藉此略求學問，副其素懷，實為至幸。專此布達，敬請道安。周樹人謹上 八月十六日

日記第九（一九二〇年）八月十六日 晴。晨訪蔡先生，未遇。

父親致蔡元培信手蹟。

信子不但教唆芳子拒絕去上海與丈夫團聚，反而又策動向叔叔要錢。當時叔叔在

商務印書館資歷尚淺，工薪菲薄，每月只有八十元的收入，他就按月寄回三十元。芳子尚嫌不夠，仍不斷地催逼。叔叔無奈，只得匯去月收入的大部分——五十元。他總希望妻子能夠回心轉意，帶領子女來與自己一起生活，因此他在信中一次次提出這個要求，而芳子始終不予理會。後來，叔叔積勞成疾得了肺結核，但他還得硬撐著每天去上班。即使到了這種時候，芳子的態度還是那樣冷酷，堅決不肯去上海照料丈夫，甚至也不讓丈夫回北京休養，哪怕斷絕關係也在所不惜。從一九二一年到一九二五年，他們之間這種名存實亡的婚姻關係就這樣拖了整整五年。

叔叔與王蘊如嬸嬸

在無奈的情況之下，叔叔與王蘊如結合了。雖然這樣的結合沒有「名分」，嬸嬸卻心甘情願，並且勇敢地與叔叔一起承擔起生活的艱辛。由於叔叔每月還要向北京寄錢，兩口子的生活甚爲拮据。當嬸嬸懷的第一個孩子將要臨產時，爲了省錢，她獨自一人返回家鄉去坐月子。在那個年代，回娘家生孩子是件不體面的事，會招致鄰居親友的議論，她也只得硬著頭皮回去。

一九三六年十二月，是祖母八十歲大壽。那年父親剛去世，她老人家與八道灣的次子又形同陌路人。因此，老人家極盼望母親和我、還有叔叔嬸嬸能夠北上相聚。祖母更希望能見到我這個長孫，這是她老人家最大的心願。不料正在母親替我準備北上的冬衣時，我突然出水痘了，不能見風受涼，旅行只得取消，由叔叔嬸嬸做代表了。嬸嬸之所以同去，是要趁機公開宣佈他們倆的事實婚姻成立，叔叔與羽太芳子婚姻的結束。這原是順理成章的事，因為一切都是由芳子和她姐姐造成的。

一九四三年十二月二十六日上海蘭維納公園（現襄陽公園，曾稱杜美公園）周建人夫婦（夫人：王蘊如）。

不料，他倆出發才幾天就匆匆返滬，顯得非常氣憤。母親告訴我，叔叔、嬸嬸到了北平，住在西三條祖母那裡，壽席卻設在八道灣。這樣嬸嬸未去赴席。誰知當建人叔叔向祖母祝壽致禮時，他與芳子生的長子周豐二突然從內屋衝出來，手持一把軍刀，口稱為母親抱不平，向生身父親砍去，被眾親友奮力奪下兇器，平息這場「血案」。幸虧嬸嬸當時不在場，否則真不知道還會發生什麼事呢。但周豐二仍不肯就此罷休，又打電話到日本駐北京的領事館，要他們派員來扣留叔叔，給予「法辦」。幸虧正遇到新年的時候，領事館的值班人員喝醉酒了，答覆說不能前往，這事才不了了之。但叔叔嬸嬸已不能再在北京逗留下去了，只得告別祖母，提早返滬。

這一重要事實，不知何故，在《周建人評傳》及有關年表年譜中大多被「遺漏」和「迴避」了。須知，這件事給叔叔心靈留下的創傷是終生難忘的。直到上世紀七十年代，他還心有餘悸地對嬸嬸說：「一旦我不在了，或許他（豐二）還會來殺你的。」

也就從這個事件之後，叔叔才下決心不再給八道灣寄錢。只有長女馬理沒有參與逼迫生父，叔叔仍每月寄給她二十元，通過祖母轉交，直到她跟周作人去了日本爲止。

到了日僞時期，叔叔與王蘊如嬸嬸已有三個孩子，是個五口之家了。但當時市面上商品奇缺，物價飛漲，尤其是糧食必須花幾倍的錢買黑市的大米來補充，才得以勉強填飽一家大小的肚子。而這一切，全靠叔叔那有限的工薪來維持，其艱難可知。不想，就在此時，作爲同胞兄長的周作人竟然使出凶辣的一手：他依仗日寇勢力，讓北平的日本使館通知上海領事館向商務印書館的負責人王雲五下令，由會計科從建人叔叔的每月工資裡扣出一半，直接付匯給周作人。這無異是釜底抽薪，使他們的生活雪上加霜。但他只能接受這一事實。因爲在那個年代，以叔叔的性格和所從事的專業，想要另找職業是不容易的。爲了一家人的生活，他惟有忍氣吞聲保住「商務」這只飯碗。

當時叔叔的肺病尙未痊癒。好在他意志堅強，很有自持力；也幸虧病情未再發展，使他能夠支撐著去上班。本來他還抽煙，喝點酒。此後抽煙說戒就戒，酒也自我限量，並不要嬸嬸勸說。他們的孩子遇到生病，若非重症，決不去醫院診治。常用的對策便是臥床。對孩子說：「生病睡兩天寒熱退了就會好！」因此我經常看到小妹周蕖臥床。她扁桃腺經常發炎，因感冒而引起，久而久之累及心臟，又得了風濕性心臟病。一九四四年，周蕖腹痛嘔吐，叔叔嬸嬸採取慣用的臥床休息療法。正碰上方行、姚臻兩位熟友來訪，他們看出病情不輕，竭力幫助送醫院救治，入了紅十字醫院，才發現闌尾即將破潰穿孔，及時開了刀。二姐周瑾，下巴長了很大一個瘡，有如小酒盅，正對著嘴，老一輩人都叫做「對口疔」，這種瘡很兇險，有可能引起併發症，但也沒有送醫院，是我母親自己動手治療的。有一天，膿頭腫脹得要穿破，又頂不出，二姐非常痛楚。母親將一把剪刀用酒精消過毒，鉸開瘡的頂端，挑出膿頭，才擠出許多膿液來。嬸嬸嚇得不敢在旁邊看，也怕聽到女兒的呼痛聲，躲到弄堂外面去了。但二姐很堅強，咬緊牙始終不出聲。這件事她自己至今還記得。

就在這艱難的日子裡，我發現叔叔房間裡書櫃頂上那台玻璃罩的德國顯微鏡突然不在其位了。這台顯微鏡是父親買了送給叔叔的。他專研生物，沒有這工具眞如砍削他的手臂、挖掉他的眼睛。若非無奈到了借貸無門，我想他是絕不願捧出去變賣的，我不禁想起他平時談論生物學，話題總離不開顯微鏡，講得眉飛色舞，連蒼白的臉色也變得紅潤起來。自從賣了顯微鏡，他再也不提這個話題了。

周作人對胞弟的逼迫，甚至直到解放後仍不肯罷休。他唆使羽太芳子向法院狀告建人叔叔「重婚」。爲什麼說這是周作人唆使的呢？因爲羽太芳子的狀子，內行人看了都覺得文筆犀利，功力非同一般；而幾位知堂（周作人筆名）的老友，更明確無誤地判定，這捉刀人就是周作人本人。大家都不免爲之歎息：知堂老人坐不住，又出山了（周作人自已向外承認僅「改了幾個字」）。這件官司出面的是周豐二，他以北平家族代表自居，氣勢洶洶，擺出一副非把建人叔叔扳倒不可的架勢。

然而，出乎周作人意料之外，他認定穩操勝算的這場官司，竟然以敗訴而告終。不必諱言，官司開始時對建人叔叔頗爲不利。狀子寫得滴水不漏，「情、理」俱全：周建人在北平已有子女，竟又在上海結婚生女。這使被告方建人叔叔顯得勢弱理虧。待開庭後，法庭發現了許多疑點，感到這個案件不單純是個「重婚」問題，需要進一步取證。因此，在休庭之後，法院做了大量的調查訪問，又向婦聯諮詢，取得許多人證和書面證明，使案情得以眞相大白。最後，法庭判決叔叔與羽太芳子的實際離婚成立。並宣判周豐二與父親脫離父子關係，周作人的如意計謀就這樣打了「水漂」。

需要說明的是，上述一切，除了我，嬸嬸從未向她的女兒、女婿提起過。也許往事太過悲苦，她不願以此刺激女兒的心吧。這樣，我成了惟一的「孤證」。嬸嬸當時是含著眼淚跟我說的，如今我也是七十歲的老人了，我有責任將之公諸於衆，供史家去研究。

關於周作人和周建人，這兩位兄弟的恩怨糾葛，我已將自己所知悉如上述。在我這個後輩人看來，建人叔叔和周作人之間的矛盾是不可調和、終其一生的。這有事實爲證，那是解放不久，新中國的政府部門成立，建人叔叔被委任爲出版總署副署長，署裡有兩位老友，即擔任正副領導的葉聖陶和胡愈之，他們出於良好的願望，曾想促成這對兄弟的和解，於是在某一天，他們一人一邊，用雙手緊緊把住建人叔叔的手臂，硬拉進一輛小臥車，開到了一個地方，這時周作人已經坐在那裡。這兩位老友竭力爲雙方撮合，要他們互相表態願意和好。而兩人始終坐在那裡不說話。僵持了一會兒，兩位老友無奈，只得訕訕地一起離去。

近期看到一部電視劇，有一場戲表現他們兄弟倆在一個禮堂門口相遇，互相交談，似乎不存介蒂。我不知道該劇的根據是什麼？

至於周作人的長子周豐一，建人叔叔倒與他有過兩次晤面，豐一曾在北京圖書館任職，於上世紀九十年代中去世。他是中國民主促進會的成員。

叔叔的兒女

最後，我還得說說建人叔叔幾個子女的情況。

叔叔與嬸嬸所生的三個女兒，其中大姐周曄原是上海譯文出版社社長。她在父親九三高齡視力衰退不能執筆時，毅然請了長假，聽父親慢慢回憶，做成卡片，再比照核對別人的資料、回憶，形成文稿，又經過叔叔的補充糾正，爲魯迅研究提供了可貴的資料。這本《魯迅故家的敗落》經我的推薦，於一九八四年由湖南人民出版社出版，可惜大姐未及看到，已經患肺癌去世。

二姐周瑾也垂垂老矣，因患紅斑狼瘡至今臥病在床。她是長期搞藥檢的，也許因此而染病的吧。

周蕖年齡最小，如今也是望七老婦了。

叔叔與前妻羽太芳子所生的二子一女，我最早接觸的是他的長女馬理（即周鞠子）。她於一九三六年夏天曾由建人叔叔送到上海大陸新村我的家

周建人的女兒馬理到上海割扁桃腺體。十一月十九日到南京路店鋪所攝。

後排左起：母親許廣平、王蘊如、周建人。前排：周蕖、周曄、著者、周瑾（前排除著者外均周建人的女兒）。

中，住在三樓的亭子間裡。她大我十歲，由於下面還有叔叔在上海的三個姐姐，父母讓我叫她「大大阿姊」。我當時已經上學，正逢暑假，很感寂寞。因此她的到來，使我極其興奮，總是糾纏她陪我玩、講故事。馬理姐姐文靜而又耐心，面貌圓胖，膚色淺白，講話細聲低語的。母親常常勸我讓她有些個人時間，看看書籍之類。住了幾天後，她由父親陪著去了醫院，經過檢查，患的是扁桃腺肥大，幾天後動了手術，手術後回到家中臉色蒼白，我守在旁邊看她極爲不安，講不出話，似乎在強行抑制胸腹的不適，一會兒見她衝到牆角，嘔出許多血液，十分恐怖。父親見到這種情況，再雇車到醫院。後來血止了，休養了許多天才好轉。不久，她遷往別處，據說報考學校並不順利，又返回北平去了。父親的日記裡有關於馬理到上海的記錄，也有多次同去看電影的記載，可是割扁桃腺之事卻未能找到，不知爲何。我是向周瑾姐姐電話證實這次割扁桃腺手術的。父親在給北京祖母的信中，曾提到馬理到上海的主要目的是報考音樂學校。還說到我和馬理姐姐：「他同瑪利（即馬理）很要好，因爲他一向是喜歡客人，愛熱鬧的，平常也時時口出怨言，說沒有兄弟姐妹，只生他一個，冷靜得很。見了瑪利，他很高興，但被他黏纏起來的時候，我看實在也討厭之至。」

但我與這位姐姐相聚僅此一次。以後天南地北，再也不曾見過面，連一封信都沒有通過。聽嬸嬸王蘊如說，當年叔叔按月給她寄錢，她總是不敢張揚，偷偷到祖母那裡去取的。又聽說她學的音樂，婚後晚年定居唐山，不幸死於一九七六年七月二十七日那場大地震。好在相冊裡面有一張她的照片，聊慰我的思念。

建人叔叔在北平的幼子叫周豐三，和母親芳子一道寄居在八道灣。他平時學習很好，雖還是個中學生，卻關心國家安危，有正義感。由於生活在周作人的家庭環境內，使他能日常耳聽目睹這位二伯的所作所爲和對日本侵略者的態度，心裡很不贊成，因此他與這個家的氣氛總是格格不入。在周作人附逆越來越明顯時，豐三多次勸說，請他懸崖勒馬，不能投向日本侵略者，不要去當「華北行署」的大官。周作人絲毫聽不進去。那時豐三正是血氣方剛的年齡，眼看勸說無效，自己在這個家庭裡又孤立無援，爲此而鬱鬱不樂。這是周作人兒子周豐一對人說的。豐三最後竟想到以死相諫，白白犧牲了自己年輕的生命。寫到這裡，我不禁有點不平，有點悲哀。像豐三這樣一位正義愛國的熱血青年，那些敘述周氏兄弟身世的著作裡竟然都沒有順筆一提。《周建人評傳》裡也沒有，那些研究周作人的著作（恕我看到的書少）裡也不曾見到。而對於他，我以爲萬萬不應該遺漏的。因爲豐三壯烈的死，豈不正可以反襯周作人是何等死心塌地的賣身事敵？

至於前面說到的那位曾要持刀弒父的周豐二，我後來倒是見過一面。那是北京解放兩三年後，我們住在西城區大石作胡同十號。春節時他來拜訪，孤身一個，沒帶妻小，也許尚未成家吧，他那時在中學當數學老師。對我這個弟弟顯出很有好感，也許他本人沒有親兄弟了吧。他告訴我說喜愛打獵，願意帶我一起去打野雞野兔，郊外有很多野味可打，這項活動很有趣的。我一方面對此沒有興趣，也和他不熟，此後便沒有再來往。當然，其中也有一個重要原因，即那時建人叔叔已和這個兒子斷絕了父子關係，我自然也就不便與之往來了。

朱安女士

母親保存著一頁日曆，上面用鉛筆清晰地寫著「晨　朱女士逝世」幾個字。日期是大大的阿拉伯數字29（西曆一九四七年六月，中華民國卅六年六月二十九日）。農曆丁亥年五月二十一日。當時母親正受國民黨的監視，不能離開上海去北平料理喪事，只能按照預先的安排委託老同學常瑞麟和地下黨的朋友。而近在咫尺的周作人是否給予援手呢？我沒聽說。

父親與母親的結合，並有了我，對此，周作人及其日本老婆並不予承認，並視之爲仇敵。解放後，章川島先生陪著我第一次踏進八道灣的院裡，這麼一來似乎進入了她的領地，當場她指著我破口大罵，這是人所共知的。既如此，那他們就應該把其視作「正宗」的嫂子朱安好好供養起來，況且她還與我祖母一起生活，這才順乎其理。再說，當時周作人也並非沒有這個能力。但他偏偏把朱女士的生計推給遠在上海的我的母親來承擔；而母親拖著我這個病孩，生計極其艱難，有時生活費還得靠朋友資

母親一九四六年十月二十二日抵北平，整理父親遺物。藏書、碑帖、文物等三大櫃並二十三箱，並看望了朱安女士。

助，但她仍毫不猶豫地將這副擔子接了過來，一直到朱女士病故。關於這方面的事，我在前文已經敘及。這裡，我要向讀者說一說朱安女士（母親對我這樣稱呼她）與我們母子的關係。

這裡我要聲明：因爲我當時年紀尚小，關於這方面的事情，僅僅耳聞，所知有限，而且直到朱安女士去世，我都未曾見過她。但我從朱女士的書信中看到，她對我們母子的態度與周作人截然不同。

一九三六年十月十九日父親去世，朱女士當月就給建人叔叔寫信，要他轉告母親：歡迎我們母子搬去北平與祖母和她同住。她說：「許妹及海嬰爲堂上（祖母——海嬰注）所鍾愛，倘肯蒞平朝夕隨侍，可上慰慈懷，亦即下安逝者。」

並且表示，若母親接受她的建議，她「當掃往相迓，決不能使（你）稍有委曲（屈）」，還願意「同甘共苦扶持堂上，教養遺孤」，她不但將我們母子的住房都做了安排，甚至還說：「倘許妹尙有躊躇，盡請提示條件」，她「無不接受」。那年我才七歲，當然不可能曉得母親是如何回復的。而事實上是我們並沒有去。

這件事母親後來也不曾談起過，但我能理解。因爲這是個不能實現的建議。別的不講，單是父親的手稿遺物都保存在上海，憑這一點，母親能忍心離開它嗎？

不過，我現在重讀這封信，深切地體會到，她是一位心地善良的女性。她雖然沒有文化，卻能正視現實，能如此對待我們母子，稱母親爲「妹」，視我如已出，這與號稱新派大學者的叔叔周作人，對比是何等強烈！

在此後的歲月裡，她常有書信寫給母親，內容主要圍繞經濟問題，因爲母親總是把她的生活放在心上，除了自己直接寄錢，還不時寄到北平朋友那裡，托他（她）們分期送去，同時也替我母親去探望她。對此，她在信中總是表示感激之情，說：「您對我的關照使我終身（生）難忘」，並體諒地講，「您一個人要負擔兩方面的費用，又值現在生活高漲的時候，是很爲難的。」收到生活費後如何開支，她在信中常常講得很具體。有一回，母親寄去了錢，之後朱安又得到一筆饋贈，就主動寫

朱安照片

信提出手頭的錢「數目已多，貴處要用我還可以給兌回一部份去」，由此可以看出她的為人坦蕩和對母親的體貼。

一九四六年秋冬之際，朱安女士心臟病加重，母親為了她的病特意趕到北平，尋求良醫和治療方案，並為朱安的後事做好囑託。母親回滬後，朱安來信說：「你走後，我心裡很難受，要跟你說的話很多，但當時一句也想不起來。承你美意，叫我買點吃食，補補身體，我現在正在照你的話辦。」這體現出朱女士對母親有著一種依戀情懷。如果沒有我母親的細心關照，她能產生這種感情嗎？

對於我，朱女士表現出慈母般的關愛。一次在給母親的信中說：「我聽說海嬰有病，我很記掛他。您要給他好好的保養、保養。」當她得知我著迷無線電製作時，就在信中說：「聽說海嬰研究無線電頗有心得，凡人有一藝之長，便可立足，也很好的。」充分表露了她的滿意欣慰之情。當我十五六歲時，她開始直接給我寫信，還關心我的學習和身體。有一次在信中提出：「你同你母親有沒有最近的像片，給我寄一張來。我是很想你們的。」直至病危臨終前，她還念念不忘我們母子倆。我體會到她心理上對於周家有了後代是欣慰的。她是把我當作自己的香火承繼人一般看待的。這封信雖是寫給母親，實際上囑咐我，日後燒香火來祭奠她。她的心理感到踏實，能夠死而瞑目了。這封信寫道：

許先生：我病已有三個月，病勢與日俱深，……自想若不能好，亦不願住醫院，身後所用壽材須好，……衣服著白色小衫褲一套，藍棉襖褲一套，小腳短夾襖一件，小長（藏）青夾襖一套，褲袍一件，淡藍絲綢一件，紅青外套一件，藍裙一條，大紅被一條，開領黃被一條，粉被一條，長青圓帽一頂，衾一件，招魂袋一個。

須供至七七。海嬰不在身邊，兩位侄男亦不找他們（指周作人兒子）。此事請您與三先生（指周建人）酌量辦理。我若病重，此地應托何人照料並去電報通知？

關於爺爺、娘娘（指祖父母）之事，如有所費，應照股攤負。

周朱氏字

中華民國三十六年三月一日（一九四七年）

一九四七年前後，物價飛漲，每次母親給朱安寄去的生活費，經過匯兌到她手裡，就要遭受幣制貶值之苦，她總感生活拮据。但她寧願受苦，也不肯輕易接受別人的餽贈。她在給我的信中說，有個報館的人願贈她一筆錢，條件是只要交給他魯迅的遺作。她當場表示「遜謝不收」。同時也拒絕提供我父親的任何文稿字跡。同一個月，又有某個藝術團體的理事長要送她一筆錢，「我亦婉謝」。她說，自己的生活「雖感竭蹶，爲顧念汝父名譽」，「故寧自苦，不願苟取。」這反映出，她是個有原則的人。

只有一次她破了例。一九四二年二月一日，她寫信告訴母親：國民黨中央黨部的秘書長鄭彥棻找到她家，代表蔣委員長送她十萬法幣，她開始仍「辭不敢收」，但是這位秘書長說出一番道理，可把她懵住了。秘書長這樣告誡：「長官賜不敢辭。別人的可以不收，委員長的意思，一定要領受。」送錢還有以這種命令方式硬送的，難怪將這位婦道人家降服了，不得不接受。只是委員長此舉至今仍令我費解：一方面在政治上壓迫父親、母親和我，另一方面又假借「關心」父親的前妻，這究竟是要達到什麼目的。

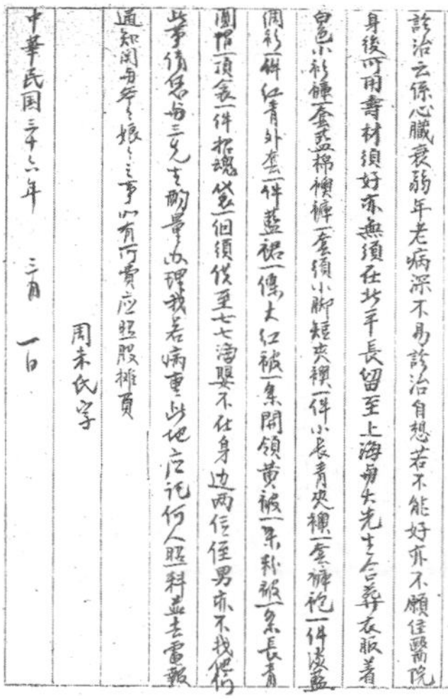
許先生我病已有三個月病勢與日俱深西醫看過終未見好改由中醫
診治云係心臟衰弱年老病深不易診治自想若不能好亦不願住醫院
身後所用壽材須好亦無須在北平長留至上海與大先生合葬衣服着
白色小衫褲一套藍棉襖褲一套須小腳短夾襖一件小長青夾襖一套棉袍一件淺藍
綢衫一件紅青外套一件藍裙一條大紅被一條閑領黃被一條秋被一條長青
圍帽一頂衾一件招魂袋一個須供至七七海嬰不在身邊兩位侄男亦不找但係
此事係告與三先生酌量辦理我若病重此地應託何人照料並去電報
通知閣弟弟嫂嫂之事以有何費應照股攤賣
周朱氏字
中華民國三十六年 三月 一日

朱安致母親信。

朱女士與我們母子通信，主要是一九四五至一九四七年她病故前那段時期，尤以一九四六至一九四七年爲最多，其中寫給母親十六封，寫給我有九封。從信中得知，她死於老年性心力衰竭等疾病。當時由於母親正受到國民黨的監視，不能親自去料理她的喪事，只得請劉清揚、常瑞麟阿姨、宋琳先生及一家阮姓遠親代爲辦理，這些前已寫到，不多說了。

最後還要說一件事。一九八六年，北京魯迅博物館計劃恢復原朱安女士的臥室，她睡的那張床是一架四尺竹床。爲什麼故居沒有第二張床呢？自從祖母去世後，朱安女士就睡到祖母的房間去了，而把自己的臥房改爲父親藏書的存放之處，爲的是可以騰空房屋租借出去維持生計。一九四六年我母親去北平所見到的就是這個格局。故在「魯博」籌備時，母親憑記憶，在此室立了「魯迅藏書室」的銘牌。現在要改過來 ，這就涉及到恢復朱安女士的臥室陳列布置的難題，又出現的一個問題是恢復祖母的臥室，那麼祖母那只臥床哪裡去了？經過一番尋訪，魯迅博物館的研究員葉淑穗同志來告訴我一個好消息，她說，老太太的眠床找到了。幾十年來，朱安睡到祖母的房間裡，一直用的是她自己的那架四尺竹床，誰都不懷疑它是祖母用的。現在查到魯迅一九二四年六月二十八的日記上，記著：「買四尺竹床一，泉（錢）十二。」床上掛的是麻布本色帳子。顯然不是買給魯迅母親的。經過艱難的調查，這張

床在一位姓關的大媽家裡。關大媽是周作人家的褓姆，負責照顧幼年周豐一（周作人的長子）的。當她離開周作人家的時候，周作人把生母的床送給了她。這張床有床頭、床欄、尾擋板，四周立有支杆可懸掛蚊帳。這張床是魯迅從紹興搬遷到北平時運來的，它是採用南方式樣製作的。魯迅博物館買了一只新床與關大媽替換，這才得以恢復了五十年前兩代婆媳居室的面貌。我在此感激關大媽全家的支援。由這段故事可以證明，祖母在世，周作人沒盡撫養老母親的義務，死後倒去搶遺產——除了這張紹興古式床，還有許多衣物和日用品。找到了這張關鍵的床，祖母和朱安的臥室得以復原了，現在觀眾到北京的魯迅故居，「老虎尾巴」左右兩側的房間確是值得一看的，它含有那麼多的故事。

這兩張父親書房與臥室的照片，是許壽裳一九三七年拍攝的，後許壽裳贈給羅常培。楊霽雲轉贈作者。

「不賣血」的朋友

「不賣血」，這是父親對內山先生的評價。即是說，他不出賣朋友。作爲一個日本人，在那個年代是難能可貴的。這裡就我所知，對這位可尊敬的前輩的生平和身後情況做些補充。

內山書店

內山先生開設的內山書店，我幼年時去得較多，可說是相當熟悉。單開間的門面，左右有兩個櫥窗。店裡經常出售最新書籍，櫥窗中的玻璃上不時更換著招貼廣告。讀者進店內彷彿來到了書籍的海洋之中，書架一直頂上房頂，每排每架，滿滿當當，絲毫不留空隙，幾乎把所有能利用的空間都利用了。售書實行開架制，高的可達頂層，低的可取中層書籍，讀者可以自己上梯取閱選購，店員毫不干涉。書店中間，特設新書台，陳列新到書籍，集中醒目，方便讀者，使之容易尋覓近期書刊，便於瀏覽選購。這些書籍大都是洋裝的外文版本，時我因年齡太小，全看不懂，所以到底都是些什麼內容現在一無印象。不過每次來到書店以後，總要爬上高梯，居高臨下，俯視一切。儼然成了一個「蓋世英雄」。這似乎也沒有遭到過父親的喝止，有時到他起身回家時，才招呼我下來一同回去，這個印象總是歷久不忘。

父親應內山完造之邀所攝。一九三六年二月十一日攝於上海新月亭。

在內山書店逗留，除了可以任意攀登的木梯，還有兩樣東西在我的記憶中一直存在，不能淡忘。這就是夏天放在門口的茶桶和冬天擺在屋內的火盆。

三十年代的上海，有些店鋪夏天備有茶桶。有的用大缸，有的用木桶，也有用鐵皮焊成的洋鐵桶，外裝兩三個水龍頭，並備有簡易的竹質或搪瓷水杯幾隻，供勞動者臨時休息解渴飲用。內山書店也不例外，門口也有這樣一座茶桶，在夏天爲勞動者施茶。父親與內山書店的「施茶」措施不知有何關係，也不知這種關係始於何時，後來我看他的《日記》，在一九三五年五月九日項下，記有「以茶葉一囊交內山君，爲施茶之用」，看來至少是贊助的。看了這條日記，使我模模糊糊地想起，有時父親遠從紹興嵊縣購置茶葉十至二十斤（大概即所謂「一囊」吧），或者即為此用也說不定。大概這類山茶葉大經泡，投入桶內，茶味能保持到一定時間，足能幫助勞動人民解渴之用。當時因為自己年幼，不懂這些事情，也沒有向父親當面問過，所以只能是一個猜測罷了。

上海夏天酷熱，冬天則又變得很冷，但一般店鋪，店堂內並不生火。內山書店卻不是這樣，因為那裡經常有人選購圖書，有時還有「漫談」活動，所以生有炭火照顧來客。冬天我隨父親到內山書店時，就見他和完造先生在低矮的圓形瓷炭盆邊圍坐，盆內架一隻三腿圓架，上座茶壺，沖飲日本宇治特產清茗。我無事可做，對撥弄炭火發生興趣。用鐵筷（尾帶金屬鏈條）撥夾火炭，大放陣陣暖氣，驅趕室內的寒冷，使大家的臉頰熱得通紅。

內山夫婦在上海的書店裡。依靠的梯子供顧客取高層的書。

父親單獨帶我去書店的機會不多。往往是父母兩人攜我同去。要說購書，我在這裡沒有買過書。我想起另一件事。

有一次，從這裡又轉到另一家

中國人開的舊書店，看到的書籍不再是厚厚的日文書和其他外文書，而是可以識得一些字的中文讀物，不禁興高采烈，趕快挑了幾本，要求買回家去閱讀。誰知尚未開口，卻看到父親現出一副從未見過的極不高興的臉色，便放下手中瀏覽的書籍，讓母親領了我跟他一起很快離開這個書店。甚至連他已經挑選好的書籍也放棄了。當時我心裡納悶，不知出了什麼事。事後，母親向我解釋，說是舊書太髒，有些是病人出售的，放在書店裡又是什麼人都來翻閱，小孩子抵抗力較弱，容易傳染上疾病，所以父親才那麼著急。

增田涉先生和筆者。七十年代於北京。增田涉翻譯《中國小說史略》，和父親有來往質疑的通信八十多封，歷時三年餘。

內山完造的後夫人，內山眞野。攝於東京郊外的寓所前。時一九八四年八月。

兩個不解之謎

父親去世後，我們搬離虹口區，便極少和內山完造先生接觸。信件、書刊不再從書店轉遞，店員也沒什麼來往。日軍進租界，沒收英美等對日宣戰國的財產，內山分配到南京路一家三四個門面的書店，此處原是中美圖書公司。這家書店規模不小，一樓售文具、雜誌，二樓售書，都是外文洋裝書。內山接管後調整架位，排列成西洋夾東洋的，並且還跟虹口內山書店一樣放置了木扶梯，便於讀者挑選書籍。由於供電不足，店堂平時就陰沈沈地點了洋蠟燭，顧客又稀少，以致與南京路的繁華商業呈強烈的反差。據說內山完造對此店並未下力經營。內山的《花甲錄》裡講：上面來

父親墓碑遭破壞後，日本報紙刊出的報導照片。

「一道讓內山書店接管中美圖書公司的命令。所以使我十分為難。由我管理，我不喜歡這樣做（因戰勝而擴大書店）。所以，讓長穀川和中村二人去經營了。」看來，內山完造畢竟是基督徒，對「戰勝」國有他自己的看法，這從抗戰勝利後內山返回日本後的言行可以證實。母親在日本憲兵隊遭受七十六天磨難，日寇嚴刑未能得到什麼口供之後，迫於社會輿論要釋放母親。為了掩蓋其罪行，不直接從憲兵隊放出，而是轉移到滬西七十六號「調查統計局」，由那裡取保釋放，並要由中國人開的店鋪做擔保。母親回答沒有相識的中國店鋪，只認識內山書店。她內心想，日本人無理抓我，現在要放，我讓日本人來作保，證明你們抓錯了。七十六號開始不允許，雙方僵持了一陣，覺得人不是他們抓的，扣留下去不好向輿論界交待，只得讓母親打電話請內山先生來保。內山請示了憲兵隊，出面作了保，母親才於次日離開那時人們視為魔窟的七十六號。

過了兩個月，七十六號發信要母親去「談話」，要出去的人照「我們這裡的規矩，把朋友介紹進來」。母親的回答是：「我一直待在家裡，不敢和任何人來往，別人也不來看我了，哪能知道他們在什麼地方？」

又過了不久，大約正是春夏之交的時候，母親接到內山完造的通知，邀她某日下午到虹口「六三花園」喝茶。母親對此百思不得其解。那段時期我們和內山沒有什麼往來，七十六號問話，沒有達到「把朋友介紹進來」的告密、出賣同志朋友的目的，是不是又想要什麼新花樣，要通過保人內山完造下達些什麼？母親和我商量，既然保人讓去，看來是躲不了的，不能以裝病或者什麼別的藉口推託。母親想了一下，讓我陪她同去，也好有個迴旋餘地和托辭。

母親和日本友人內山嘉吉夫婦、內山眞野（內山完造後夫人）相晤。

到了那天，我們乘了有軌電車到達虹口，走到「六三花園」已經比約定鐘點遲了少許。見內山先生正在張羅，

日本友人增田涉，一九三四年五月攝。父親那個階段指導他翻譯《中國小說史略》。

還要出席者簽名，他見到我們母子倆，目光似乎一怔，遲疑了一下，像是想不到你們竟然會來。他從入口處的桌上，拿一條紅色名簽，替母親佩在胸前，又看到我，找不到空白無名字的條簽，尋了一條上面寫著「陶晶蓀」的，翻過來填上我的名字。我隨意向裡望去，熙熙攘攘半屋子人，都在高談闊論。認識的人很少，似乎有夏丏尊先生，媽媽告訴我他們都是些滯留上海的文化界人士。我們不得不緩步進去，稍作點頭，算是招呼。我嫌這枚胸條，故意把自己名字翻過去，使陶晶蓀三字露在上面。屋裡和母親招呼的客人把目光移到一個孩子的「大名」，卻是那位當時頗遭微詞的文人，忍不住放聲大笑。內山完造聽到這笑聲，踱步過來，顯得有點尷尬，又不便表示什麼。我戲弄完這一幕，取下佩條，隨母親離開了會場，算是「到過了」。估計內山也是遵照上面什麼意圖，通知母親去，母親也到了，證明沒有離開上海，算是給了擔保人的面子。內山完造沒有提出什麼希望或者任何暗示，因此，這個啞謎只能由知悉內情者來解釋。我當時一步都沒有離開母親，是可以這麼講的。也許這眞是一件「××××之謎」吧。

第二個與內山先生有關的不解之謎，也是發生在抗戰期間。虹橋路萬國公墓父親的墓碑，上面鑲嵌著燒瓷頭像。不知何時，這像被人破壞，且敲得很技巧，沿臉孔周圍用細槌擊鑿，正好是當中面容那部分失去了，四周卻沒有大的裂痕，不像有人因泄恨而猛力打擊，或者被頑童以石塊敲砸所致。是行家裡手小心翼翼地把整個瓷像面部取走了。問題是這樣做的動機究竟是什麼？如果從善意分析，也許是爲魯迅墓的安全著想，以此掩人耳目，才費了這番苦心。母親在一篇文章裡，依據那時的世道人心，有過上述的猜想。

後來，市面比較平靜了，萬國公墓的管理雖仍不如前，倒也收拾了破爛的門牆，對整個墓園也稍做了修整。這時有朋友告訴母親，父親墓碑上那塊被敲掉的瓷質畫像，又完整地按原樣複製燒了一塊，重鑲在碑面上。這位無名仁人是誰？眞令人詫異。有一次在某場合，問了內山完造先生，他一口否認。又過了一段時期，母親又向內山書店的老店員，惟一的一位中國雇員王寶良打聽，問他這件事是不是內山先生所爲，王沒有正面承認，也沒有強烈地否認。我想，這謎底已經不難解開了吧。

內山的晚年

日本投降後，內山完造先生在上海的財產被沒收。這時他的夫人內山美喜已經去世。因此一九四七年十二月被遣返回國時，他是赤手空拳孤零零一個人走的。

這裡有一個事實，須順便說明一下。日本有位叫吉田曠二的作家，在他的著作《內山完造的肖像》裡講到，日本投降後關閉了上海的內山書店，內山完造隻身遣返回國，「考慮資產的分配，店員的今後生活以及自己的前途。老闆（指內山）讓會計開了賬目、資產的分配方案，把店裡的全部資產和負債額列成表。把給日本、中國店員的東西都做了安排，還從店的資產中給魯迅夫人一百五十令洋紙。」這最後一句，與事實並不相符。

眞實的情況是，日本投降後，有一天內山先生到霞飛坊來，適巧母親和我都在家，也許那天恰是星期日吧。內山先生從布包袱裡摸出三隻匣子，當面打開，交待清楚，請母親代爲保管。一匣是刻畫蠟紙油墨印刷的多種工具，有粗細鐵筆，畫虛線的幾種滾輪，約十二種。另二匣是日本貨自來水筆，派路脫牌（Piolet）每匣一打。今天看起來價值不過幾百元罷了。隨後，他行色匆匆地離去了。不久，也許是遣返前吧，他來告別，並把筆和刻蠟紙的工具都帶回去了。由此可見，當時內山先生很困難，而一百五十令洋紙是非同小可的數目，他那時有這個能力贈送嗎？我記得的是，內山先生確實讓中國店員運來過一百五十令洋紙，但那是折價賣的。母親爲此和我議論過怎樣籌劃這筆款子，其中一部分紙還讓給了某一、二個書店。因此我以為內山先生是以這筆賣紙的款子用作店員解散費的。那年我十六歲，自信已有足夠的記憶力了。我的分析是：日本戰敗，所有動產、不動產都屬於逆產，是不允許移動變賣的。內山完造委託店員把紙運來，必然不會公開說是賣而講送。這麼說，即使走漏了風聲，追查起來也不算違犯規定。

日本崗山、內山完造先生頌德碑（一九七九年）。

內山先生回國後，在反思的基礎上感到和魯迅認識交往的幾十年間認識了中國。他熱愛中國，希望日中兩國恢復友好，決心向有頭腦的日本人傳播視為親友的魯迅思想。這樣，他為自己的後半生選擇了「點燃魯迅精神的火種」（日本學者吉田曠二語）這樣一條生活道路。那是一九四八年一月，內山來到東京岩波書店見到小林勇，岩波老闆岩波雄估計也在，他們建議內山先生「向日本人介紹中國的眞實情況，到日本各地去做有關中國的報告」。他接受了這一建議。

就這樣，他第一次在日本長野縣高遠的一個小學向教師做了「漫談中國」的演講。從這第一步起，他的整個後半生從北方的北海道到南邊的九州，足跡遍佈全日本，巡迴演講超過八百場！他的講演不計報酬，只要對方邀請，總是欣然前往。空隙間還筆耕不已，寫了《流著同樣血的朋友》等書。這期間還幫助岩波書店做編輯《魯迅全集》的工作。

內山先生以開設書店起家，經營書店幾乎成了他生命的一部分。但自從回國以後，他沒有時間再經營書店了，哪怕戰後東京百廢待興，正是重操舊業的好時機。可是內山先生卻一心只宣傳日中友好，因爲他認爲恢復日中邦交這件事遠比個人經商賺錢更有意義。但這樣一來，他的生活失去固定的經濟來源，變得拮据起來，雖然偶有稿費收入和朋友的幫助，總是難解長久的困難。母親得知此事，便和我商議，決定把岩波書店的日文版《魯迅全集》版稅全部交由內山先生領取，爲此還專門寫了一封委託書。我想，這對內山先生不無小補吧。這期間，母親曾有機會幾次訪日，每回都去拜訪他。但畢竟年齡不饒人，到他七十四歲那年，終因東奔西走巡迴演講過度勞累而病倒，在糖尿病、膽結石、高血壓多種病痛的折磨下不得不休養了。過了不久，我國對外友協，誠懇地邀請他和夫人到我國來療養。

一九五九年九月十九日，內山先生不停歇地經香港、廣州，乘飛機抵達北京，顯然，旅途十分勞頓。但是大家都沒有想到會發生意外，應該讓內山先生抵京後先行休息、檢查身體。而在下飛機的當晚，借一家北方風味的老店豐澤園舉行接風宴會。內山先生心情也很興奮，當然不會拒絕老朋友的宴請。出席宴會的有陽翰笙、西園寺公一等多位友協的朋友。氣氛甚爲熱烈。席間陽翰笙代表有關方面邀請他們夫婦參加建國十周年慶典，然後去外地休養。內山先生回答說：「那太好了！」剛說完這句話，右手就顫抖起來，腿也軟了，隨即倒了下去。這時正是晚上八點左右。立刻送到協和醫院，經過各種醫療措施，終於搶救無效，於次日晚上九點四十分離開了人世。

內山先生的骨灰，一半安葬在上海萬國公墓第一位夫人內山美喜墓旁，長眠在中國老朋友魯迅的同一個公墓裡，直至遷到專爲外國友人安葬的墓地。

內山的未亡人

內山先生過世後，未亡人是內山眞野。她是在日本與先生結合的。我們見到她時，估計六十開外，身高一米六〇左右，結實健壯，像勞動婦女。她單身獨居在距東京市區幾十公裡叫板橋的地方，去那裡要換三次公交車，花兩個小時才能到達。我們尚未走到她的寓所門口，她老人家穿著木屐已經從街上迎了上來。街道很潔靜，行人很少。路兩側是門面不大的店鋪，似乎都是老店，沒有繁華都市那種甚囂塵上的氣氛。眞野女士住的臨街平房，入門便是居室，右側臥室，內置一個一百立升小冰箱。

內山完造的靈堂，夫人手抱內山先生的愛犬。

環顧四周陳設，可以用「清貧」兩字做概括。家中飼養兩三隻小動物，是些普通的雜色貓，那是她收養的無主貓。說著話兒小貓依偎上來，不怕生人。老人家正在爲一位留學生代管伙食，以此貼補生活，聊勝於無。我國駐東京使館每逢國慶招待活動，都邀請她去參加。我還從側面瞭解到，內山眞野女士靠老人救濟金和侄子的補貼過日子，平均每天的生活費只有一千多日元，生計極難維持。因爲按日本那時的生活標準，每日這麼點錢只夠買三碗湯麵。看到老人的困難，我心裡很不是滋味，於是就想：內山先生曾經幫助過許多中國文化名人，其中不僅有父親魯迅，還有很多人，比如郭沫若避難逃離上海時，也得到內山先生的援助，他被遣送回國後，又長期致力於中日友好活動，這樣一位可尊敬的友好人士的遺孀，我們難道不該伸出援手嗎？

後來，我接到內山眞野女士來信。她得知大連市有一家養老院，很多老人在那裡療養。裡邊也有外國孤老，她很希望自己有機會進那裡養老。我把她的請求轉到對外友協，等了很久，沒有回覆。有一次我到北京醫院探望陽翰笙，講到這件事，他很同情內山夫人的境況，應允向王炳南反映（王這時在友協任職）。之後，得到答覆是：大連的國際友人養老院是收留共產黨內的遺族的，內山夫人不在此列。這件事使我愧對內山夫人。因此我覺得自己作爲魯迅的後人，有責任代表曾經受到內山完造先生幫助過的所有革命者、文化人士對他處於困厄之中的未亡人予以報答的。

恰好，一九八四年至一九八五年間，日本學研社與我國人民文學出版社簽訂在日本出版十八卷日文譯本《魯迅全集》的合同，我的繼承權雖被非法剝奪（我將在另文詳述此事），他們總可以用這全集版稅給內山夫人一些幫助吧。我提出了這一建議，但久久未見答覆。再三探詢，才聽到一種傳聞：周海嬰是共產黨員、人大代表，是不應當得這筆「巨大」外匯的；又說內山夫人信基督教，心腸很軟，凡是有募捐者前來，不用多費口舌，她便會以基督精神，來者不拒，盡其所有去奉獻。所以不能捐錢給她，但凡所得，她必保留不住。我於是又設想一個兩全其美方案：外匯不必經我手，免得「水過地皮濕」，而是直接付給我國駐日使館，由使館方面保管，或存銀行，每月支付給內山夫人若干，這樣總可以吧？誰知還是不放心，怕我一旦把持不牢，弄得身敗名裂，還玷污了父親的名聲。在這種「好意」的說詞之下，幫助內山先生未亡人的計劃就此化為雲煙。

我之所以不厭其煩地講述這些，目的無他，是想告慰內山完造先生在天之靈：我已經盡了力了。我只能報以無奈的苦笑。至於內山眞野女士據聞後來住入了日本的養老院。至我執筆寫回憶錄時，聽說她已過世了。

初入霞飛坊

霞飛坊

前文說過，父親去世前，曾提出要趕緊搬離虹口。並囑咐三弟周建人到租界去租賃新居，只要他相看中意，不必再讓父親複看，定租便可。爲此叔叔專門刻了一枚名爲「周裕齋」的圖章。但這事不及進行，父親已經長逝了。到喪事忙過，稍事休息之後，大致是十月底，又開始著手搬遷的事。

我們於同年十一月上旬搬到法租界霞飛坊六十四號（霞飛坊現名淮海中路九二七弄）。至於爲何選擇霞飛坊，是否母親親自選定的，一直沒有弄清楚。在母親生前我也想不到向她詢問這件事。這個謎底直到一九八五年和蕭軍同到日本參加內山書店新屋落成開幕式，閒聊時他才告訴我，是他和蕭紅介紹的。原來那時二蕭正住在霞飛坊沿環龍路（現南昌路）一邊，是臨街樓房的三樓，號碼爲三百多號。

霞飛坊建於一九三四年，三層紅磚結構，前門是鐵柵，透空可以望穿小天井。天井與大陸新村相仿而稍大，前門進入是客廳。後門是木質的。每家後門裝有「司必靈」鎖。進門有一個小廁所。左（或右）拐是廚房。樓梯木質。二樓、三樓開間大小相同，還有兩間亭子間。三樓外有陽臺，可晾曬衣被，這是當時的標準結構。據說是葡國產業，法商管理。霞飛坊第一條弄堂叫「大弄堂」，比較開闊，月租較高。我們租的是中弄，每月租金六十元。入租時房東講明，每年可免費粉刷油漆一次，如不

霞飛坊六十四號現景。

需要享受這種服務，每年可免一月租金。這約定是一九三六年底的行情，因爲當時整條霞飛坊才住了一半房客。第二年抗日戰火燃起，租客盈滿，這承諾便無形中消失了。中弄北面是後弄，稍狹，附有幾間「汽車間」讓有車階級存車用。那時只不過三五輛車停放在那裡，也不知是哪家闊佬的。後來租界居房緊俏，汽車間遂改作爲住房了。

搬遷時，最多的是書籍，一箱箱要從溧陽路藏書室運來。書箱運到三樓，四周不夠放，中間還加一行。也有以木箱側放權作書櫃的，記得裡邊放的是雜誌，如《奔流》月刊、《世界文庫》等等，前面擋以牛皮紙。洋裝書厚重，放在二樓到三樓的樓梯一側，剩下一半空隙做通道。這時，三樓沒住人。

這裡有個問題也困擾了我多年。那就是：從大陸新村搬運家具的勞務，是否請內山書店的夥計？按常理，書店裡都是年輕小夥子，而且他們一直對我家給予各種援手，幫帶著完成也是合乎常情的事。但當我問及內山書店的老店員兒島亨先生及其他幾位時，他們都異口同聲講沒有插手。因此對這段歷史，多年來我一直無以尋找答案。有一次，我抱著姑且一問的心情向梅志先生提起這件事，竟柳暗花明，疑竇頓時得到化解。她告訴我：請的是搬家公司。她說那時尋搬家公司挺方便，收費也不算貴，四個搬運工，人力加運輸的車輛，以四塊錢一個鐘頭計算。並不必供應搬運工飯食。這個價目足以搬運到三樓或四樓的高度，再高的樓層另計。我倒沒問要不要另付「酒錢」或「香煙錢」。以我的記憶，那個年代是有加一點小費慣例的。

現在再說霞飛坊新居的事。父親的床不再使用了（據說借給許壽裳夫人，後又借給邵銘之）。母親和我睡在二樓，用我幼時睡的那架床。從這時起，母親便陪伴我睡，帶我三年半的南通籍許媽，已經五十多歲，（她來幫傭時瞞了幾歲），體力下降，家鄉兒女也需要她回去，在我們搬家之後，她就流著淚走了。

剛搬到霞飛坊，電燈尚未接通，晚間要點白色蠟燭照明。我向母親要了一冊硬皮日記本，記得裡邊是豎格的。我雄心勃勃，表示要每天記日記，把生活經歷寫下來，無奈識字不多，寫不成句，沒幾天就中止了。我很生自己的氣，這樣沒出息！

有一天母親拿來毛筆、硯臺和一些紙，囑咐我書寫父親墓碑上的字。我從未練過毛筆字，眞是惶恐之極，面對這令人畏懼的工具，突然覺得十分可怕，它們豈是我小孩子所能使的？父親天天用毛筆寫字，因此我認爲這應當是大人的事，做夢也想不到會要我寫毛筆字。而且寫的竟是父親墳上的碑文。但母親堅持鼓勵我寫。她說：「爸爸的墓碑，誰寫都會受到牽連，你是兒子，又是孩子，他們抓不到把柄的。」就這樣，萬國公墓裡這塊字，幼稚的「魯迅先生之墓」，總算是我獻的醜。這水泥碑現保存在上海魯迅紀念館裡。每當我走近它，都會感到又傷感又慚愧。

住了沒幾天，有個早晨母親醒來（我睡在她身邊），發現太陽已經從南窗曬到床前，母親很詫異，要看鐘點，一摸床旁茶几上的銀質懷錶失去蹤影。轉過頭去，又見大櫃門敞開，櫃裡空蕩蕩的，僅有衣架懸著。檢查下來，母親的海虎絨大衣和我一件呢大衣和幾件衣服都不見了。還有錢包裡的鈔票也不翼而飛。粗笨的東西倒沒有少。走到窗前，從那張父親寫作的桌子上可以看出，那竊賊有一個淺淡的赤足印，那五隻腳趾顯出是個成年人。母親當即向弄堂的巡捕報告。不久來了四五個人，職位最高的是穿著黃卡其佩有肩章的法國巡捕房的捕頭，另幾個是中國人「包打聽」。他們聽了失竊經過和初步損失後，當即拍胸脯保證迅速破案，包賠損失。隨後偵查竊賊進來的窗口。這裡窗外有個挑出一米寬二米多長的平臺，用以遮擋天井和客堂的雨淋滴水。顯然盜賊是從鐵門爬到沿牆，再從這平臺翻進來的。正查看時，又發現窗沿上插著三支燒盡的香杆，杆紫紅色，寸半長，粗細如牙籤的中段，香灰灑落在窗邊，呈極細膩的淡灰色。發現香杆的「包打聽」輕輕驚呼一聲，喊同伴來看。他們輕聲交談一會兒之後，個個面部表情便顯得沈重起來，不作任何交待，就匆匆離去了。從此，巡捕房、房東各方面不再提起此事，當然亦無賠償了。可見江湖上所傳的「悶香」確有其物。只不知為何連法國巡捕房的人見到這種「高檔」盜竊竟也會退避三舍溜之乎也？

霞飛坊靠近南昌路的出口。右立者是筆者老友馬永慶。

我的過錯

經過這次失竊，家裡發生兩個變化。小

變化是找鐵匠鋪裝鐵柵窗。之後，便再也沒有小偷來光顧了；大變化是經母親的懇求，叔叔周建人一家搬來我家，住在一樓客廳。他們原先住在雷米路穎村的一幢三層樓房裡。與叔叔同住這幢樓還有馮雪峰（一樓）和胡風（三樓），叔叔住的是二樓。這房子是馮雪峰租下的，離霞飛坊不遠。

母親求叔叔一家搬來同住，一方面是害怕盜賊，同時也考慮到這樣可以節省開支。父親治病和喪事，支出了近六千元，加上新家的搬遷押金和房租又要花去幾百元，以致一時變得手頭很緊。叔叔搬來，就能共同開伙，大家都能省去不少日常開銷。在傭工上，也可以省去一個人。當時叔叔有個紹興女傭阿三，阿三個頭矮，有雞胸，想必幼年患過軟骨病。

自從叔叔搬來後，我們的伙食從母親的半廣東半紹興的菜式，變成徹底的紹興口味了。記得日常總有黴乾菜燒肉、黴千張、黴豆之類。直到母親晚年，還自己做黴豆吃。還「引申」到自製黴腐乳。滬上的豆腐店鋪，可以定製一板豆腐，但必須告訴他是做腐乳用的。這種豆腐切成小方塊也不倒、不碎、不散，布於竹木托盤裡，過幾天，每塊小豆腐上慢慢長出絨毛，聞著有一股淡香。待坯子開始變軟，濕潤潤的，這時可裝入罐子或玻璃瓶中，愛辣味的可放進辣椒粉和鹽末，再注入涼的花椒水過面，封緊，大約二周後可食。母親每次做的總不夠分配親友，大家都讚不絕口：「許大姊做的廣東腐乳好食」，紛紛有來索取，以致此後每次連做二板、三板也不顯多。母親是廣東人，卻愛吃黴豆、黴千張、臭豆腐之類，這跟嫂叔兩家合作開伙大有關係。我長久受這種生活習慣的熏陶，不僅喜愛這種風味，還愛吃黴莧菜梗、寧波臭冬瓜，甚至連帶著綠色絨毛的法國臭乳酪都能吃，而且欣賞水平不低，受到同席老饕的欽佩。

叔叔全家搬來合住對於我來說是最高興不過的事。從此，我從寂靜孤獨的「獨生子女」搖身一變而為上有兩個姊姊，下有一個妹妹的多姐妹家庭。大姊名周曄比我年長四歲，二姊名周瑾，我稱呼她「小姊」（這個姊字用紹興發音：「基」），妹妹周蕖小我三歲，故我也直呼她小名「蕖官」。我把自己完全融入這三姊妹的生活裡根本未意識到孩子之間尚有叔伯堂兄妹之間的男女差異和家庭之別，以致後來發生這樣那樣的糾葛和不愉快，我現在回想眞是不勝汗顏。

那時我已從大陸新村附近的大陸小學轉學到海光小學一年級，與兩位姊姊同校。因此我們三個孩子（妹妹才五歲尚未入學）每天都由阿三一起送到校門，中午她拎個「飯格」來給我們送飯。這在當時很普遍，只要住得稍遠都這樣做。飯格是搪瓷製的，分四層，末格大二分之一，用以裝米飯。由於我們是三個人吃，所以另外還有個盛飯的小鍋。小學生正是容易肚餓的年紀，又不能像在家裡，肚子餓了總能摸得到些零食充饑。因此還沒等到中午下末節課，早已個個饑腸轆轆了。看到阿三送飯，未待她安排妥帖，我們三人一擁而上，爭吃得津津有味，阿三攔也攔不住，只能聽由我們搶奪。幾天下來，姊姊年長謙讓，我總能多吃一些。阿三回到嬸嬸面前，說些什麼可想而知。於是下次送飯來，兩個姊姊合餐，我另一份了。

再說洗浴。當時熱水要用「銅銚」（即銅質水壺）燒熱，兩銚熱水注入浴缸，這才冷暖調勻。我們四個孩子，開頭妹妹和我先一齊洗，浴後同一盆水，再由二位姊姊用。不久，讓我第一個洗了。我表示應當讓妹妹也來同浴，吵個不休。母親走來勸阻，說些什麼記不清了。從此，母親多了一個任務，另煮熱水，替我單浴。現在想到，父母洗浴時，和我共浴室赤裸進出，可以不相迴避，但堂兄妹之間該是「男女授受不親」的。可是那時我才七歲，根本不曾意識到這些。

第三件事，孩子總想模仿，不論女孩男孩，全有過「過家家」這種遊戲。有類比的，也有像眞的。當時有盒裝成套的兒童玩具小鍋、小食具。但我們幾個覺得玩假的不過癮，就把生大米放在玩具鍋裡，加了水放到煤球爐上煮成稀飯，可以吃，味道頂香的。我們總是下午煮。但是，煤球爐火午飯後就封了，小鍋煮不開，我們就捅開火，大模大樣地用大火燒稀飯了。現在回想起來，那時煤球十分金貴，這樣浪費自然是不能容忍的。阿三因此封了火，把小鍋稀飯移到爐子邊緣。我走來取稀飯，不小心手被小鍋燙了一下，整鍋粥便傾注在我左腳上。我趕緊脫下襪子，除了起兩個大水泡，還拉脫一塊皮。粥又不比開水，黏稠不會流動，所以傷得很重。母親仍是用（Dio）安氏止痛藥水包紮，鞋不能穿，又不能走路，只好坐黃包車去上學。這件事阿三免不了也要向嬸嬸稟報的。

第四件事是爲一輛小自行車，它是嬸嬸向親戚借來的。在此之前，附近有個小弄堂，叫做錢家塘，那裡的修車鋪有各種大小腳踏車出租，以鐘點計費。我們租來學習騎車頗爲興奮。由於租費不廉，嬸嬸才借來這輛自行車。每次在弄堂裡騎，三個孩子總是有兩個在旁等著，很不耐煩又不過癮。某一天，嬸嬸沒讓她的孩子騎車，她自己又不知在爲什麼家務忙碌著。我想既然這自行車是讓大家玩的，就沒請示嬸嬸，把車推出門口玩起來，還有一位「搭檔」，是隔壁六十三號的顧亞銓。嬸嬸聽到自行車的響聲，趕到門口來，從我們興高采烈的手中將車奪了回去，藏進自己的房間。次日放學回家，便不見這輛車了，必定是物歸原主了吧。

沒過幾天，叔叔向母親說，夏丏尊住在本弄三號，家裡冷清，有空閒的屋子，讓他們搬去做伴。這樣，叔叔一家便搬走了。母親歎了口氣對我說：「我們難道不冷清、不需要陪伴？」而我從心裡明白：錯都在我！

《魯迅全集》的出版

叔叔一家搬走後，我正感覺冷清之時，恰好父母的朋友們感到時勢越來越緊張，建議母親儘快將父親的著作全部彙編成集出版，以免湮沒流失，再說霞飛坊又有空閒的房子，正可作編校的場所。爲此專門成立了編輯委員會，熱心的朋友陸續前來報到，這樣，我們家又重新熱鬧起來。

一九四三年十二月十九日攝於霞飛坊弄堂。母親和王洛華（王任叔夫人）。母親被日本憲兵抓捕後，我避住到「王師母」家數日。我使用的是Kodak方匣的Brownie相機。

編校場所設在客堂和亭子間兩處。亭子間本來不寬敞，坐在裡面的人卻不少，我記得有林玨和他的夫人周玉蘭，以及吳觀周、蒯斯曛等幾位，以至桌椅相接，空間很小，凡有人進出，都得相互起坐相讓，爲此還鬧出了不愉快。這事起因於吳觀周先生開了個玩笑。因大家都面對面貼近而坐，吳先生便幽了一默，說：「我這個觀周的周，就是觀看周玉蘭小姐的周。」不想這話傳到林玨先生那裡，竟認眞起來，大概以爲這是在吃他老婆「豆腐」，於是興師問罪，鬧了起來。幸虧蒯斯曛先生（我記得還有唐弢）等幾位出面勸解，又將座位做了調整，此事才得平息。

全集的日常編校相當忙碌。校對按流水作業，初校二校大家做，末校定稿由王任叔和母親等人負責。印刷廠打出校樣，印在一種薄質紙上，半透光，背面粗糙不能印刷的。校對錯字用紅墨水，也有用毛筆、沾水筆的。改正後速送印刷廠修改。在校對過程中，有時會遇到具體問題，比如文章有些用字，父親有他的習慣和歷史因素，而校對的朋友也有他的習慣用法，往往按自己的理解改「正」，這樣，未校的負責人就比較辛苦，若不對照原稿，只顧一路順暢地看下去，比錯別字更難發現。這些校對過的舊紙，最終的貢獻是置於廁所當手紙了。

每日午餐由編委會供應。那時有許多包飯作坊（上海人叫「包飯作」），談妥每月入伙人數和價錢，按日中午挑擔送到，一頭是菜肴，另一頭是白飯、碗筷。每每「試吃」和月初幾餐，菜肴質佳量豐，我也嘗過，滋味確實不錯。但到了月中和月末，逐漸葷少素多，直到吃不飽只得另換一家爲止。包飯幾個月下來，大家都吃得膩味了，乾脆自尋門路，到小攤販那兒去吃麵條、烙餅和餛飩。後來發現環龍路有幾家「羅宋大菜」店鋪，夥計山東人居多，雖然每客價錢要比攤販貴不少，但是桌子上都放置一大盆切片羅宋麵包，烤得外殼香脆，很是引人食慾，放開肚子吃，吃完再添，店東不皺眉頭。至於主菜，每客一菜一湯，菜有三五種可以任選其一，也只是炸豬排、魚排、大肉餅而已，湯約二三種，羅宋湯上漂浮著酸奶油，還有一片煮得毫無鮮味的牛肉。但窮文人們還是樂於喝它，因爲畢竟多少有些油水，賴以解饞。偶爾，有幾位年輕的看我孤單可憐，也帶我去那裡「美餐」一頓。

《魯迅全集》很快就出版了。分爲木箱精裝紀念本和沒有木箱的精裝本；再有一種，是紅色布封面裝幀，這是普及本，便於低薪階層購買。因爲還收集了父親的翻譯作品，全集共有二十卷，堪稱洋洋大觀。魯迅生前未曾出版過他的全集。一九三八年母親將魯迅的全部文稿（包括譯文）編成《魯迅全集》。這就是大家通常說的一九三八年版。

不久，隨著抗戰形勢日益吃緊，連住在租界裡也人心惶惶了，這時那些原先協助全集出版的朋友，除了少數堅持留下來，大都紛紛向後方撤退。這樣我們家重又變得空蕩蕩了。但這日子並沒延續多久，爲了生計，母親後來陸續將一部分房間租了出去。這套全集的紙型，更成了我們在孤島賴以生存的依靠。這些都是後話。

霞飛坊鄰居

初搬進霞飛坊感覺是靜。住戶不多，弄堂出入人員稀少。我們這批七八歲孩童在屋裡待不住，總跑到弄堂裡去玩耍。

早晨弄堂裡瀰漫一股酸溜溜牛臊味，洗碗的排水溝裡，漂浮著很厚的黃白色油膩。這是從我家右側隔六家的七十號、白俄住宅裡流出來的。這家的俄國主婦每天總要燒一大鍋湯，用的是大塊牛脛骨、蕃茄、洋山芋、洋蔥頭。據說還要加發酵的酸奶油。這倒是眞正的「羅宋湯」。那時，白俄手頭尚有從國內帶出來的細軟可以變賣，生活還比較富裕。弄堂口有家山東人開的雜貨店，主顧大多是白俄，還有法國僑民、猶太人等。店門洞裡擺放著大桶醃酸菜，裡面盛著切碎的洋白菜，點些許紅辣椒和香葉；冰箱裡是牛肉香腸之類，還有切開的雞肉。櫥窗上掛的是煙薰蠟黃流油的鰻魚段和骨刺很少的魚塊。店裡還懸掛著各色香腸，從外表看去，粗細不一，有些肥肉粒凸起，它的表面呈紫色。這些高檔西洋臘味，價格甚爲昂貴，在我們這批搬遷來的文化人中沒有見到去購買的。店旁一家煙紙店有另拷黃酒和白乾。

早晨總見到一個穿破爛西裝的，我們叫他「洋裝癟三」，帶著隔夜的醉醺氣，踅到櫃檯前，摸出一角錢，不說話，小店夥計拿出一隻玻璃杯，傾入大半杯燒酒。只見他一仰頭，咕咕幾口灌了下去，再憋出一口氣，便蹣跚而去。他的國籍，或者根本就沒有國籍，大約誰也不曾去查考過，後來不知所終，只發現他忽然消失了。

七十號的白俄家庭有個五、六歲金黃頭髮的女娃娃，活潑愉快，經常在門前遊玩，只聽到叫她尤拉。到一九四五年秋日本投降，美軍水手大量抵滬，出入於燈紅酒綠的酒吧時，尤拉剛發育成少女，只見她手挽美軍水手招搖過市，一天要換幾個主。可歎她不經幾年，已經蓬頭灰髮，面容憔悴，像個四五十歲的老婦，一個女人的青春光輝就這樣瞬息而逝了。

住在這裡還有個好處，就是各種美味小吃會送到家門口來賣。晨曦初起，傳來的是廣東點心叫賣聲：白糖菱交糕、馬拉糕、鹹煎餅……還有蘇州赤豆粥和餛飩擔的敲擊聲。這些在今天看來極普通的點心，對於那時文人家庭的孩子來說，只有聽的資格。上學前的早餐，總是只有鹹菜加泡飯。稍遲，就會有叫賣水果的擔子挑進來，「嘜！西路密桔！大格密桔！」這類食物也是面向弄堂裡遲起床的「白領」階層太太們的。夏日傍晚叫賣的有高郵鹹蛋、沙角菱、臭豆腐乾。還有兩端挑著圓擔子，賣的卻是醃金花菜菜、芥臘菜、甘草梅子，是一些醃漬過的口味較清淡的小菜，可以白（空）口吃也可下泡飯。這吃食不貴，一般人買得起。你向小販買的時候，蘇州人小販就在上面灑些甘草細粉，叫做「甘草梅子」，這些是少女們喜歡的閑食。男孩子則往往買有咬勁五香豆嚼。到了冬日夜晚，靜寂的弄堂裡便能聽熟悉而蒼老的聲音，總是不慌不忙，也不特別響亮地喊著：鴨膀鴨舌頭、五香茶葉蛋、火腿粽子、檀香橄欖。這時候，我已矇矇朧朧開始進入夢鄉了。

住在霞飛坊的文化界人士可也不少。隔壁六十三號是顧均正，他曾在虹口梧州路開明書店工作。還有也從開明遷來的夏丏尊、葉聖陶、金仲華、索非、唐錫光。再有三十五號的章錫琛和王伯祥，三十三號的劇作家陳西禾。巴金住在五十九號索非家的三樓。這幾位都在霞飛坊住過幾十年以上。蕭軍、蕭紅也來住過短時間。日本友人鹿地亙因避難也在我家短期住過。下面就我熟悉的逐一予以介紹。

顧均正先生

先說我家隔壁六十三號的顧均正。他家早於我們三個月從狄思威路麥加裡（現溧陽路九六五弄）搬來，是索非幫助介紹的。他先預付三個月房租，自住二樓和亭子間。一樓三樓借給洪姓和金姓兩位房客居住。

顧均正先生。

抗戰爆發，上海淪陷成孤島，開明書店內遷，顧先生留守，每月只有三十元的生活費，無法養活一家七八口人，只有白天上班，晚上伏案拼命寫作，常到深夜一二點鐘。

顧先生是科普作者，在中學教化學課。日寇時期，每戶每月限用電三度。那年代，煤油是軍用物資，老百姓用電不夠，只好點豆油燈。記得那時顧先生領我們幾個青少年鑽研提高植物油燈亮度的方法，從燈芯、上油方式的改變，到使用酒精燈燒玻璃管拉製燈罩，用各種異形進出氣口徑，強制通氣以增加氧氣供給，通過不斷的改進，燈芯的光焰，竟然因燃燒溫度上升而更亮了，效果居然接近小煤油燈，讀書做作業，不再是燈光如豆了。令我難以忘懷的，還有顧先生用科學方法生煤球爐。那時木柴稀缺，他切細成絲條，在爐膛裡搭架成交叉狀，用半張報紙，澆點酒精，竟然也把劣質煤球生著了。記得那時每戶人家，每餐燒飯煤球按個數使用，一旦多耗費，就不敷應付到月底了。當然，也有黑市煤球可買，但囊中空癟的文化人買了煤就沒了買米錢，哪家不是「數著米粒」過日子的。有一日中午我到他家，聽到孩子們歡欣鼓舞像過節般地在吃飯，我走近看去，桌上沒有菜，只有一罐豬油用以拌飯。

就在抗戰勝利前一年，一九四四年秋天，一日吃晚餐前，顧夫人周國華（一九九二年二月十九日在北京逝世）來叫母親去他家。原來顧先生要告訴母親一個奇特的消息：滬地的舊書鋪子接到北平書肆傳來一份書目，說是周作人要賣魯迅在北平的藏書，書目有一厚冊。母親一聽幾乎昏了過去。為了保護父親文稿、遺物，母親寧願堅守孤島，為此而倍受日寇凌辱迫害（見母親《遭難前後》一書）；而身為胞弟的周作人竟要毀掉魯迅遺物中重要的一部分——藏書。母親即托顧先生再去尋找熟朋友打聽詳情。

兩三天後，得到證實的消息是：因滬平兩地戰亂匯兌難，北平朱安女士手頭拮据，生活有困難，理所當然要向小叔子周作人暫借些柴米錢。周作人竟借此慫恿朱安賣書，讓北平圖書館的幾個職員清理魯迅藏書，開錄中外文三冊詳細書目，交給書商去推銷。由於商界的競爭，書目才傳到上海來了。因索的價是個令人吃驚的數目，不然北平的書肆爲何不馬上一口「吃」下來？顯然，這書價必是內行的周作人開的。又有消息說，大漢奸陳群表示要全部包下。這事讓藏書家鄭振鐸得悉了，鄭先生歷年收藏善本舊書，和舊書商有極深交誼，所以書商把這「秘密」透露給他，由鄭傳給開明書店負責人王伯祥，輾轉相告母親的。

母親表示，家裡的東西，不論粗細，除了該保存的父親遺物，可賣可當的就當盡賣光，再有不夠，哪怕四處籌借，也要把這些書籍全部搶救下來。若一旦散失，將來必如大海撈針，再也無從搜回了。當這不惜代價收購的消息傳到北平之後（沒有透露是誰要全部買下），不久又傳來：在售書目錄裡，有若干善本古籍，已被周作人圈掉占爲己有，而售價仍舊不變。各書商聽得此種從未遇到過的不義行爲，紛紛搖頭表示不屑。

母親的另一想法是托北平的老朋友去勸阻朱安女士，同時急籌一筆錢送去，解除她眼前的困難，以此釜底抽薪之法使父親的北平藏書不被變賣，周作人的招術才會落空。於是，即托唐弢、劉哲民二位專程北上去向朱安女士說服安慰，保證她的生活費一定及時解決。之後，母親籌措了一筆錢，存在北平友人處，按月送給朱安女士，這才避免了因戰亂而致匯兌阻隔造成她生活的困難。當然，鑒於我們母子自身的困境，每月能付給的生活費是不多的。而此時，周作人卻過著擁有多個傭工、管家、車夫的上層生活，與之相比近在身邊的嫂嫂所過的日子差別是多麼懸殊！

顧先生原在商務印書館工作，後轉入開明書店負責編寫理化課本。他自學成材，沒上過一年大學，卻發表了百餘篇科普文章，有《在北極底下》、《少年化學實驗手冊》等等，受到青少年讀者歡迎。一九四五年抗戰勝利，國民黨接收了《正言報》，想邀顧先生任兒童文藝副刊主編，待遇優厚。但顧先生得知這是國民黨三青團的報紙後毅然拒之不去。

索非先生

回憶顧均正先生必然要想起索非先生。因爲在霞飛坊，顧、索兩家不僅住得近，他們倆還一起推動科普事業，這在當時十分難得。

三十年代後期，在我國科普落後的情況下，他們二位原已經創立「天工實業社」以推進青少年科普教育，這恐怕已經鮮爲人知了。他們合作於一九三五年，研製一種「渾得消」的化工膏劑，抹塗在玻璃窗和鏡面上，能有效防止霧氣吸附。之後，又生產一種自製玩具橡皮氣球，買回去一份套件，可以自己浸汲橡膠液在玻璃胎具上，硫化之後剝離下來，便是可以吹脹的大、小氣球。並可以摻入多種顏色，使之色彩繽紛。現今孩子們都掏錢買現成氣球，而在三十年代自製氣球，不亞於今天搞航模，是有難度的。

索非住在五十九號，從樓下廚房進去，堆得滿滿的都是上述待銷的科普套件。各式大大小小的玻璃杯、玻璃試管，橡皮塞和橡膠管，大大小小棕色藥瓶、木箱、紙匣，從地面一直堆到樓梯轉角頂。這是因抗戰爆發，推銷不了，積壓在此。他們二位還研究設計一種「少年化學實驗箱」，附加一本有原理有實驗的手冊，可以按手冊順序做一百多種試驗。我第一次進入化學境界是索非先生送我三支試管、兩瓶化學藥物。配出澄清的內含藥品的二支清水，倒來傾去，清水魔法般地變成櫻紅色，又可複回清澈，神奇有趣。我在小學同學面前變這戲法，小朋友十分驚奇。從此，我對化學實驗產生濃厚的興趣，不能不說是受索非先生影響所致。我在後面將專門講到，在此不贅。

霞飛坊五十九號巴金的房東索非先生。（台北攝）。

據我記憶，索非是學醫的，大概沒有行醫執照，故沒有掛牌開業，只爲親友治治一般小毛小病。他有兩個孩子，一男一女，兒子名叫「鞠躬」，現在是中科院院士、西安四醫大神經科研專家；女兒取名「沉淪」，後改名沈淪，曾工作於上海海燕電影製片廠。沈淪一度是我的女友，她曾以極大的秘密告訴我，她本姓周，我和她的關係因多次「失之交臂」而終止。

索非多才多藝，愛好古典音樂，家裡有落地式手搖唱機，那時擁有這種高級「音響」，不亞於如今擁有三十四吋彩電。這是他從舊貨店買來的，估計代價不

巴金、索非聆聽唱片的落地式手搖唱機。

會很貴。古典音樂唱片，他收藏不少。但對我來講，聽來如「對牛彈琴」。索非在話劇界也有一些影響，朋友有陳西禾、師陀、柯靈等，曹禺的劇本在上海公演，他曾是曹禺的全權代表。巴金著作的出版，也是他出面的。一九四九年前，索非和開明書店老闆章錫琛合作不下去，矛盾很大，正好范壽康任臺灣省教育廳廳長，邀他去開辦書店。他在那裡先辦「臺灣書店」，後開「友信書房」。

他長壽，一直活到九十高齡，於一九八八年在臺北病逝。他女兒曾去探親，兒子因是軍籍未得前往，父子五十年兩岸相隔，至死都不得一見，實是件悲傷的事。

巴金先生

索非家的三樓，曾住過巴金的三哥李堯林。他因患肺結核，靜養在房裡深居簡出。由於他是病人，我到五十九號玩耍，從不踏進他的房間。我甚至記不得有沒有與他交談過。只感到他文弱、清瘦，臉色較差。

巴金那時還單身一人，住在霞飛坊時間雖不長，卻完成了《春》和《秋》兩部傳世名著。記得那時常有一位年青姑娘出入霞飛坊五十九號探訪巴金，我當時才十幾歲，猜不出她是學生還是不定期的助手，最深刻的印象是她生性活潑，講的是寧波口音的上海話，頻率高，速度快。她每回來訪，巴金總是語言不多，但很有耐心。這位姑娘就是蕭珊。經過八年馬拉松韌性戀愛，她終於成爲巴老海枯石爛心不移的終生伴侶。這方面，巴老有許多回憶篇章，這裡就不多寫了。

抗戰勝利後，巴金夫婦回到霞飛坊，仍住五十九號三樓。那時他倆已有女兒李小林。我記得她每天從後門出來，喜歡在弄堂裡拉著一把小竹椅，又當車又當馬，愉快地奔跑著。不多日子，椅腳磨歪幾乎坐不得了。她母親在旁監護著，不時驚呼，要她當心摔跤。夏天悶熱，傍晚居家習慣在弄堂裡一邊納涼一邊餵小孩兒吃飯。蕭珊總是很有耐心，一邊看著小林吃飯，一邊在旁唱兒歌。遇到賣鹹鴨蛋的小販經過，就買下幾隻，小林吃得越發順當。滬上賣鹹鴨蛋的小販都手提一個竹籃，浮面有三四隻外殼開口的淡青綠色的高郵鹹蛋，去殼的地方漂出一汪紅油，很是吊人胃口。在那個柴米油鹽樣樣昂貴的年代，一隻油汪汪的鹹鴨蛋對於爬格子的文化人家庭，不啻是美味佳肴了。

巴金和我父親的寫作習慣相仿。晚上九十點開始動筆，直寫到清晨。吃住很簡單。踏進他房間，裡面並沒有各種厚重書籍和大小字典滿桌子堆放著。僅僅是臨窗一張桌子，邊上幾把椅子和床，餘下的空間，是一排排書架和書櫃。室內光照不強，黑洞洞地令人有神秘感。有時聽到客人的談話聲和爽朗的笑聲，隨著談話聲抑揚傳來，門口飄逸出一種香氣，那是陳西禾、黃佐臨來訪時專門燒煮的一種飲料，黑而且苦，

一九八六年十月二十日巴金的客廳。巴金嚴肅地考慮後說：應當有「文革博物館」以教育後人。

我不明白大人爲什麼會喜歡喝它。

鞠躬（索非的長子）告訴我那是咖啡，有的客人連糖也不放呢。他還指著一隻立式鋁壺講，壺裡套有鋁芯，上有佈滿小孔的盒，咖啡粉按客人人數增減納入，小罐盒伸出一根管子到壺底，水沸之後隨壓力升到盒面，噴灑而入。咖啡淋出汁到壺裡，三分鐘即可。有些人不懂煮咖啡的訣竅，任其沸騰，待香氣滿溢四鄰，苦澀全部浸出，掩掉了甘純之味，杯中的飲料只剩苦水一杯，這就外行了。我倆還常常領得去購買咖啡粉的任務，從霞飛坊朝東穿出弄堂，三分鐘路程，便到霞飛路「DDS」酒吧旁的咖啡豆專賣店，距店幾丈遠就能聞到焙烘著的咖啡豆的芳香。咖啡豆盛在落地透明長筒形玻璃缸內，顏色有黑棕、棕黑、棕褐、淡棕，依焙炒火候強度而各異。豆子有發亮的和發暗的，據說那是炒時放入了白塔油。豆粒也有大中小之別。旁邊還有幾筒未炒熟的生豆子，深綠色的。也許有些老饕願意自己動手烘焙吧。可是對於咖啡，父親生前並不熱衷，還曾經說過，他把喝咖啡的時間留下來寫文章。而巴金他們這幾位咖啡愛好者，文章依然噴湧而出，並未誤人誤己。我呢，後來也有了喝咖啡的習慣，並且深諳燒煮的訣竅，卻並無出息。

巴老是四川人，多年在外，仍一口濃重的鄉音。對我們這些少年，不管自己心情如何，總很客氣。他平時愛喝濃茶，喝沱茶，更愛喝香濃的佳品紅茶，也有時見他買回茶磚，我們便幫他敲碎。巴老吃飯的菜肴很隨便，從不挑揀。那時小飯館價格低廉豐儉隨意，來客坐到吃飯時，同赴小館子極爲平常，並不認爲是一種「高消費」，客人也不會感覺是欠了人情而要改日來還。巴老和四川人一樣能飲酒，卻容易臉紅。他會多種外文，有時遠在底樓下就能聽到他的朗讀聲，抑揚頓挫，好似在朗誦詩歌，至於是什麼語種就不知道了。

吳克堅先生

吳克堅是當時上海地下黨財經方面負責人，夫人姚文輝是索非夫人的妹妹。我們都稱他倆姨夫、阿姨。姚文輝也在開明書店工作過，那是抗戰前的事（姚在「文革」初期，因不堪凌辱而自盡。那時她在北京建工學院任領導）。「八一三」抗戰初起，她公開了黨員身份，參加「上海市文化界婦女戰地服務團」到武漢，後去延安。抗戰勝利不久，她和吳克堅帶了孩子回到上海，由於一九四五年索非去了臺灣，他們搬來五十九號住過。待巴金也住回來，霞飛坊五十九號頓時熱鬧起來。

吳克堅身材不高，行動穩健，經常穿中式服裝，商人打扮。身份是霞飛坊靠霞飛路弄堂口左側的一家中型百貨商店「金剛公司」的經理，以此作爲職業掩護。夫婦都去工作時，孩子就委託顧均正夫人周國華照看，他們都還年幼，和我們玩不到一塊。孩子會唱解放區的歌，這使顧夫人大爲吃驚，總要立即加以勸止。吳克堅在五十九號居住不久，就轉移到赫德路（現常德路）一幢石庫門房子去，之後，他們又搬到善鍾路公寓房裡住，我去過幾次。

粉碎「四人幫」後，吳克堅落實了政策，一九八〇年，我們先後搬到北京復興門外一幢高層樓房，都住在同一號樓裡。吳克堅每天早晨堅持散步，步子走得很快，他說快步能鍛煉身體，快才有效。有一次突然病倒，據醫生分析，原因是走得過多過累，心臟肌肉承受不了。他於八十年代去世，享年八十多歲。

霞飛坊的小朋友

住進霞飛坊後，除了周圍鄰居變了，還有一個很大不同，那就是同學們很少來我家串門。因爲他們都住得不近。而我是從來愛熱鬧的，因此隔壁鄰居的孩子就成了我的玩伴。我們總是先有一個孩子在弄堂裡高聲一呼，大家便紛紛從各自的後門奔出來，霎時間，這條弄堂就成了我們的樂園，而在我們看來，這條弄堂又長又寬，世界很大，我們愛怎麼玩就怎麼玩。

我們玩得可眞「瘋」！先是玩溜冰鞋，那是四隻小鐵輪的，不敢穿雙腳，單支撐一條腿滑，那「嘩嘩」的響聲就響徹整條弄堂。因此每當我們玩得興高采烈的當口，有幢樓的二樓窗口就會伸出個男人的大腦袋來干涉，特別是那二三戶不曉得什麼國籍的高鼻子洋人更要大聲呵斥，他們說的是令人發噱的洋涇濱中文：「去！去！哇啦、哇啦！……！」還揮著手臂驅趕我們。不過我們不會氣餒，禁止一種，我們又玩另一種遊戲，反而吵聲更大。那是利用一隻空罐頭匣，放置地面的中間，分攻守兩方，以誰踢得最遠次數最多的爲勝方。鐵罐的優點是不像小皮球，會飛入人家院子而遭沒收，它只會在地面打滾，每踢一腳，便發出「噹啷啷」的巨響，這在我們聽來分外刺激悅耳。不過玩這種遊戲的時間，洋人已經被日本人強迫遷出租界了。

住在周圍的孩子們也玩本地的土遊戲。如抽陀螺（也叫打勿殺）、打玻璃彈子、刮香煙牌子、扯響鈴（抖空竹）等等。而我們這一圈子的孩子玩的是騎自行車，誰有車子，大家共用。學車的時候，由於我的「授」業，都習慣從車子的右側上車。抗戰勝利後，上海的車輛統統規定改變爲右側行駛，我們這批由我帶出來的十幾個右側騎士正好用上，感覺特別適應和方便。

稍微長大之後，頑皮的事更多。那個時候的氣槍用的是圓球形彈子，壓力小，射程短，往往麻雀被射中後，抖擻一下羽毛，又振翅騰空飛走了，令我們頗爲氣餒。有一次過年玩小鞭炮，便想到一招：把小鞭炮插在氣槍口，點著後遠遠地射進鄰居的室內，「啪」地一響，一定挺嚇人的。不過那時正過春節，是喜慶日子，「被害者」也不肯張口罵孩子，出來客客氣氣講幾句道理便算了。這事的共謀者中除了我，還有索非先生的兒子——如今的中科院院士鞠躬教授。他與我同歲。可見，頑皮的孩子並不都如我這般沒出息，也有人中俊傑。我們這批調皮蛋，經常要大小闖點禍，我感到這與那時家長的管教比較寬鬆有關，鄰居也礙於大人的情面，不肯輕易罵上門來。

待我們年齡稍長之後，便文明一些了，開始玩一種宜於在弄堂裡開展的運動——打羽毛球。它不會打破人家的玻璃窗，對行人也不構成威脅。我的體質又宜於這種小球，因此到了十六七歲，我的球技已經算比較好了。也就從那時開始，我迷上了無線電，成天地在家裡擺弄，還搞了個小「實驗室」，從此才「改弦易轍」不再是弄堂裡的「皮大王」了。鞠躬教授呢，他從小喜歡聽唱片，對古典音樂十分熟悉，講起來眞是如數家珍。顧均正的兒子比我大一歲，雖也喜歡聽音樂，但他家裡沒有唱片，便從短波電臺上去收聽。這時他和我一起學著擺弄無線電，也參加當時的「中國業餘無線電協會」。

總之，我們這些調皮蛋都逐漸長大了，不再幹那惹人嫌的遊戲了。但是，我們還有共同的愛好，那就是一道出去看電影。附近是國泰電影院，它上演的是首輪片子，票價貴，我們看不起。不過稍遠幾百米，就有五家二輪片影院，巴黎、杜美、上海、金門、平安電影院，我們就成了它的常客。看電影大家以看好萊塢片子爲主，國產影片很少去光顧。不過，杜美路上一座簡陋的房屋裡放映蘇聯電影，如「保衛史達林格勒」等衛國戰爭片我們都看過，並感受到很大的信心和鼓舞。

多年後，我重返霞飛坊，想找回少時的感覺，不料早已蕩然無存。只覺得這條弄堂又短又狹，毫無「寬廣世界」的印象。倒憶起了當年種種調皮事，不免汗顏，也不勝感慨系之。

母親的被捕

一九四一年，十二月八日，日本向英、美不宣而戰，隨即一天後就進入租界。日本當時聲稱，這次是向英美作戰，對中國人是優待的，就是抗日分子也予以「寬容」。母親的大多數朋友的看法是，日本人對魯迅先生很尊重，你向來沒做什麼事，絕不會對你怎麼樣的。誰知未過一星期，即同月十五日的清晨，母親就被日本憲兵抓去，關了整整七十六天，受盡種種毒刑和凌辱。後來母親據此寫了《遭難前後》這本書，讀者想已看過。我這裡再補充些有關情況。

雖然朋友們說了寬慰的話，但母親還是覺得不能不防。因此，當日本人進了租界之後，霞飛坊我們家裡仍很緊張。母親尋找書籍、雜誌、信件等等文字材料，以父親去世的一九三六年劃線，分別歸類。母親對我說：三十六年以前的，都可以往你爸爸身上推，我們是保存遺物，留作紀念，孩子長大了要看的。用這樣的理由搪塞，大概沒有事的，定不了什麼「罪」。因此，凡是父親去世後的一切「危險」品，母親都拿到廚房，由我負責燒毀。廚房間有一隻盤香管爐灶，爐膛裡盤旋幾圈水管，連接左側一隻儲水罐。這爐灶每戶都有，誰家也不用，因它耗煤太凶，但用來焚燒期刊書籍，卻頗感好使。只是，在這熊熊爐火裡，一冊冊書扔下去，感覺燒的是一份份心血和情

右邊是我的少年朋友謝綏星，他和我同榻而眠，目睹日本敵人搜捕母親。

誼，因爲我那年已經十三歲，開始懂事了，知道許多書是作者、朋友親自送來的，每本都有親筆簽名。我那時內心總想：現在看不懂，以後長大了看。況且其中有那麼幾本，我已略略翻過，半懂不懂地還很感興趣。所以，燒書像是在燒自己的肉體神經那樣痛楚。正在傷感時隔壁鄰居來反映了，說是屋頂煙囪向四周飄灑出片片紙灰。母親抬頭一望，弄堂上空像飛翔著無數黑色小蝴蝶，緩緩降落又隨著氣流又旋升起，吃驚之下，趕緊滅火停燒。幸虧霞飛坊沒有日本僑民居住，要是有人去通風報信就麻煩了。但地上還堆著這麼多書，該怎麼消滅？若是撕碎沖掉，馬桶豈不會被堵塞？末了還是燒。少量慢煨，勤出灰，隨時用水沖進地溝。這「工程」也有我的小朋友來援手，好在大家對東洋鬼子都恨得牙癢癢的，誰都願意幫忙。這樣，燒了整整兩天。可是那只儲水罐仍舊不曾燒熱，因爲燃燒報紙只是火光大，熱力卻不強。

此外，母親還做了別的預防工作，把親友通訊本保存在鄰居家裡，把抽屜裡我的氣喘藥物集中在一起，裝在小匣中，衣服用品也交待一番。最要緊的是告訴我，萬一她被捕，讓我到「王家姆媽」家裡去，絕不能待在家裡。她是王任叔的妻子，帶著孩子就住在附近。王任叔已避到外面安全的地方去了。除了請王家姆媽照顧我，母親還交待，一旦自己有事，該通知哪些朋友。母親想到的和能夠做的就只有這些。至於當時地下黨有過什麼考慮和安排，我至今不知道，也未有蛛絲馬跡可尋，因此難以推測。或許當時地下黨組織認爲我母親會平安無事也未可知。等到風聲越來越緊，眼看著日寇即將入侵租界，母親就拿了些隨身細軟，帶我到離霞飛坊不遠（似乎在永嘉路一帶）的許壽裳先生家去暫避，以觀時局發展。許先生是母親在「北女師」讀書時的校長，又是父親同鄉，可以說是至交。許先生當時不在家，夫人陶百勤接待了我們。她顯得有些老態，戴著高度近視眼鏡。母親讓我稱呼她許師母。

許家當時住在我國攝影界元老郎靜山的房子裡，他們似乎有著遠親關係。此時，郎靜山與家眷已遠去內地，房屋空著，正好供我們母子棲息。我於是在這些空屋裡到處遊蕩，當我進到二樓中的一間，只見整個房間的牆壁都被刷成深黑色，牆腳下還堆放著許多大幅照片，想是丟棄的作品，但在我看來它們的畫面都挺美。我現在懊悔當時爲何不揀幾張，這可是珍貴的藝術品啊。巧得很，有一年我與老伴去臺北探親，某日傍晚路過一家飯店，適遇郎大師在那裡過九十大壽，他正站在門口送客，我真想趨前問候，又覺素昧平生，不敢貿然過去。後來獲悉他騎鶴仙去，使我不勝惆悵惋惜之至。

我們在許師母家住了幾天，覺得日本鬼子進租界後市面還算平靜，便放心返回自己的家。不想災難立即降臨到我們頭上。

日寇來搜捕是在凌晨，我正睡得很熟，待夢鄉醒來，已經滿屋子人。帶領上樓的法國巡捕似乎完成了使命，站在房門口，沒有插手，漢奸也沒有翻尋物品。只有日本憲兵在翻箱倒櫃地搜查，但他們的目標似乎只是文字材料，也不像電影裡表現的那樣故意亂砸亂扔，而是從櫃子和抽屜裡集中他們所需要的，用我家的布包裹而去。搜查進程中，日本憲兵看到我的一本定位式集郵冊，按國別排列著外國郵票，空白框位裡插著郵票照片，以便按圖索引地搜集填補。大概由於它的說明文字都是英文，以爲是什麼重要材料竟也席捲去。他們把母親抓走，同時帶走兩包東西，那時天色已將黎明，母親的回憶錄裡講到的收音機，是日本憲兵走了之後，漢奸又返回來拿去的。這是一架剛剛買了兩三個月的五燈國產收音機。弄堂裡似乎沒有安插盯梢的，因之有鄰居來探望我並無阻礙。等到天亮後，按母親的囑咐，女傭雙喜就送我到王家姆媽家裡去。

王家姆媽一聽到母親被捕，立刻打電話通知各界朋友。她家是三房客。二房東在樓梯旁裝有壁掛電話，王家姆媽連續打了好多個，中午、下午都有通話，內容都是讓朋友們隱蔽。不多久，常姨和母親別的友人來探望我。常姨又一次告訴我，他們全家要返回營口去了。常姨待人親切和藹，從不高聲發脾氣訓人，對我更愛護備至，視同親生骨肉。我當時年紀雖小，感情卻十分敏銳，父親的去世，心靈已經受到極大的傷害，如今母親又被日本鬼子抓去，就像剛剛經歷了一場巨大地震，感到這世界一片荒涼，舉目無親，惟一可以依賴的就只有常姨了，而她竟也要離我而去，我爲此極其傷感。因此當她的孩子建議讓我同去東北，還要將皮衣讓給我穿，陪我滑冰……我聽了內心極感溫暖，因此當常姨問我願不願意同去時，我一口答應。但是王師母聽了大吃一驚。她想不到我會自願送入虎口深處去。看來她以爲這事太嚴重了，便立即去告訴了建人叔叔。過了兩天，當我正在簡單打點行裝準備出發時，王師母陪著三媽（建人叔叔妻子王蘊如）來了，很嚴肅地叫我住到她家裡去，在旁的王師母接著說，她也即將回鄉下去了，我必須在滬等候母親出獄。還說了些別的警告的

「海嬰和媽媽一九三九年九月二十五日。」整十歲前二天攝。

話。我沒有別的選擇，只好隨三媽住到四明村去。

在叔叔家住了兩三天，常姨又來探望我，告訴我王家姆媽已經回鄉下去了。後來聽說是房東希望王家姆媽退租的，但是前幾年看到一篇文章，是「立信會計學校」創辦人家屬寫的，意思是王家的離開並非由於他們的催促。王家姆媽已去世多年，這事自然無從查考。但是我想在那險惡的年代，遇上這樣的事，誰都在擔風險，誰都要爲自己一家子人著想，因此一切是可以理解的。至於王家姆媽我至今仍懷念她，感激她當年收留我這「危險」的種子。

建人叔叔的家住在福煦路（今延安西路）四明村三十八號三樓，連帶一間三樓亭子間。亭子間住他三個女兒，我被安排在叔叔嬸嬸睡的三樓，靠西牆一個單人床。房間中央是吃飯的八仙桌，孩子們放學回家，就在這桌上做作業。屋北是雙人床，四周有支架，掛上布幔帳。房間外面左手角落是簡易的衛生間，有浴缸，但不常用。由於水壓低三樓經常沒有水，因此凡是白天用水、拖地板，都得從一樓拎上來。四明村的樓梯很陡，聽著嬸嬸提著鉛桶一步步沈重的踏步聲，每天要上下幾十次，眞是辛苦。叔叔家曾有個傭工阿三，現在由於經濟拮据轉到房東家幹去了。房東姓金，是嬸嬸紹興老家的遠親，做茶葉生意的。一九四八年春，母親和我與叔叔全家第一次回鄉，便住在他家裡。母親有過一篇文章《第一次到了魯迅先生的故鄉》記敘此事。

我那時還在讀五年級。因幼年哮喘和傷寒症耽誤了升級。住在叔叔的家裡，便就近轉入二位姐姐讀書的學校，校名光夏小學，它是光夏中學的屬小，有關這段學習生活，我將在下文專門談到，在此不多說了。不過有一事可在這裡一提，那就是在這樣的時局裡，我的身份具有一定的不安全性，叔叔為此沈思了一陣，決定為我重新起個名字。他說兩個姐姐和妹妹都用的單名：曄、瑾、蕖，你就用陶淵明的淵字，就叫周淵吧。那時，叔叔作為家長用的也是假名，叫「周松濤」，並刻了圖章，用在家長聯絡本上。周淵這個名字我一直用了八年，直到全國解放，我才得以恢復父親替我取的名字：海嬰。為了永遠紀念父親，這名字我將終生使用。雖然他說過：這是孩子的名字，長大可以換。

我在三叔家住，雖然只多添一雙筷子，卻使他們並不寬裕的生活愈加艱難。每餐要塡飽六個人肚子，其中四個還是正在發育的少年，從九歲至十六歲，個個肚子都像無底洞。為此叔叔嬸嬸眞是煞費苦心。主食是配給糧、六穀粉每月不足充饑，一般老百姓都靠買黑市大米過日子，那時弄堂裡常有些身上穿著臃腫棉衣的小販出沒，他們棉衣的夾層裡就藏著糧食。待雙方講妥價錢，他悄悄掩進你的廚房，脫下衣服倒出糧食。這些米販都是偷過封鎖線過來的，隨時都有被日寇刺刀挑死的危險，他們是在做著刀刃上討生活的買賣。因此買黑市米要比市價貴很多倍。但每戶人家又不得不買。實在過不下去的，只有離開城市回鄉這一條路。因此我們日常有鹹菜泡飯吃已屬美味佳肴了。紹興人本來勤儉，一般不起油鍋，大鍋裡放個竹蒸架，小菜都是這樣隔水蒸熟，然後面上澆幾滴麻油，取點「香頭」。嬸嬸製作紹興黴豆很有經驗，她把豆子蒸熟後，晾在竹匾上任其黴變，三五天後豆麵上出現一層白乎乎的絨毛，待絨毛稍落，豆身濕潤潤地，便可入鬂，這時再放入生薑末、花椒，還有等量的白豆腐乾小粒，最後沖入晾冷的淡鹽水，蓋嚴密封。不幾日便可食用。吃的時候，澆上麻油，最好是小磨的，其香撲鼻。這種黴豆，基本每餐必備，因爲菜量不足，只能以此送飯。寧波人叫做「壓飯榔頭」。這便是當時艱難生活的寫照。

建人叔叔每天從商務印書館下班回家，總是天色早已黑了。有時興致高了，從架上取下五加皮酒，傾注一小盅，慢慢啜飲。下酒菜是不計較的，酒也僅以一杯爲度。偶然有些日子，帶回一小包五香花生米，倒在桌上，我們孩子圍上去也吃上幾顆。這時，叔叔會講些趣聞或最近時局。兩姐姐後來很早參加革命，我想必與這樣的家庭教育和氣氛有關。我至今記憶猶深的是叔叔講到過一個土藥方劑。他說凡是年代久遠的古墳，在下葬時腳後必有一盞油燈，若干年後，如遇遷葬、修墳，打開坑穴時如果燈油未乾，刮下這厚厚的油脂，便是靈丹妙藥。那些長久不愈的「老爛腳」，取這油脂搽上，會有特效。這種油叫「陰油」。我不知道這「陰」字是否準確。以今日想來埋入深坑內的油脂，也許有某種細菌在繁殖，久遠年代後，生成某種抗生素也說不定。我在這裡特別要說的是，叔叔家雖然自己生活拮据，對我卻格外關愛。有時我放學回家，嬸嬸問我肚子餓不餓？我不願說假話，這時嬸嬸便摸出一碗餛飩錢，讓我向弄堂的餛飩擔買一碗吃。這種特殊的享受，兩個姐姐是輪不到的。

自從母親被憲兵隊抓去，建人叔叔就想方設法去打聽消息，不幾天就打聽出一些情況來，內山完造雖見不到面，但是傳話過來，不要緊，過幾天就會出來，是眞是假分不清，但願儘快成為事實。全國人民對日寇的憤恨都埋在心裡，對於我來說，這仇恨更深、更重。生活一步步緊縮，老百姓連吃大米也「犯法」了。糧店有時候只有賣「六穀粉」（苞米粉），還限量每人二斤。為此我和姐姐承擔了買糧的任務。我們清早就去糧店排隊，店門尚未開，買糧的人已擠得人山人海。我在二樓金家排的隊的前後檔裡占一個位置。買糧的時候，每人的手指要在紫色染料裡沾一下，以防多次排隊。但有的人又是想出竅門，用油脂預先塗在手上，這樣沾上的顏色就便於洗掉，也就可以再次去排隊。能買到六穀粉是十分幸運的，可省掉不少買黑市糧的錢。但是這種「平價」粉，不僅有沙，還夾雜黴變呈綠色的絨絮無法剔出。南方人又不會做窩窩頭，只能燒糊糊吃，大家稱之「六穀糊」。

母親在憲兵隊的情況雖然若明若暗，未知加的是什麼罪，不過所幸沒有聽到親近的朋友被捕，那些知根知底的也是已避到可靠的地方或乾脆回到鄉下去了。過了約有一個月，內山完造托人通知，天氣冷了，憲兵隊允許送毯子去。我們家裡都用的棉被，哪買得起毯子，啊！正在犯難發愁，內山又傳話說毯子由他解決。但是不多日，憲兵隊又通知取回毯子，叔叔不便出面，只得仍托內山派人去取。拿回家，以為當中必定夾著母親的什麼字條之類的訊息，但翻來覆去搜尋，什麼紙片布角都沒有。待母親出獄後問她，才知這條毯子又厚又寬，牢卒以為她多蓋了一床，硬要退回，還挨了狠狠一頓打。內山先生的好心，反讓母親多吃一次苦頭，這是他始料不及的吧。

常姨一家眞的要回東北了。她帶來二位哥哥告別，使我再度傷感。她留下一百元錢讓我買點喜歡的東西。四明村旁有個亞美公司門市部，那是蘇氏兄弟開的。我有了自己支配的零花錢，便在那裡買些製作礦石收音機的小零件和一副耳機。我的五十多年「業餘無線電」生涯，便是從這時而啓蒙，直到老年仍然愛好不減。

女佣錢雙喜。日本憲兵來時，她說三樓住的是別家房客，保護了三樓的文物、圖書。

母親被關了七十六天牢獄，受盡拷問、鞭打、凌辱、電刑各類審訊酷刑，釋放時兩腿痛楚不能行走。我見她兩腿膝蓋在月亮板下面凹陷的位置都有個二寸圓的烏青塊。以我現在的知識判斷，日寇對母親施的電刑電壓、電流相當強烈。若施刑時僅僅電壓高、電流小，行刑時的震撼雖大，對肉體的傷害還不會太明顯；如電流大電壓低，關節位置也不至於燒成烏青瘀血。當時的電刑一般都使用老式電話的手搖電機，那種設備是不足以有把兩膝燒焦的，而母親受的傷害如此之重，可見日寇殘忍之甚。

還有一點可補充的，在母親釋放發還的零碎物品裡，竟夾有幾個汽車發動機電器零件，還有一塊無線電發訊機的波長曲線圖，可供短波發報機按指定波段調整用。爲什麼將這些東西「發還」給母親，我至今還深感納悶。這些汽車零件當時我賣給店鋪，還挺值錢呢。

我家的房客

《魯迅全集》出版後，我家很快便住進了房客。

首先住進一樓客堂的，是廣東籍日本歸僑鄭老伯一家。母親讓我稱呼老伯夫婦阿公阿婆。在我眼裡，兩老總有六七十歲了，他們有九個女兒，九小姐只比我大二三歲，阿婆的實際年齡估計才五十上下。他們的生活起居、日常言談，完全是廣東式的。而我一向生活在紹興氣氛中，因此對看到和聽到的都很新奇。尤其是廣東話，它對我來說非常陌生。因爲母親雖是廣東人，卻從來未聽見她講過廣東話。父親在世時，也不記得有母親的家鄉親戚來走動。但我對廣東話雖感到新奇，大概是有著血統關係吧，心理上卻並不排斥。聽了不久，就漸漸懂得他們在說些什麼了，好比現在電腦的存儲，到了一定時候，便開始「輸出」。因此後來我也能講些廣東話了。直到現在，有關生活上的用語我還能講得比較流利。阿公阿婆家還有令我感興趣的，是用一隻葫蘆形的金屬圓柱治病。打開這金屬圓柱頂端蓋子，便見一層密集的針，細如毫髮。當有壓力揿按時，絨針縮入端內，似乎它們每根都會獨立行走。哪裡疼痛不適，就在上邊輕輕按動，用這絨針刺激皮膚表層，一提一放，「嗒嗒」有聲。見我好奇，拉我嘗試，在我的手臂上揿按，只覺輕微痲癢，頗爲舒服。他們還有一隻日本式胖肚炭盆，到了冬天可以取暖，還能燒沖茶的開水，和內山書店裡的那只相仿。沒想到正是這只日本炭盆在日本憲兵搜捕母親時，無意中爲保護父親遺物、書籍起了作用。

原來那天半夜日本憲兵衝進六十四號，先進的是一樓鄭家，開頭氣勢洶洶，待見到這只炭盆，日本憲兵說了一句「稀巴奇」，阿婆機智地用日語應道：「這是從日本帶回來的。」這下鬼子的凶相稍斂了。接著，阿公阿婆又用日語與他們聊在日本橫濱的生活，這就給了日本憲兵一個痲痹，讓他們產生六十四號不止一家住戶的印象。因此，當我家女傭雙喜說三樓住了別家，他們竟然信了沒去搜查。若非如此，上海魯迅紀念館裡收藏的文物，恐怕要大大地打折扣了。寫到這裡，我不禁要向鄭家阿公阿婆在天之靈致以深深的謝忱！同時我也要爲我家傭工雙喜記上一筆。除了鄭家阿婆，是她的一句話，才保全了父親的一部分遺物。雙喜是廣東人，由母親一位嫂嫂帶來上海，作爲痲利能幹的女傭介紹到我家幫工。可歎的是她身世很苦，先嫁給上海大場地區一位農民，丈夫不幸病故。直到抗戰勝利後，她才與霞飛坊一位姓周的裡弄保安結爲夫婦。多年過去再無什麼聯絡。所幸當時我曾爲她拍過一張照片，特附刊書裡，以表示我對她的懷念和感謝之情。

對於鄭家二老，我當時並不知道，原來他們是叔叔搬走後，經母親和馮雪峰商量，認爲請他們進住既放心又可以有個照應。他們的女兒都是好樣的：二女鄭玉顏是劉長勝的妻子，爲革命做了許多工作；四女鄭育之的丈夫是左聯成員周文，父親稱讚他是「最優秀的左聯作家之一」，常和胡風、周揚一起參加左聯常委會議。七女、八女也參加革命，是中共黨員。

母親出獄後，我們的經濟越來越困難。只得將住房一步步向上收縮，利用樓梯旁的邊沿堆放書箱，上樓需要側身才能通過，幸而霞飛坊建築堅固，書箱堆得頂著天花板，地板都下陷了，卻沒有出險。但記得有一天晚上，母親外出開會，囑咐我服了哮喘藥乖乖睡覺。正當我朦朧欲睡之際，忽聽到一些異響，睜大眼睛望去，只見床對面的書櫃箱正在一點點向前傾斜。我下意識地向床後移動，剛移到牆邊，剎那間書本像一堵牆似的嘩地倒下來，堆積在床墊床檔上。待母親回家搬開書本，那鐵管製的床架都壓彎了。假如當時我沒有本能地自我保護意識，也許骨盆砸碎，成了某種殘疾者。

二樓亭子間租給姓吳的兄妹。吳先生會拉小提琴，由於尋不到穩定工作，心境不佳，因此凡是聽不到琴聲，便是他們餓肚皮的日子。自然，那也是付不出房租的時候。這倒還是可以理解。令人煩惱的是吳先生在生活小節方面也比較粗糙，水龍頭常常不關，流水潺潺，母親聽到，總是喚我去擰緊。最討厭而又膩心的是，他常常解小手而不掀起馬桶蓋，弄得四周都是尿液，我每日僅大解一次，大不了擦一回，女士就免不了啧有煩言。提請母親出面去交涉，又往往得不到通達情理的回應，因而這種小事總是懸而不能解決，讓人心煩，卻又無可奈何。

為了多騰出房間出租，除了儘量壓縮存放書籍的空間，母親後來還將大陸新村搬

二〇〇〇年作者攝於舊寓大門前。

來的大床借給邵銘之先生，後來又借給過許壽裳的夫人。此床後來歸還，爲父親睡過的原物，現陳列於上海魯迅紀念館的故居。母親和我則縮身到三樓書箱縫隙裡去居住，以書箱爲臥床。這樣二樓也騰出來了，租給一位姓李的報館編輯。

李先生是山東人，姓名似乎是李秋生，是筆名還是化名不知道。他有個女兒叫李麗，一口京片子，說明是從北京遷居來的。李妻卻是山東口音。不久又從山東老家把寄養的兒子接來。他比李麗姊姊約小二歲，體形乾瘦而面黑，但在我們弄堂小朋友中間，頗受崇敬。因他會上樹掏鳥，身手敏捷，尤其會用小石子當投彈，本領高超，命中率很高。聊起鄉下的趣事，每每令我們又羨慕又欽佩。

最近，偶然從上海出版的《世紀》雜誌中看到，抗戰期間的《文匯報》編輯部同人中也有個李秋生，似乎就是我家二樓的這位房客。我於是托朋友向文匯報老人打聽，得知這位李先生當時在《文匯報》編副刊，後來去了《中央日報》，隨後又自己辦《正言報》。大約解放前後去香港，繼續以辦報爲業，思想傾向頗好，沒有發表過對大陸不利的文章。晚年定居美國，於九十多歲亡故。李先生還曾是個老布爾什維克，出席過黨的「四大」。看來我們黨也一直牽記著他，有一回文匯報老人嚴寶禮、徐鑄成兩位去香港，周恩來總理還特地請他們代爲致意，並邀請他回大陸來。

我也由此提起他的女兒李麗和「黑皮」兒子——我們一起玩的小朋友，不知姐弟倆現在哪裡，一切可好，我十分懷念他們！李家還有一個親戚，也是一口漂亮的京片子，名叫馬驥。他對話劇和電影很熱衷，也喜歡結交演員，後來自己進了演藝界。一九九七年春季，臺北的報紙刊出同名同姓的老藝人去世。我未及打探便返回大陸。我想是這位馬驥的可能性很大。

李先生本人喜歡幫助孩子們集郵。愛好者之間互通有無，這種郵品交換的方式，原是一種高層次的業餘愛好。令我感到不快的是李先生以「中間人」的姿態，調整相互交換的「等價」，往往把我從父親那裡得來的俄國、德國、日本的珍稀郵票，替自己兒子交換走了。由於他年長一輩，我又年幼，只好「忍讓」。但我心痛不已。

李先生住了約有兩年，說是「形勢緊張」，全家搬走不知去向，但有一件事尚可一談。一九七六年，我因公帶隊到西德考察身歷聲錄音技術，全團十個人預約在一家中式小餐館吃午飯。沒想到巧遇他兒子也在另一桌用飯，他們大約有三個人。相距三十年的歲月，他竟能一眼把我認準，喊出姓名。他告訴我在代表臺灣的某石油系統工作，混得不錯，並告訴我他住的旅館。回旅館之後，左思右想非常納悶。世界未免太小了，巧遇到同時、同地、同國、同餐廳、同午餐，五個「同」。上世紀七十年代，國民黨正下力氣搞「策反」，他們會不會利用幼年朋友，又是同住在霞飛坊六十四號的關係，向我（們）有所企圖亦未可知。因為我團的考察計劃半年多前報到法、德兩國，這情報台灣方面是很容易得到的，我向使館報告了這次巧遇。當晚，我們改換了旅館，離開原地，就再沒有別的動靜。如今已時隔二十四五年，我和李兄彼此已過了古稀之年，此文此段如果李兄見到，對這次相逢，不論是真的巧遇還是另有緣故，都祈盼你給我寫封信，揭開這個謎底。

霞飛坊六十四號還有一家房客，是鄭家阿公阿婆搬走後，經鄰居六十二號吳元良介紹住進來的。姓王。遷入時吳先生說是他的同學，曾學製藥專業，就讀於北方，現在畢業找到生化製藥廠的第一份職業，新結婚沒有尋到住房，要借住短期，今後你們自己需要用房隨要隨遷。這樣，這位王先生夫婦便住了進來。不久生了個女兒，很漂亮。他們一直住到抗戰勝利，母親收到胡風從抗戰後方經過沈鈞儒幫助（那時沈是律師）索回的版稅，便用這部分款子補償王先生，供他在亨利路「頂」了二樓的住房。這樣，六十四號的房客就到此為止。上海解放後，母親和我已定居北京，這所房子便退租了。

霞飛坊六十四號曾發生過一次火警，這事值得一提。那是我已經上初中的時候。有一天中午放學回家，門口擁了不少鄰居，抬頭向三樓陽臺望去，只見左側靠六十三號的小窗有煙霧泄出，陽臺裡有鄰居在接水，用臉盆潑著。母親在緊張地奔忙。不久有消防隊員趕來，身手敏捷地衝進三樓搶出箱子。幾分鐘後，隊長招呼隊員收隊。實際上，明火早已熄了，餘燼的殘煙在消防隊員到來之前也已經被鄰居潑滅。內行人講，幸虧那個小房間不通風，火勢起不來，也幸虧母親燃著的是裹包衣箱的麻袋套，更幸而當時母親沒有遠離房門。火勢熄滅之前，救火車並沒有進弄堂，只停在茂名路上待命。隊長問了起火原因，母親是「火頭」，要帶到隊裡問話、處理。他們還有個不成文的規矩：救火車出動，必須用水龍頭噴澆一通；若不噴澆，就要付「黃魚」（金條）兩根，不然「不好交待」。可是，家中那麼多書籍哪經得起噴澆啊，父親一輩子收集的各種版本圖書豈不將全部成廢紙？母親無可奈何，只能從這兩種命運裡選擇後者，正在為從哪裡籌集這兩根「黃魚」犯愁時，隊長在室內到處巡視，看到父親那張葬禮時懸掛在棺木上的遺照，他突然講：「哦！這是周先生，交關有名，交關有名，啊，沒事，沒事！好，收隊、收隊。」不待母親致謝，逕直下樓離去。一場不大不小的破財災禍，就這樣煙消雲散了。知道內情的朋友告訴我們，若非隊長曉得父親的名望，這筆竹槓是非要被敲去不可的。

第二天，母親整理被燒的箱籠，發現損失並不大，火焰僅在外殼肆虐，還沒有穿透進去。僅有一隻藤箱，裡邊的幾件日本衣衫受損，那是日本友人鹿地亙寄存的。但他們夫婦離滬到重慶去後，再也沒有見面過，這幾件衣衫已破舊，母親便不再保存了。

幾位朋友

楊先生

父親去世後，各方朋友都來慰問和關懷，給予我們母子許多幫助。關於這些，母親在回憶文章裡多有提及。而對於我來說，最值得懷念的是楊霽雲先生。

楊先生是父親的朋友之一，曾經搜集出版父親的《集外集》、《集外集拾遺》。過去他常來大陸新村，後來我們搬到法租界霞飛坊，他仍經常從徐家匯住處搭乘有軌電車，專程來探望我們。在那個年代，徐家匯被認爲是挺遠的地方，來一趟不容易。使我最高興的是楊先生——這是我幼年時開始的稱呼，還承攬了帶我看電影的「任務」。因爲那時無論在經濟上和精力上，母親都沒有這方面的富裕。現在的年輕人一定難以想像，兩三個星期看一場電影竟然是相當奢侈的享受。有一次楊先生帶我去看電影，問我有沒有嘗過一種叫做「白雪公主」的雪糕？我回答說沒有，楊先生便掏錢買了一根給我吃。我問他爲何自己不吃？他說前幾天剛吃過（現在我才理解，他這是爲了省錢）。這雪糕我想念已久，曾聽小朋友議論過，說普通的冰棒太硬，「白雪公主」軟中兼硬，有彈性，而且是巧克力滋味，聽了眞令人神往，用「夢寐以求」這句話來形容毫不爲過。他讓我看的電影以卡通爲主，如《木偶奇遇記》、《唐老鴨》、《米老鼠》、

《大力水手》和滑稽片《勞萊與哈台》，還有卓別林的黑白故事片。楊先生還帶我去過「回力球場」，這是一種雙人壁上對打球賽，屬於賭博性質。還去「逸園」看過跑狗賽，也是一種賭博，賭注頗大，賭法有單贏、雙贏、連贏等等。楊先生告訴我，有的人賭得入迷，直到傾家蕩產。

一九四三年十二月二十五日上海外灘。楊霽雲先生。

楊霽雲先生的夫人也是常州人。她很會做菜，有一味香糟肉十分拿手。在我十歲光景，楊先生股票上賺了一點，要請母親去吃「年夜飯」。為此預先向我打聽：「你媽媽喜歡吃什麼？」以為童言眞實無虛。我不假思索地回答：「媽媽喜歡吃肥肉。」不料鬧出大笑話。到了吃年夜飯那天，楊師母盡向母親碗裡夾大塊大塊的糟肥肉，吃了又夾，並說這是你家海嬰講的「媽媽喜歡吃肥肉」。母親這才恍然大悟，解釋說：其實自己也是不大愛吃肥肉的，只因平日家裡買的豬肉總是肥瘦相間，孩子發育期間，以吃瘦肉為佳，所以給他吃的都是瘦肉，海嬰半懂不懂，定要平均分食，我只好對他說「媽媽喜歡吃肥肉」。而我竟信以爲真，才錯遞了「情報」。大家聽了不由哈哈大笑起來。這個笑話後來熟朋友間都知道。

楊先生還好意要幫媽媽做股票，以緩解我們生活的拮据。他解釋說，經過反復鑽研，從報上的升降曲線，結合時局動蕩以判斷「買進」還是「賣出」，試過幾次，勝算概率頗大，因此建議母親與他合在一起做，他會按時送來贏利。母親實際並沒有多少錢，就抽出生活費交給他。前後做了一年，結果輸多賺少，弄得楊先生頗爲狼狽。後來據說他回鄉賣了田產，這虧空才得以彌補。

楊先生得到日寇要侵入租界的訊息，並聽說虹口地區已經風聲很緊，便建議把父親的日記抄錄下來分藏幾處，以保安全。這樣，在一九四一年日寇佔領租界前，母親將存放在「麥加利銀行」保險庫裡的魯迅日記取出，分冊複寫抄錄，楊先生也幫著抄，他們的右手中指都抄起硬硬的老繭。現在還保存一張母親夏天揮汗抄寫的照片，便是我當時拍攝的。

解放後，馮雪峰把楊先生請到北京的魯迅編輯室工作，後來又轉到人民文學出版社任職。他還是北京魯迅研究室的顧問。一九九六年二月二十六日去世。可以說，楊先生爲魯迅著作的收集出版付出了畢生的精力。

楊霽雲先生還有兩個至死都不肯透露的秘密。其一是在他年輕的時候，父親曾給他寫了兩幅字。其中一幅披露過，而另一幅卻一直不讓他人看，哪怕是摯友至親都沒這個福分。而我作爲魯迅的後人，年少時與他的關係那麼特殊，解放後又經常探望他，借給他各種自購的雜書讓他「隨便翻翻」，如武俠偵探小說、國外的各種譯著等等。但這幅字我亦未得一觀。他說，拿出來似有抬高自己之嫌。由於楊先生的謙遜，我們關心這幅父親手蹟的每個人只好遺憾和無奈了。再有一個秘密是父親生前與他談過許多看法，其中也包括中國共產黨奪取政權和執政後的一些分析估計。這些內容楊先生也一直沒肯講出來。即使我去探望時一再問他，楊先生總是婉言回絕：「以後再說，現在不講它。」不過我想，這樣也好。父親的一生，給研究者留存點懸念，也是有趣的一件事。

常姨

在講述母親被捕這一節裡，我曾多次提到常姨。她名叫常瑞麟，是母親從天津女子師範讀書時起相知一輩子的摯友。她倆在生活上一直互相關心照顧。我父親在一九二九年便有致常瑞麟丈夫謝敦南的信，告知我出生的情況，還多次寄贈過我們的家庭合影。

在母親被捕前約半年，常瑞麟全家從東北來滬。他們來的目的，一方面是爲料理她丈夫祖母的喪事，同時也爲了操辦侄兒婚事。再有個打算，就是要把兩個兒子謝綏、謝龍送到上海的學校讀書。因爲那時佔領東北的日寇已在搞「奴化」教育，中文程度很低。她讓我母親教兄弟倆國文課，順便複習英語。我也趁機當旁聽生。由於謝先生家人口多，住房擁擠，兩兄弟便從這年的五六月起，就一直住在我家。母親將和我合睡的大床讓出，由三個男孩同睡，她自己在旁睡另一張單人床。所以後來日寇來抓母親的情景，他們兄弟也是親眼目睹的。我記得日寇和漢奸並沒有查問我們三個男孩子是誰。看來他們的任務並非要抓孩子，也沒「即興」多帶一名「人犯」去交差的念頭。

母親教他們的課文是《桃花源記》、《陋室銘》和朱自清的《背影》、父親的《秋夜》。還送給他們兒童讀物《小奸細》和《少年英雄》，前者敘述一個貧兒「小癟三」的生活和抗日人員共同鬥爭的故事，後者是描寫抗日根據地兒童團的活動。我想，這兩本書對謝氏兄弟後來參加革命不無潛移默化的作用吧。謝龍曾經是北京大學哲學系教授、系主任。謝綏一九四八年參加革命隊伍，現在已經離休。我們至今一直有來往。

常瑞麟和母親攝於天津求學時期。

蔡詠裳阿姨

父親的去世和搬家等一系列大事，使母親在傷心和辛勞的雙重折磨之下，體質每況愈下，反覆感冒，久治不愈。她原是生長在南方的，到十八歲才北上求學，因此每到冬天，總不能適應那裡的氣候。這時候她的鼻子總是紅紅的，流著清水鼻涕，嗓子也疼痛咳嗽，常常要延續一個多月，服藥也不見效。但那時她並不在意，以自己年輕的身體支撐著。而現在，她不能不擔心地想到會不會從父親那裡傳染了肺結核，趁身心兩虧時發作了呢？

到次年放春假時，來了一位好友，就是蔡詠裳阿姨。她見母親身心如此虛弱，便勸母親到杭州一遊，借此散散心。母親同意了。至於我，聽得能到杭州去玩，自然心裡極爲興奮。殊不知母親心裡竟另有打算。她在一篇《悼念一個朋友》裡寫道：「見到了C（指蔡）女士，眞有預先托孤之意。」因爲她感到自己身體狀況「頗覺嚴重了，在醫生叫我照X光之後，尚未知道是否肺病，像待決的囚徒」，又想到七歲的孩子，「既不強壯，倘使更有那不治之症，如何招呼他長大呢？」——原來母親是想借此讓我和蔡詠裳阿姨有個熟悉的機會，萬一自己發生意外，也可以將我「順利交接」與她。幾年以後，在日本軍隊佔領租界前夕，母親曾經打算帶我到南洋去，後因種種原因未能成行，這計劃也是蔡詠裳阿姨安排的。可見她倆情誼之深厚。

蔡詠裳阿姨生於一九〇一年，一九二六年畢業於燕京大學。曾在香港任職於蘇俄遠東情報系統的「第三國際東方局」。一九四〇年因難產去世。按常情說，若要「托孤」，當時叔叔嬸嬸正和我們合住，將我交給他們應該是順理成章的事，因爲我是周家的血脈嘛。但是母親選擇的前提是我的政治、教育的成長方向；當然也考慮到叔叔自家孩子太多，已經不勝負擔，哪能再增加一個我呢？日本軍隊進租界前，母親交待，如果她遭到日本憲兵逮捕，讓我住到王任叔家裡去，這也同樣是從政治方面考慮的。總之，請不要誤會，這一切並非出於對建人叔叔和嬸嬸的不信任。

我們一行在杭州玩了三天。在西湖遊船上，我們吃到了山核桃、香榧子和一種綠色的菜瓜，那種香脆可口的滋味至今仍不能忘懷。我們還到靈隱、虎跑、六和塔、九溪十八澗、岳墳這些名勝古蹟遊覽。那時遊客不多，環境安靜，空氣清新純淨，民風也樸實，對遊人很少「刨黃瓜兒」。蔡詠裳阿姨帶了只蔡司牌小型相機，不時給我們拍照。我是生平首次按快門，可惜我的手震動不穩，拍的那幾張，圖像都不清晰。返滬後，她送來一疊照片，至今還留存在我的相冊裡。可惜的是，所有的照片裡，都沒有她的形象。我現在想，這或許是蔡詠裳阿姨肩負特殊的工作任務，不能隨便留影之故吧。只記得她瘦瘦小小，比母親個子矮，性格開朗，也用廣東話和母親交談。沒有她的形象留存下來，我至今都覺得深感遺憾。

一九三七年春應蔡詠裳阿姨之邀到杭州小休。

自杭州愉快地遊覽休息過後，母親的咳嗽減輕不少，臉色也沒有原先那麼蒼白了。加之經醫生復診，X光確定，肺部沒有結核性病變，說明僅是勞累過度所致。由此，母親度過了憂心忡忡的日子，慢慢地恢復了健康。

關於母親與蔡女士相識的經過，母親在上述《悼念一個朋友》的文章裡，曾有敘述：「所深刻遺留著的最早的一次印象，是在魯迅先生紀念五十歲誕辰的那一天。在三兩個女性之中就有她。……才始知道她是C女士。」即是說，蔡阿姨與母親是在偶然的機會中不期而遇的。但到後來，她們竟發展成了莫逆之交：「不管我們怎樣地潛伏著，每回到上海，她總想盡方法來暢談一下。而每回的相見，她的經驗，常識，以及體魄，都壯大起來了……不是『西關小姐』型了。每次相見，我們都增加了快慰。」

關於蔡阿姨後來去世於難產的詳情，母親曾告訴我一些。蔡阿姨結婚後，想到自己的艱險工作和年齡將不宜於生育孩子，但又想爲了丈夫，趕緊留下個孩子，竟不幸由此而難產亡故。那時她正在香港。

袁雪芬與《祥林嫂》

勝利後的某一天上午，我家來了一位年輕女士，身著淺月藍色旗袍，坐在我家二樓桌前，顯得文靜而拘謹，臉色稍顯蒼白。母親告訴我，她就是越劇界有名的袁雪芬。恰巧我手頭的照相機裡尚有底片，就爲她拍了一幀照片。

袁雪芬此來的目的是爲將父親的小說《祝福》改編成越劇，來徵得母親的同意。父親這部作品有著深刻的反封建意義，而且一向以演才子佳人爲主的越劇能夠改而表現現實生活，這本身是一件大好事，母親當然很願意予以支援。甚至當袁雪芬提出，爲了劇情的需要，改編時要添加一些內容，她也爽快同意了。總之，這次會面，她們談得挺愉快。

此後，袁雪芬又到我家來過。因我當時不在家，她們談些什麼不得而知，我想不外乎仍是關於改編的事吧。我只曉得，過了才兩個多月，這部改名爲《祥林嫂》的戲就公演了。爲了擴大這齣戲的影響，母親動員文化界的朋友於伶、田漢、黃佐臨、史東山等前去觀看，受到他們一致的好評。有少數朋友，如胡風等幾位，對戲中增添的「青梅竹馬」情節有異議，母親代爲做了解釋，得到他們的諒解。對此，袁雪芬一直心懷感激。幾十年後，她在紀念母親的文章中還說，「《祥林嫂》引導我走上革命的道路，許廣平是我的指路人。」（《許廣平紀念集》頁十）

袁雪芬女士在霞飛坊六十四號二樓桌前，和母親談改編《祝福》越劇的劇本。

也許由於這段歷史關係，母親當時又是全國婦聯的領導人之一，一九五五年，我國政府派越劇團赴蘇聯、民主德國演出，母親被委任爲中國越劇團的團長。這是越劇頭一回走出國門。她們巡迴演出達兩個多月，所到之處都受到熱烈歡迎，應該說，這次任務完成得很圓滿。因此回國後，越劇團的主要成員包括導演南薇與袁雪芬、傅全香

周恩來接見上海越劇團成員。前排左二傅全香，左三周恩來，後排左二田漢，左四許慶平。

等十多位主要演職人員，受到鄧穎超同志的親切接見。讀者也許看到過記錄這次接見的照片，可是你曾注意過沒有，這當中，惟獨沒有作爲團長的母親。當然，母親並不計較這個。她依舊精神飽滿地幹她該幹的工作。直到許久之後，才清楚其中的原委。

事情是這樣的：劇團在國外兩個月，對方主人想得挺周到，他們認爲劇團演職人員多是女性，必定需要添置些日常生活的用品，因此按人頭發放了少量的零用錢。這錢開頭不敢分發，直到臨近回國，在一次正副團長的碰頭會上，母親認爲團裡都是當媽媽的，讓她們帶些紀念品回去，也可博取家人兒女一笑。爲此提議取出部分款項分發給每個人。這建議得到與會者的一致贊同。團員們自然都興高采烈。母親也爲長孫買了幾個小玩偶和一些日常備用藥品。殊不知回國以後，這件皆大喜歡的事竟被視爲「不當」。那麼，作爲對主要負責人和提議者的警戒，母親被剝奪受接見的資格也就不足爲怪了。

我在這裡順記一筆，不爲替母親傾訴委屈，只想說，當時的政治環境就是這樣的。

母親娘家的親戚

母親娘家的親戚我後來知道，母親的廣東娘家原來是個大家庭，叔伯舅姑關係繁多，單是住在上海的就有好幾家。但在我的記憶裡，我們住在虹口大陸新村時期，母親與她娘家一邊的人可以說沒有任何往來。此中緣由我一直不曾向母親深問過，不過以我現在的理解，不外乎這兩條吧：

一是母親當年隨哥哥離家北上天津求學，是為了反抗封建包辦婚姻，這在那個年代是禮法所不容的，由此與家庭斷了往來。這可見母親思想之進步，性格之剛烈；再一個原因，許是出於對父親安全的考慮。那時白色恐怖瀰漫，國民黨反動派視一切進步文化人士如眼中釘，父親自然受到的威脅更大，因此他的住址對外保密，結交的朋友除非關係特別者，都儘量約在外面或在內山書店會面。為此之故，母親自然要避免與自己娘家人往來了。

直到父親去世，我們遷居霞飛坊，上

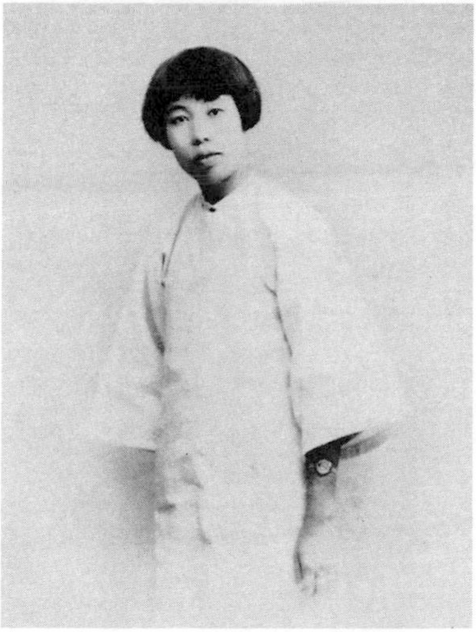

天津求學時期的母親。

廣州母親的出生地高第街一角。

述的禁忌才一下子解除。且又過了這麼多年，隨著時世變遷，娘家人的思想也逐漸開通，能夠重新接納「叛逆」的母親。這樣他們就如「雨後春筍」般一下子在我面前冒了出來，我爲此感到慶幸，除了建人叔叔一家，自己原來還有許多舅舅、舅媽、表哥、表弟。

記得我們住到霞飛坊這些年裡，每逢春節後的年初三四，母親總帶著我去許家親戚拜年。首先去的是西摩路（現陝西北路）。這個地域代號表示是廣州的許氏舅家門。進門見到的長輩，都以某某數位稱呼，如「廿九舅父」、「卅一舅媽」等，可見人口之衆。這使我像廣東話說的，「一頭霧水」。而我得面對這麼多生人，又要行禮如儀，又要尊敬的恭稱××舅父、××舅媽，又不能搞錯出洋相，弄得我實在頭腦脹脹的，直到現在我所能記得的，就只有一位「豆皮卅二舅父」。因爲他幼時出過天花，大家都這樣叫他，我才沒有忘懷。另一個顯明的印象是舅舅們都比較瘦，至少我從未接觸過大腹便便的（我之身材瘦高，直到現在還毋須節食，體形沒有從父而從母，腦子也笨，看來紹興周家給我的遺傳基因不多，倒是廣東母親系統佔先吧）。

這西摩路的房子，原是母親堂哥許崇智在上海的公館，我從未見過他，故也無從知道他是我的第幾號舅舅。只曉得他是個大名鼎鼎的人物，辛亥革命後當過粵軍司令，但後來似乎政壇失意，長期居住在香港，以經商維生，閑時打打麻將，再也不過問政治。這裡從此就成了另幾位舅舅聚居的家。另外我還記得，舅家住在一家叫陶園（？）的著名廣東香腸、臘鴨店附近，母親帶我去拜年之後，總是順路買點臘味回家。

除過年拜訪西摩路衆舅父之外，母親還帶我去走訪別的親戚。從霞飛坊向北進入亞爾培路（現陝西南路），那裡有一個安靜的小區，排列著一幢幢三層樓房。其中一幢，住著母親的另一位嫂嫂（李瑛），母親讓我稱呼她舅媽。她是七舅父許崇灝的妻子（崇灝的父親是許炳暐，母親的父親是許炳檀是祖父輩幾個兄弟的分支。這是我最近查閱了母親家譜才明白的）。崇灝舅父青年時代思想革命，加入同盟會，曾在黃興領導下參加過鎮江武裝起義，進攻南京，炮轟張勳司令部，並任南京警備司令。此後又在廣州追隨孫中山先生，先後擔任過汕頭軍區司令、粵

馮姑婆許漾，是我母親的親姑母。馮姑婆的丈夫是馮啓鈞（字少竹），居住南洋。

漢鐵路總理、滇軍參謀長（當時朱德是該軍旅長，聶耳是士兵），抗戰期間，又任重慶國民政府委員。是一位有地位受尊敬的人物。但他那時不在上海，留下他的母親朱妙緣在滬。老人家篤信佛教，在樓上設個小佛壇，供奉觀音菩薩，每天燒香念經。母親帶我上樓拜見這位阿婆時，她總要從佛壇上取個蘋果之類的水果，慈愛地用廣東話對我講：「呢個系菩薩食過，你食落去會消災去病，長命百歲。」我回家一嘗，味道淡而鬆軟。當時我不懂是菩薩的口味和平民相異，還是菩薩嘗過的就變味不好吃了？不過這家的許錫綽與我最談得來。他有兩個哥哥一個姊姊，因家裡最小，被大家稱爲小弟弟，而他年齡又大於我，舅媽想了一下，讓我稱呼他「弟弟哥」。

我與這位「弟弟哥」由於年齡相近，見了面總是聊得起勁，都是些星空宇宙之類的科技幻想。我和他又「同病相憐」，患的是同樣的病：過敏性哮喘病——廣東話叫「牽蝦」。這倒也頗形象，發病時曲彎呼嚕嚕地喘息，活脫脫像一隻大蝦米。由於同病也「享受」同一個偏方。夏季三伏的日子裡，我到他家去，與他一道袒背伏臥在蓆子上，背上放置中藥，是白芥子、麝香之類研末用醋調合成的，棋子大小，放在後背脊柱旁的六個穴位上。待半個時辰後取下，背上就有豆大的水泡。而大人們團團圍著看到這晶瑩鼓脹的水泡，全都欣慰地認爲，這可去掉寒氣，拔除病根了。可惜並無些許療效，秋天一到，我們照樣「牽蝦」，倒讓我們白吃了苦頭。但熱心人仍源源不斷地介紹偏方來。有的簡直是稀奇古怪，讓人匪夷所思。比如我試過一些偏方，就有每頓飯前喝一碗芹菜汁，連喝一百天，還有野外柴火烤文旦皮裹烏骨雞等等。還有種種忌口，如不能吃蝦蟹魚腥之類。我們總是在母親的懇求和不妨一試的勸誘下，做這自我犧牲的治療嘗試。以至直到現在，餐桌上每遇到烏骨雞和芹菜總是不願下箸。

二〇〇一年二月，作者與表姐馮琳（她是馮姑婆的孫女）。

「弟弟哥」的大哥許錫纘很少見到。他當時任職國防部，身穿國民黨軍官制服，終日沈默寡言。直到解放後才知道，錫纘大哥原來是奉命打進去的，那部門是專門掌握軍事技術研究和發展的第六廳，任三科科長。他利用這個職務，源源不斷地把有價值的情報傳遞給中共地下黨。迎接南京解放後，他轉到華東野戰軍司令部工作，才結束了十年地下鬥爭生活。

母親和廣東的親戚接觸多了，漸漸也學會了烹飪廣東菜。我在一個小本子裡看到她記錄著廣東「蘿蔔糕」的製作方法。關鍵是蘿蔔和米的比例。米要用秈米水磨，才爽滑不粘牙。糕裡還要加以瘦肉粒、蝦米、臘腸、乾貝、冬菇、嫩筍等輔料，而且刨蘿蔔絲、選料、預醃、預熟、拌合、調料，都有講究。母親對自己能製作家鄉糕點很得意，每當蒸好「蘿蔔糕」，總是欣喜地托著送給鄰居友好。還讓我騎著自行車給建人叔叔送去，讓他們合家共用。當然，由於經濟條件所贈有限，只能嘗嘗味而已。

我們住到霞飛坊以後，偶爾還有親戚來訪，那是母親的親姑母，我稱呼她「馮姑婆」。馮姑婆一二年來一次。每次來，都用廣東話與母親交談，講到傷心處總是唏噓落淚，母親便加以勸解安慰。聽母親說，她久住在南洋的菲律賓，丈夫是國民黨的駐外官員，似乎也發生了「第三者插足」這樣的煩惱事，故她的心情總是鬱鬱的。有人問我馮姑婆和馮惠熹是什麼關係，我不很清楚。我只知道馮惠熹是母親的表妹，北平協和醫學院學生，一九三〇年九月一日，父親曾贈她一詩：

題贈馮惠熹

殺人有將，救人爲醫。
殺了大半，救其孑遺。
小補之哉，嗚呼噫嘻。

我們和馮惠熹幾十年來一直沒有聯繫，也許她早就定居國外了。

我在上海還有一位姨媽，我至今仍鬧不清她是哪房哪系的。她個子比母親瘦小，也是偶爾來一趟。還總是上午來，閒聊一陣，吃了午飯就告別。她穿著樸素，沒有一點打扮，虔誠吃素以修「來世」。但奇怪得很，每當她來午飯，母親除了準備豆腐、蔬菜之外，還特意炒了一碟雞蛋。我十分納悶這雞蛋怎麼會是「素」的？姨媽耐心地給我解釋，她吃的是「觀音素」，說是雞蛋裡沒有血，吃它不算殺生。又說蠔（牡蠣乾）亦可以吃。因爲有一次觀音菩薩找不到任何吃的東西，走到小溪河畔，實在餓得走不動路了，便從髮髻上拔下一支銀簪，祈禱之後將之插進水裡，帶出的是一隻碩大的牡蠣，便以此果腹。故此，「觀音菩薩能吃的，我們吃觀音素的也可心吃。」

由於母親常帶我去舅媽家走動，相互的關係越來越親近，因此其中有幾位住得跟我家較近的遠房外甥，也不時地到我家來坐坐。在閒談中，母親常常有意識地向他們深入淺出地講些國際國內形勢和革命道理，有時還相互辯論，氣氛十分熱烈融洽。臨走時，還借些進步書籍讓他（她）們帶回去閱讀。她的侄女許錦漪，在懷文中學念書時就加入了共產黨，並帶著弟弟許錫采同去蘇北參加了新四軍，我想這與母親的影響不無關係。可惜的是，他（她）們後來因病去世了。至於

許東平（母親的親妹妹）和丈夫張維漢。

廣州時期的母親。

母親的幾個嫡親侄子，那是在我們搬進霞飛坊不久就來走動了。首先來的是許錫玉、許錫申兄弟倆，還過了夜，沒有眠床，就在亭子間裡打地鋪。他們是二哥許崇權的孩子。錫玉表哥要比我大十歲半。他後來當鐵路工程師，一九五七年被錯劃為右派。平反後，退休於廣州。我的母親一九六八年三月去世，他趕來弔唁，進屋後哭泣著要下跪行大禮，被我們勸阻。錫申抗戰時參軍到滇緬公路，多年以來再也沒有遇到過。

母親還有一個侄兒錫琳是三哥許崇怡（號叔和，抗戰時病逝於重慶）的長子，五十年代分配到北京，在國家某機構工作。有一次出差廣州，按規定可以乘坐硬席臥鋪，他「自作主張」沒有享受臥鋪，改乘廉價的硬座，往返差額有幾十元，他補充若干，湊起來買了只國產普通手錶。這只亮晶晶的手錶引起他所在那個小部門的轟動，他便一五一十地向大家傳授了這省錢的經驗。不久「三反」、「五反」運動轟轟烈烈開展，單位就憑這件事定他為「老虎」，遭受可想而知的待遇。他一時想不開「便自絕於人民了」。他的母親那時剛到北京不久，便遭受到到這喪子之痛。錫琳這一「走」，扔下兩個正在讀書的男孩和一個小女兒，媳婦也正年輕，其悲慽之狀可想而知。母親對此也無可奈何，除了時加慰撫，惟一能做的便是設法安排侄媳到民主促進會去工作，以維持生計。

母親在家族裡排行第六，常聽到親戚們叫她「六姑姐」。她有兩個嫡親妹妹，一位只小她兩歲，叫許東平，我將在另文講到。另一位許月平姨媽，比母親小了許多。母親離開廣東跟隨哥哥到天津去讀書的時候，她還很幼小。等到一九二七年母親回廣州與父親會合，那時父親正在市區開了一家書店，需要人手，母親就讓這位小妹妹前來幫著賣書，那年她十六歲。

這個書店很小，是爲進步文藝青年而開辦的，坐落在一條叫芳草街的小胡同裡（這房子到一九八〇年還在，因爲那年我去拍過照片），租金爲六十元，二樓，一前一後兩間，附帶一個小廚房。前房做書店，許月平姨媽住宿在後間。前房三邊矗立書架，中央一個長櫃，讀者只能擠在

母親的小妹妹許月平（中）首次來京。時七十年代。兩側是作者夫婦。

書架之間站著挑選。這就是開張不滿半年的「北新書屋」。我至今弄不清它與一字之差的李小峰先生辦的「北新書店」有什麼關係，魯迅研究者們似乎也不曾注意過它。母親雖常去書店，僅是幫忙，實際上這書店是由小妹妹在一手經營著。半年後母親與父親赴滬，書店也隨之停業。之後母親似乎與這位姨媽並無多少聯繫，也許結婚後忙於家務吧。

「四人幫」粉碎不久，月平姨媽來北京，我們才初次見面。她是從香港九龍參加旅遊團來北京的。見面前後我還按規定向組織做了匯報，因當時還看重「海外關係」，誰個也不敢疏忽大意。姨媽到北京之後，便在東單附近一個部隊開辦的半內部招待所（那時港澳地區旅客不能任意入宿旅館）住下，我邀請她到家裡坐了坐。在那個年代，一位六十多歲的老人敢於隻身到一個生疏的剛剛經過「文革」的大陸城市，探望七八年前去世的姐姐後人，眞是需要一定勇氣的。

到了一九八四年，月平姨媽來信告訴我，她兩眼做了手術，一隻失明，另一隻暫時保住，健康狀況也下降了，極其盼望我們能去香港探望，幾封來信都寫得挺淒涼，說是若不去，這輩子怕是見不到了。恰那時我正遭遇長子赴臺北結婚的事件，單位領導吳冷西為我定了三條紀律，其中一條就是不能出國。去香港就是出境，也在被禁之列。而這種內情又不能告訴姨媽，正在我為難之時，幸虧被一位長者得知了，給予疏通，才批准我們夫婦赴港探望。

月平姨媽於一九九四年六月住入澳大利亞 Croydon 的老人院，讀信覆函都要靠別人幫助，很不方便。因之她的近況如何不得而知。

堅守上海

日寇侵佔租界後的十幾天，母親便被日本憲兵投入獄中，施以酷刑，前面已經敘述過。從獄中出來，母親面臨兩個選擇：是帶著我離開上海到抗戰的內地重慶，還是堅守在上海？但當時母親和我的身體狀況都不佳。母親出獄後身體十分虛弱，兩個膝蓋被電刑燒成焦黑色的圓塊，步履艱難，且又貧血咳嗽，正由楊素蘭女醫師治療，我也又到了氣喘病發季節，夜不能寐。因此我們兩人都不宜長途跋涉。

但母親最主要的考慮是：霞飛坊裡存有這許多父親的遺物，這是母親心中的至寶，她如何忍心離開？當然也根本不可能隨身帶著遷移。因此，雖然她在日本憲兵那裡吃了這麼大的苦頭，也明知他們絕不會輕易放過自己，會隨時隨地盯著你的一舉一動，母親仍決心留下來，堅守父親的遺物。朋友中間有不放心的，如淩山阿姨多次關切問過母親，而她的決心始終不曾動搖。

另一方面，困守上海的親戚朋友也不在少數。首先是幾個遠房舅舅，他們並沒有流露出離開的意思。也有一些朋友由於家裡人口多，後方又缺少謀生的關係，只能忍而不動。何況其中還有一些文化人，如叔父周建人和夏丏尊、柯靈、董秋斯等等，認爲在孤島仍有抗日工作可做，有意識地潛伏下來暗裡進行鬥爭的。這些都使母親感到自己並不孤獨。

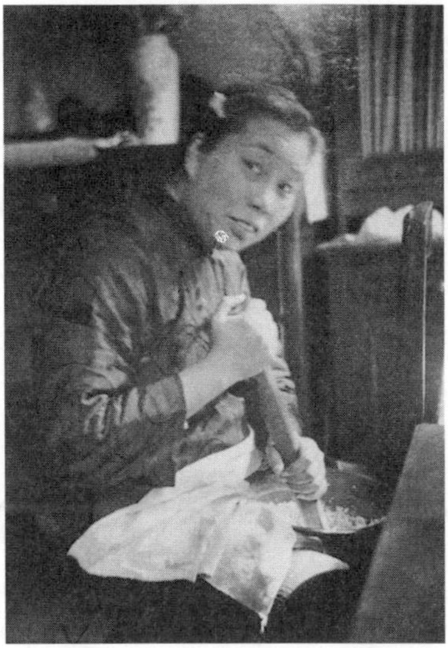
一九四〇年四月母親用日本的陶質研釜，磨碎杏仁和大米，自製杏仁茶湯。

但是，要在夾縫裡求生存談何容易。父親生前雖爲我們母子準備了一筆錢，但是正如前所述，由於喪事和搬家，已幾乎告罄。因此在日常生活方面，母親早在儘量壓縮開支，並把所住的一樓、二樓和二層、三層樓的亭子間都租出去。母親和我已擠進三樓的書籍夾縫裡棲身，當時我還在發育長身體的年齡，照理應該多補充些營養。但生活的拮据甚至連葷腥都買不起。偶爾買到了豬肉，母親總把瘦的讓給我吃，而我這個無知少年竟說：「媽媽喜歡吃肥肉」，從而鬧出笑話。這些我也在前面說過。

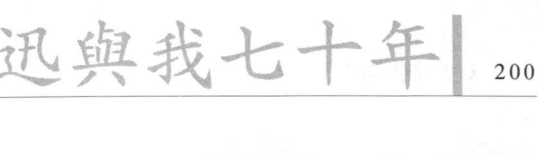

我們母子當時的困境，眞切地反映在她寫給郁達夫先生的回信中。這封信寫於一九四〇年一月三日。同年二月一日，發表於郁先生主編的新加坡《星期日報·晨星》副刊上，並加上了《孤寡之聲》的標題。它是諸天寅、孫逸忠兩位先生找到的，甚是難能可貴，我深謝他們。信的全文如下：

達夫先生：

十二月十日惠示拜悉。目前從適夷先生處交來先生寫給他的信，也談及先生關心我們的生活，聞之衷心感激，幾至泣下。竊自魯迅逝世以來，忽又三年了，這似久又暫的光陰，就這樣飛渡了過去，承許多關心的老友照顧，留心到我們的生活，是萬分感激的。自魯迅逝世後，我還支持著度日，有時學寫些小文，但不能賣錢。上海文人多如此，偶然收到三五元的酬金，眞是杯水車薪，毫無補益。《魯迅全集》雖出了，但頭兩版因要普及，徇朋友之情，每部（二十冊）只收版稅一二元，其中便宜了托總經售的書店，他們費國幣十一二元買下（名爲讀者預約），再在香港南洋賣外幣若干元，轉手之間，便大發其財。而內地重慶，只生活書店編輯部有一部，因書去內地運費極昂而價低，不上算也。經此挫折，出書處沒有本錢，不能再印，我們連些微版稅都落空了。而目前上海生活費較戰前貴了兩三倍以上；有時是難以預料地不可捉摸。平均若是平常百元可過去的，現非二三百元不可了。似此突增負擔，有生活費的還不易維持，毫無保障者就更不堪設想了。而我經常還有兩重負擔，北平方面，每月開銷，魯迅死後，我一直擔負支持全部到兩年之久。實不獲已，才去信二先生周作人，請他負擔，他並不回信，只由老太太來字說他擔任一半，其餘一半及意外開銷還要我設法，想到她們的孤苦，我也只好硬著頭皮設法，如此又度去了一年。但上海近來開銷更大了，房租大漲，再加海嬰體弱，哮喘時發，不得不多方醫治。每月生活費及醫藥（非常貴）以及營養等費，只他一人有時至百金以上：其餘共計每月非二三百元不可。如何能維持得久遠呢？有醫生說，最好到熱帶地方去，氣候暖，海嬰不易感冒，氣管慢性炎或可能好起來，免成終身廢人（現不能讀書）。所以一面欲乘此解決生活的減輕負擔，以職業的所得來維持二人生活；一面也望如此他可能健康起來。去秋二人又病了，先是他病，後來傳給了我，總之體弱即易罹一切病症。有些朋友看到不忍，就多方設法，給謀出路，因此有寫信給先生之事。但聞出國護照，現在國際關係複雜，多所限制，不易批准。如非有職業在彼，或不易弄到。現時只能在滬勉強支持著，找些小事做做，再待機會，未悉先生以爲如何？餘者一百二十元，特匯寄作爲「魯迅紀念基金」，以供先生撫育海嬰之費。收到後我即回信去：「蒙當場募集捐款，特撥出一百二十元作爲「捐助魯迅紀念基金」，謹當代爲妥存，一俟大局安全，能舉行紀念時，當隨時奉陳如何紀念用途，以慰遠望。「因爲是指明作紀念基金，我想還是不要動用好，所以如此回信的。勵志社也有款及信云：「茲遵大會決議案，將全款之一半撥助先生家屬，借充生活費用，茲匯寄中國銀行國幣七十五元，至祈察收。」於收後亦回信致謝，拜領盛意！誠恐去信或有遺失，此信到後，先生如晤兩方面負責人時，更請代達一切。承命多寫文章，更見先生垂念周詳，惟寄到國外，自不能寫不痛不癢的文字，若有關痛癢的，又恐寄出不易。目前此地較一九二七以後，更不堪言。主持動手者，似仍爲一九二七以後的那批人，眞是駕輕就熟；再兼泰山重壓，小民眞如卵之易碎。目前有一茅女士（茅麗瑛烈士）不過做些婦女職業的要求，及爲救濟難民舉辦一次義賣，也被慘致擊斃。自此人人自危，大有生命不知何日喪之感。我住上海，並不活動，又兼小孩多疾，終日做看護還來不及，外面事自管不得許多。不過還是中國人，或者這就是罪名，也難說。現時大家就覺得彷彿住在火海，也不容易自拔。因爲到別處去生活一樣高，也許更困難，普通人都覺如此，令兄（郁華）之事，更無論了。他是忠於職守的好人，很幸運地，在他未逝世的前些天，蒙郁風招去她家夜飯，後又見到令兄，這眞是難得的一面之緣。及到入殮的一天，也曾到殯儀館去祭過；說不出的悲憤，在每個弔客的心頭橫梗著。然而肅殺之氣凌厲，大家不由得不守緘默，只見花圈，不見多少輓聯。不用說，原因是大家清楚的。可喜的，是各位令侄，英秀不凡，貴門出此，不幸中之大幸也。關於先生事，亦在報端略知一二，請達觀些，爲將來著想吧！聞先生頗有回國之想，我意還是暫緩較佳。也許天快亮了，在夜裡睡不著的時候，起來做些明天的準備工夫，不是隨地隨時，都可以的嗎？一切望爲國珍重！肅此敬候著祺並祝

春福

許廣平上　一月三日

從信中可以看出，我們母子倆的艱難度日，連遠在南洋的郁達夫先生都得悉了，故有邀請我們去南洋的動議；不僅如此，他還在南洋發起募捐，以期對我們的生活有所幫助，這眞令人感動。實際上，在國內，出於對父親的熱愛，有多少相識的和不相識的朋友在向我們伸出援助之手。我當時年少，不可能曉得很多詳情。但我後來知道：據說正處困難之中的黨曾通過地下渠道，給過我們一些資助。梅志阿姨也告訴我，沈鈞儒和胡風這些老朋友，雖然身在大後方，仍常常商量怎麼能設法托人帶些生

活費接濟「許先生」。

雖然有組織和朋友的關照，但這對於當時昂貴的生活費用來說仍不過是「杯水車薪」之助。因此，為了堅守上海，保護好父親的遺物，母親開始靠出版父親的著作以維持生計。

需要指出的是，母親出版這些著作的初衷，原是為了紀念和宣傳父親的作品，為此早在一九三八年就在朋友們的協助下編輯出版了《魯迅全集》，編輯場所就設在霞飛坊我們的家裡。直到一九四〇年，為了生活，才開始以「魯迅全集出版社」的名義，正式出版發行父親的著作。

關於出版社，我至今還保存當年母親手書的一個賬本，那是自一九四二年十二月份到一九四三年六月，總共七個月。為什麼後來停止不記了，我尚未想出其中原故，留待以後再分析吧。

賬本是薄薄的學生用的練習本，僅寫了三頁，後面是空白了。

第一行是三十一年（一九四二）十一月二十六日起。

搬書三天：小車七部　一一八元
　　　　　大車二部　七十元
酒資（車夫和照料人）　三十六元　總共：二二四元

我記得這次搬來的書，把我家的扶梯、走廊都塞得滿滿當當了。

賬目具體內容如下：

日期	《魯迅全集》甲種本	《魯迅三十年集》	單行本
12/14		1套75折	24種／235本
12/15		1套75折	
12/17		3套75折	18種／440本
1/18（1943年）			220本
1/30			180本10天期支票
2/10	1部（編號118）	2	26日付款
2/17	1部	2（7折）	15種/75本 內山書店
2/22			2種／80本 光明書店
2/24		6	光明書店
2/26			5種／6本
2/27		2	內山書店
3/3			3種／80本 光明書店
3/22		10	110本 中央書店
3/25			105本 光明書店
4/3	1部	5	內山書店
4/3		2	光明書店
4/7		1	光明書店
4/28		2	5種／99本 光明書店
4/30		3	內山書店
5/3			50本欠付 光明書店
5/19			50七天付 兄弟書店
6/15		4	光明書店
6/17			120本 光明書店

從這二十四筆賬目的趨勢可以看出，想以出版父親著作來維持生計，也談何容易？從這年的三四月開始，書籍的銷售情況越發清淡。光明書店僅要了五十本書，還欠付。兄弟書店也是七天後才付款。單行本僅賣五十～一百二十本，且花了一個半月之久，扣除成本，實際沒有賺頭，可以說是在吃老本。而整整七個月裡，全集僅賣了四部，三十年集四十四部，單行本一千八百五十本。我記得母親接到書店要書的清單，總是又喜又憂，心裡矛盾得很：既有可以藉以餬口的收入，又是虧本生意。銷出去的書一般總是由我把書送到四馬路的書店，店裡也常常拿不出現金，只能得到一張遠期支票。支票軋入銀行的戶頭裡，有時遇到退票，再換一張支票，等於拖延付款。好不容易等到可以支付的日期，書店忽然又來一個電話，說再迤遲幾天，母親也無可奈何。而對這種困境，母親只得連客

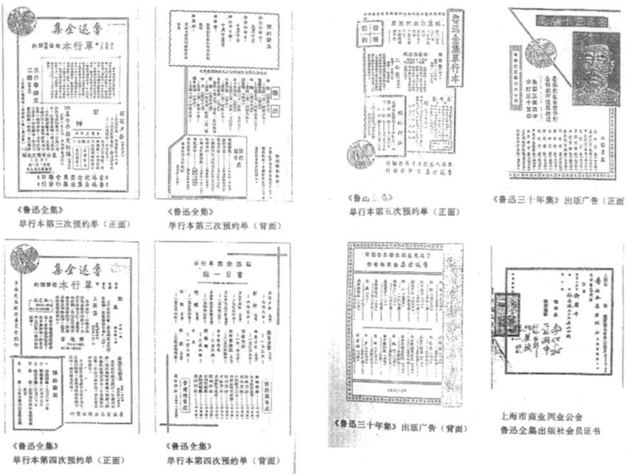
《魯迅全集》单行本第三次预约单（正面）
《魯迅全集》单行本第三次预约单（背面）
《魯迅全集》单行本第五次预约单（正面）
《魯迅三十年集》出版广告（正面）
《魯迅全集》单行本第四次预约单（正面）
《魯迅全集》单行本第四次预约单（背面）
《魯迅三十年集》出版广告（背面）
上海市商业同业公会魯迅全集出版社会员证书

上海「魯迅全集出版社」的同業公會證。

戶是誰都不管了。比如中央書店來訂購書，母親想這家是國民黨背景的店，賣還是不賣，雖然猶豫了一陣，最終還是將書發了出去。過後倒也未有什麼動靜。想必他們也是在商言商，只爲利潤計，並不考慮政治吧，這才放了心。賬面上所記賣了四部紀念本，這本是母親不肯輕易出手的，只因手頭實在拮据才忍痛割愛的。當時母親爲此常常流露的那種焦慮和無奈，直到今天還清晰地呈現在我的眼前。

至於此中遇到的種種糾葛和不愉快，直到多年後母親回憶起來，仍不免感慨系之，心潮難平。比如著名的生活書店，他們以前出版父親的著作，卻從未認眞結算過版稅，而負責人章宗麟竟在《上海周報》上著文說，他們印了多少書，付了多少版稅給許某人。這使母親看了不由怒火中燒。須知，對她來說，有沒有付過款倒還在其次，主要是擔心會引起北京方面的誤會。如朱安女士，她會認爲母親在向她故意哭窮而剋扣她的生活費，如果周作人再乘機插上一槓子，搞點什麼名堂，豈不會造成分解不清的糾紛？母親爲此當即寫文章予以辯駁，卻被主編章宗麟扣下不予發表。因此後來當胡繩先生代表生活書店來商借《魯迅全集》的紙型，應允每印一套給一元錢，母親因餘氣未消而不予答應，連朋友也得罪了。

最讓母親痛心的是其中竟還有多年的熟朋友，利用她的寬厚和商業上的缺少經驗，從中漁利。這位先生已經作古，我本不該指揭故人，但我又不能不尊重歷史，只好向他的後人深表歉意了。當然我也不會忘記王先生曾經爲我父母做過的事。一九二七年，母親隨父親來到上海。不久父親與內山完造先生相識。相互熟悉後，有一回內山先生向父親講起，他手下有兩個信賴的人，一個是日本店員長谷川，另一個中國店員就是這位先生。說他年輕，日語學得快，人品也老實，店裡新添人員大多由他介紹來的。店裡凡有糾紛或人事問題，都靠他們兩人處理。因此內山完造得以抽身於社交活動，結交中國的知名人士。有一天，王寶良出去收賬（或存款），回來報告說，他路過小弄堂，被搶去了款子，內山也沒有加以追究，可見對他的信任。父親生前那些年，但凡內山先生有事要與父親聯繫，如遞送書籍信件之類，或父親要托書店辦什麼事，內山先生派他過來。可以說他與我家相當熟悉。正因爲如此，當抗戰勝利，他告訴母親，內山先生的財產已被沒收，將要遣返日本時，母親拿出二十元托他轉交。

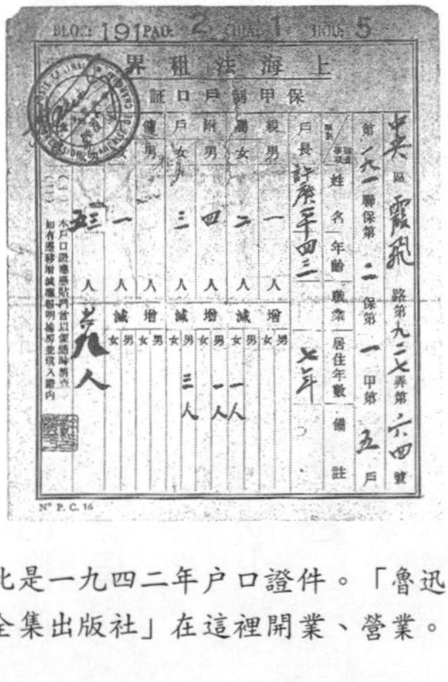

此是一九四二年户口證件。「魯迅全集出版社」在這裡開業、營業。

內山回國，書店關了門，他失了業，來尋母親，請求說：「我現在空閒著，周先生待我不錯，我有空多來看望你，四馬路的書店我都熟悉，他們要批進書，我順便來帶走，豈不方便。」母親信任他，便爽快地答應了。在運送書籍過程中，他看到有些暢銷書售缺，如《吶喊》、《彷徨》等，回來向母親反映。但要再版，母親的手頭緊缺，湊不足錢。在此窘境下，他又提議說：內山完造臨走給了他十幾令白報紙，願意先拿它墊用印書。母親想，印出書之後，陸續償還也可，就接受了他的建議。母親見他常要去四馬路推銷書籍，挺辛苦的，出錢替他買了一輛英國進口自行車。我當時正在讀初中，每天卻騎一輛破自行車去上學，而它原是許壽萱兒子用的，因去英國留學，才借給了我。因此我對他擁有這樣一輛又輕便又美觀的車，眞是又羨慕又吃醋。母親勸導說，他與你不一樣，要出去跑生意，很辛苦的。由此可見母親對他的器重和關心。但是過不多久，卻發現他不再騎這輛自行車而包了一輛三輪車來往，派頭大了。且衣著鮮亮，儼然以經理自居起來。原來他把自行車給自己兒子玩了。隨後又聽得他在背後散佈自己是在不拿工鈿白幹活。當《彷徨》、《吶喊》印製完成，母親要和他結算紙張的款子，他先提出這批書就算一人一半吧。雖然明知這樣給他占了便宜，母親還是爽快地答應了。誰知過了幾天，他又向母親提出：魯迅全集出版社也應當有

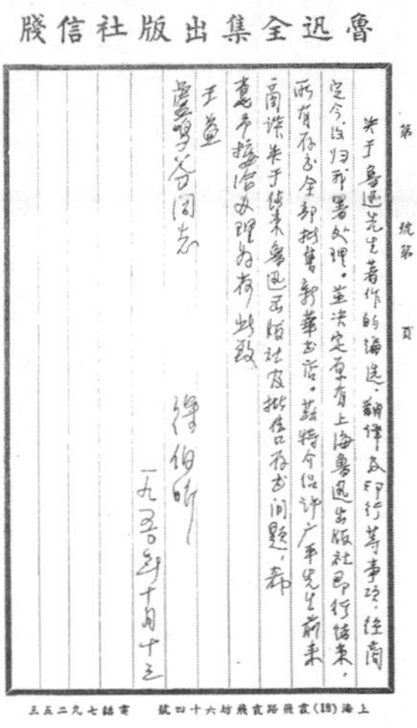
魯迅全集出版社信牋
第　號第　頁
关于鲁迅先生著作的编选、翻译及印行等事项，经商定今后归我署处理，并决定原有上海鲁迅出版社即行结束，所有存书全部拨售新华书店，兹特介绍许广平先生前来商谈关于结束鲁迅出版社及拨售存书问题，希惠予接洽办理为荷，此致
王益
同志
徐伯昕
一九五〇年十月十三
公元一九　年　月　日
上海(18)霞飛路霞飛坊六十四號　電話七九二五三

他一半的份兒。還拿出兩份合股合同要她簽字。母親想書分他一半，已經便宜了他，但那是從我分內給他的，自己可以做主。至於出版社這是多人集股而成，於是回答他，我無權做主分割。他才無言走了。過了若干時候，又來對母親說，他一個人跑書店不方便。現有一個朋友叫邵維昌，爲人老實，會

文書會計，讓他來幫幫忙吧。母親又是老實地想，長久讓王寶良搬運書籍確也不宜，有邵維昌住在我家，就有了一個專職的工作人員。於是表示接受他的建議要他，由母親每月付給工資，並管吃管住。

母親對他的信任甚至到了這樣的程度，連父親的手稿與自己積蓄的錢，都交付他保管。父親的手稿原存麥加利銀行的保險箱。日本人進租界後，強令租用箱子的用戶開箱退租（據說日本人趁機掠得許多金銀珠寶和證券）。母親被迫把手稿取回，一直藏在家裡。抗戰勝利後，母親害怕國民黨會有什麼舉動，只得將這些手稿不斷轉移，有時塞在樓梯角的煤堆裡，有時存放於隔壁顧均正家中。每有風聲傳來總是提心吊膽，不知哪處才安全。由此母親想到了他的家。因為他家正好底樓有個空間。他是寧波商人，一向不過問政治，和政治人物似乎也沒有牽連，大概不會出現意外，於是將父親所有的手稿六七大包，連同多年的一些積蓄，悉數寄存他的家裡。此外，為了怕國民黨來查抄，又把新印成的父親著作書籍一萬多冊，也存放他家裡。當然，這也應當感謝他的爽快相助。

從此，母親負責總的出版事宜，比如籌款，由母親出面去向銀行申請信用透支（類似短期貸款），或去馬思南路周恩來公館商借。這些他管不了，也並不清楚。至於開印前登廣告預約購書、買紙張、封面布、接洽印刷廠等事務，就交與他去辦理。待書印成後，除去借款、版稅、紙張、印刷等開支，所有盈餘作兩份分開，他分得的錢，折合成黃金有相當於三條多（每條十兩重），應該說，他從母親那裡得到的好處不算少了。

胡風夫婦和作者，他們一九八〇年剛返回北京，住國務院第二招待所。

再說邵維昌，自從邵來之後，王寶良就很少露面了，但母親對他仍很放心。邵維昌經常跑書店，大腿有疾病，走路一拐一拐地，很慢。他自己說：「這是『穿骨流注』勿容易治癒的。」顯然挺悲觀。母親介紹他去紅十字醫院治療，並送他醫藥費。邵對此很感激。在業務上，他攬生意多次空手而歸。母親也不計較，照常付給他工資。有時還讓我去買原甏（五十斤）的紹興酒，供他和許壽萱共飲。也許母親那種親切關懷和信任感動了邵維昌，有一天他終於向母親坦白說：這位朋友讓他住在我們家，原來是派來做「眼線」的，以「監督許先生的魯迅全集出版社」。因爲他自以爲霞飛坊六十四號裡的書有他一半的份兒，提出讓邵來掌握賬冊

四十年代的母親（一九四三年四月）。

資金的進出，也因為這裡面有他的「一半資金」。母親聽了，自然大感意外，從此不能不有所警惕。不久她就發現，自從邵維昌來了之後，售書的生意逐漸清淡，再也沒有新的客戶前來購書，有業務來往的僅是一兩家原來極熟的書店，這使母親從此開始留意起來，後來終於發現他背後做手腳。那是某一天，外地一家書店寄來一張定購目錄單，受者竟是魯迅出版社，少了「全集」兩個字。母親立即追究這個社的來歷，逼得邵維昌不得不說出：他去他的家，看到他家的前門牆上，懸掛著「魯迅出版社」的招牌。很顯然，這家外地書店是按原址寫了，才「錯投」到我們家，母親這才恍然大悟，她被矇騙了。

原來，這位朋友看到印售魯迅全集有利可圖，就算計著想插手進來，他當面對母親說得好聽：「儂年紀大嘍，用勿著介辛苦哉！坐洞（在）屋落（家裡）享享福，我到辰光來送版稅，儂坐坐吃吃好哉！」母親想到在他家裡寄存著魯迅的手稿，有這份情誼，才同意讓他參與魯迅著作的出版業務，讓他也得些好處。但母親只答應讓其印刷《三十年集》。而他竟趁機搞起個冒牌出版社，來與「魯迅全集出版社」爭搶生意了。

邵維昌在他不端不義行爲暴露之後，言語中也露出對他的不滿。有一天邵維昌對母親說：讓他去家裡便宴，聽說還請了別的客人，不曉得該不該去吃這頓飯，拿不定主意。母親想趁機去摸摸底，就對邵說，我也想去走一趟呢。於是兩人一同到了這位朋友的家，但見排場闊綽，樓上樓下都是書店來的人，還有好幾張桌子在打麻將。突然發現母親到來，面孔立即變得尷尬難看，又聽那批客人連聲稱呼他「老闆」，比經理還高一檔，一時變得手足無措。當然，見此場面，母親也就心裡明白，馬上退出了，從此徹底看透了這位朋友。

隨後母親很快採取措施，會同文化界著名朋友，向他要回寄存的魯迅手稿和錢，他見已經隱瞞不住，只得坦白說，「我偷用了你的錢」，答應一定退還母親應得的一份。待算完賬退還了錢，還立了正式的字據。母親後來告訴我，抗戰勝利後能夠重修父親墓，其中一部分費用就是他退還的錢。但他對交還這筆錢一直心有不甘。一九四六年的冬天，快到春節時候，他突然闖來我家，說沒有錢過年了，要拉母親一同去跳黃浦（江）。意圖很明白，他要討回這筆錢。爲此糾纏了一個上午。直到母親告訴他，錢是從魯迅著作中得來的，並已用於重修魯迅墓，他才無奈而去。

解放之後，他也許看到形勢變了，母親有了地位，也許確實有了悔悟之意。有一天，母親忽然收到他的信，說自己文化低，做過很對不起你的事，希望你原諒云云。母親沒有回信，從此也就未再聯繫。

上面這些，都是母親親口所言，我只是如實記錄罷了。母親還留下一些有關的字據、賬目，包括這位朋友親筆所寫的，在此不必詳述了。若問我對此有何感想？我以爲作爲商人，總難免爲利益所驅動，何況又處在那個艱難黑暗的年代，由此而發生的一切，也就不足爲怪了。

勝利前後

大家知道，母親在學生時代就是個叱咤風雲的社會活動分子。後來她爲了支持父親的事業，社會活動一概不參加，約她寫稿統統謝絕，成了地道的家庭主婦，朋友們稱羡的「賢內助」。父親故去，我們母子倆搬到法租界霞飛坊棲身，經濟拮据，幼小的我又三日兩頭被病魔折磨著，眞使她身心都承受著重大的負擔。即便如此，她仍將自己的一部分精力投身於當時抗日救亡和社會活動之中，做些力所能及的工作。只是很抱歉，那時我還年少，又是在疾病與學校之間度過的，因此我的回憶只能是「一鱗半爪」，點點滴滴的了。

上街義賣和參加抗日救亡座談會

記得那是搬到租界不久，母親聽說上海市民在組織慰問隊到敵後慰問抗日戰士和新四軍，雖然自己經濟力量微薄，仍湊錢買了一百支手電筒（我記得買的是國產「大無畏」牌子），每個電筒配了兩節乾電池。還買了備用電池和電珠各一百套。母親又領著我以「節約獻金」、「勸募寒衣」的名義上街義賣紀念徽章。我們的捐獻和義賣所得，都送到何香凝那裏去。

凌山——董秋斯的妻子。

那時何老太太住在法租界離我家不遠的一條弄堂裏（記不清是否是辣斐坊八號），她家樓下的客廳，堆積著一個個帆布包，直到房頂。許多阿姨還在忙著往包裏裝急救用品。我記得那是草綠色袋子，內分幾格，分別裝進剪刀、鑷子、紗布和急救包。袋邊還插著幾個瓶子，分別裝著紅藥水、酒精和硼酸水。另有幾個牛皮紙袋，告訴我這是消炎藥粉。別的還有什麼就記不得了。客廳另一角落堆滿布鞋，都是手工納的千層底子。還不時有人三三兩兩送來，增加了鞋「山」的高度。原來這些都是以勸募來的資金買的，連同棉布、棉衣、棉背心，統統集中到何老太太那裏，再運送到新四軍手裏。這當然是淪陷之前的事。

上海淪爲孤島後，母親的活動並未停止，她曾帶我去參加過兩個座談會，分別稱爲「星期六聚餐會」和「星期二聚餐會」。前者範圍狹人數少，都是進步人士，如胡愈之、巴人（王任叔）、吳大錕、馮賓符、周建人等。會議常邀請黨內人士講述國內外形勢。他們開會時並沒有對我說「你到一旁玩去！」我聽著雖然似懂非懂，多少也有點開竅。座談會爲了隱蔽，總是找敵人容易疏忽的公共場所舉行，因此那些地方總是相當安靜。大家在飯前二小時左右陸續到達。比較經常去的地方是功德林素菜館。有時也去八仙橋青年會樓上的西餐部和一座記不得名稱的和尚廟。聚餐費是按名頭出份子，但我經常吃白食，大家並不讓母親交兩份餐費，席上也不對我有絲毫的年齡歧視，照樣在圓桌上占個正位。飯後散去時，爲了保證我們母子安全，總是安排我們在中間時段離開。

據褚銀先生的文章回憶，另一個「星期二聚餐會」實際上是「中共領導的一個週邊進步政治組織」。也是由各人自出聚餐錢，會上請一人主講當時的時事和形勢，然後大家漫談。經常出席的除嚴景耀外，有沈體蘭、吳耀宗、張宗麟、陳巳生、林漢達、馮賓符、鄭振鐸、雷潔瓊、趙樸初等。憑我的記憶每次的人數大致是六至八人，似乎是大家輪流參加的。比如說，沈體蘭、吳耀宗見到少，馮賓符、林漢達經常來。凡是在寺廟裏座談，趙樸初必到，大概是他出面向住持借的吧。他們在座談時，我便溜到大殿、偏殿東張西看。那裏一個香客都沒有，亦不見和尚。面對猙獰可怖的金剛，我也不覺得懼怕。看到供桌上有籤筒，我也不搖不求，隨手抽出一支，上寫著「求籤心不誠，罰燈油幾斤」，又隨手抽出一支，仍是罰燈油。好幾支都是如此，我便悄悄地離開了。如果認眞起來，趙樸初先生不知如何替我交待呢。

說到這裏，我想順便講一件事。有一次母親帶我去參加某個婦女界抗日座談會，很奇怪一向對我關懷有加的阿姨們突然變得挺冷淡。我當時年少，懵裏懵懂也不以爲意，仍然隨處走動，看到有一張桌子的抽屜旁醒目地放著幾張角票，我不明白它爲什麼這樣放著，仍舊我玩我的。直到解放後，當時與會的一位阿姨才告訴我，這是她們共同策劃的，因為在某次座談會後，她們發現少了幾角錢，便企圖以此測驗我周海嬰是不是小偷。雖然已時隔幾十年，我聽了仍不寒而慄，深感她們設置這樣的「陷阱」是何等不當和危險。須知我當時還是個九歲左右的孩子，頭腦裡還沒有「偷」和「拿」的罪錯區別，猶如我們平常看到的一個孩子去某家做客，看到好吃的食物，很自然地拿了就吃，而不知什麼「規矩」和「禮貌」。要是我當時果真不慎拿了，那不僅是「魯迅兒子是小偷」的鐵案成立，甚至有可能連帶影響母親參加抗日救國活動的權利，其後果真是不堪設想。我祈願天下所有的孩子都不要遇到這種「測驗」，也請一切為父母者三思。

遇到生病的日子，母親就把我留在家裡臥床休息，臨行前總對我再三囑咐，要我按時服藥。有一次我不慎服下兩倍量的藥水，以為犯了大錯誤，心情緊張到簡直要暈頭轉向，心想或許會中毒吧？眼望著掛鐘的分針，怎麼也不見移動，什麼胡思亂想全都冒出來，媽媽遲一刻回家，恐怕只能見到我的屍體了……母親曾有一篇文章〈扁桃腺〉，寫有一次我開刀後的訴說：「蒙藥真難聞，（用的是可羅仿——乙醚）大約三分鐘，心裡曉得，口裡說不出話來，好似說不出的可怕。他心裡想：『見不到媽媽了，媽媽白養他了』，這孩子就有如此多的想頭，聽了也叫人難受。他邊說邊哭了，每逢提到這時的心情，他就淚水汪汪地想哭。像這樣善感的孩子，全身麻醉給他的印象太深了……」可見我當時的戀母心理。好容易盼到母親回家，全部神經立刻鬆弛，心跳也平穩下來，喜笑顏開地迎接母親，似乎是從死亡裡逃了回來。今天回想，這瓶藥水其實不過是棕色的甘草止咳合劑，裡面加了少量的「可待因」而已，多喝一點，實在並沒有什麼了不得的。

孤島時期，上海婦女界成立難民救濟會，母親任會裡負責人之一，同時還擔任中華女中的校長。她爲這個學校聘請了許多有淵博學識和教學經驗的老師，學校的教學受到廣大學生歡迎。一九三九年大漢奸汪精衛準備在淪陷區粉墨登場，敵僞加緊向教育界下手，上海的形勢日漸惡化。在這風聲鶴唳的時候，這個抗日救亡思想的培育陣地——中華女中自然也受到威脅。母親作爲校長，收到幾封恐嚇信，並被便衣特務跟蹤盯梢。這樣，母親的行動只能縮減，許多地方避免前往，以防牽連友人。凡遇必要的外出，臨行總要對我再三囑咐，使得幼稚的我也敏感地產生焦躁和不安心情。朋友們擔心敵人有加害母親的跡象，地下黨組織經過研究決定她儘快撤出學校。這段經歷，曾有文章回憶到。在學校的校務擴大會議上，母親宣佈：「學校保不牢，有人要來接管，我也要離開學校了。」蔡夏瑩等老師也在會上講話，情緒激動。移交前，爲了避免後患，母親、蒯斯曛老師與學生曹貞華，一同在宿舍裡仔仔細細地檢查一遍，以免有什麼「把柄」遺留下來發生意外。母親還和學生開了告別會，叮囑說：「要做堅持眞理的人，要堅持鬥爭；最後勝利必屬我們，我們後會有期……」師生們相對而泣，揮淚而別。

在母親留存的資料裡，有一份當年中華女子學校解散的「讓渡費」賬單，從中可以看出母親支撐這所學校之不易。學校的經濟長期處於困境之中，教職員工半年、一年發不出薪俸，甚至連必要的粉刷牆壁的六十元錢，還要靠教員借助。在我幼小的記憶裡，這個時期母親為學校曾向一位「黃先生」籌借過兩筆款子。我記得母親帶著我去拜訪她的情景。寒暄過後，黃先生很自豪地帶領我們到後院，欣賞她飼養的猛犬。只見院內有將近十個鐵柵籠分佈四周，籠子上都是手指粗的鐵柵。每個籠裡養一條、幾條不等。猛犬一色是大型獅犬，皮呈土黃色，橫嘴大口，犬牙鋒利，兇猛異常，一見陌生人入院，吼叫聲音振耳，但主人輕輕一斥，立刻肅靜（這種猛犬即是珍稀品種獒犬，最大的幾乎像頭小牛犢，稱為鬥牛獒犬，學名似乎稱 Bullmastiff Dog，這是我最近從圖錄中查到的）。黃先生回頭問我要不要，送你一頭？母親替我婉言謝却了。

這位「黃先生」莫非就是當時上海抗日婦女中經濟實力最強的黃定慧女士？為此我拜訪了梅益同志。梅益老已經八十多歲，多年的腰椎疾病把他的腰折磨成近三十度的弓形，必須持杖而行。但他的記憶極佳，不假思索就把我的問題回答了。不錯，這「黃先生」就是黃定慧女士。他說：在北京能夠比較瞭解黃定慧的，恐怕我是惟一的人了。

梅益老告訴我，黃定慧的丈夫叫陳志皋，他是律師，又是做銀行業的。抗日前就經商，一直頗具經濟實力。陳志皋還是《譯報》董事會的主任，黃定慧任董事長和經理。梅益當時具體負責這個刊物，而錢是他們出的。因此他與這對夫婦之間有著工作關係。

還有一個「互濟會」，是專門暗中營救被捕革命志士、共產黨員的，做了很多工作，可稱之爲政治性的慈善機構。黃定慧也參與其事。黃是早期的共產黨員，大革命時代在武漢，她就擔任婦女部長，可見是位很活躍很能幹的女將。

那時上海的「難民收容所」，其任務是幫助流亡的難民，由趙樸初負責。黃定慧到了上海，也參加這件事，爲它四處奔走籌集經費。因爲大量難民的進出流動，需要供應伙食、衣物、路費，耗資甚巨。到了一九三八年，黃定慧開辦的錢莊因經營發生困難而關閉，生活拮据，便去香港住了一段時間。這期間她又幫助潘漢年做地下情報工作。由於她工作的特殊性質，便和周恩來、鄧穎超兩位很熟悉。「文革」期間，黃定慧受到極大衝擊，鑒於她經歷的複雜性，落實政策的難度很大，時間耗費很長，最終落實政策，是在上海安排她擔任文史館員。黃定慧還是一位才女，八十多高齡了還在寫自傳。近年興致所至，經常寫寫詩詞，每有所得總會寄給梅益老看看。聽了梅益老的介紹，我不禁對黃定慧先生肅然起敬了。

我眼中的關露

由黃定慧，我想起了另一位女士關露。這位解放後長期蒙冤的革命者，當年給我的印象大約在二十五歲左右，高眺身材，燙髮，面貌一般，談吐和藹可親，看不出是個能夠單身深入虎穴的人。她常來我家，跟母親很談得來。

有一天上午，母親帶領我去探望她。路程不遠，步行去的。她居住在一幢弄堂房子的三樓，剛上樓梯，她已經迎了下來。身邊有一位小姑娘，比我年長兩歲光景，十三四歲吧。腳下跟著一隻卷毛白色（北京）哈巴狗，調教得頗馴順。關露住的房間朝陽，鋪陳簡單，卻有一般住宅少見的雙人沙發。據母親講，這位小姑娘是關露收養的，算是養女。我當時的感覺好像雙方的年齡相差太近，似乎不合一般母女年齡的比例。當然，這僅是我童稚的判斷。究竟如何，便不清楚了。這次她和母親相晤，似有告別的意思，表面歡愉的交談中含有一絲悽楚的意味，這是我所不能明白的。

這之後，隱隱約約地聽到不利於她的言談，說她投身日寇那邊去了。母親也不再提到她，更沒有往來接觸了。從此她一直被當做叛徒漢奸看待。直到一九八二年四月才得以平反，承認她爲革命所做的貢獻。但她的個人生活仍甚爲淒涼悲苦，並於同年十二月五日去世，骨灰安葬於八寶山。

去年底，爲了撰寫回憶錄，我翻閱舊年的相冊，發現其中一張照片中的人似曾相識。那是一位年輕女士與一個少女相擁而坐，膝上有一隻長毛哈巴狗——這不是三四十年代有名的女作家關露嗎？翻過背面，上有「廣平先生、梅魂敬贈」字樣，落款的日期是「二十八（一九三九）年中秋」。我持此照片去請教梅益老。他看了毫不猶豫地回

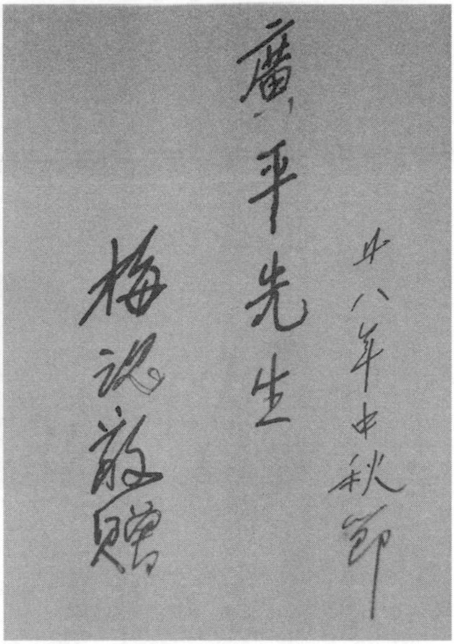

這張照片存疑。梅益確認是關露，也有人說不是。背面的字跡經過六十年了。梅益認定是關露的筆跡。

答：不錯，這人正是關露。並說這張照片很珍貴，值得附在我的回憶錄裡發表。既然這張照片有歷史價值，為了慎重起見，我又將之寄給魯迅研究兼文史專家丁景唐老人的女公子，關露傳記《諜海才女》作者丁言昭，煩她轉請關露還健在的胞妹，如今已九十高齡的胡繡楓先生再予辨認。孰料胡先生不認為照片裡的人是她的親姐姐。這究竟是怎麼回事呢？我只得回頭再去找梅益老。而他又一次肯定了自己的判斷，並且說出如下一段鮮為人知的史實來。

原來關露之打入敵僞機構，是梅益老所親自派遣的，她的一切活動全由他掌握。抗戰勝利後，群情激奮要求清算漢奸罪行，關露自然也成為進

梅益和作者，二〇〇一年二月四日梅益寓所。

步文化界唾棄的人物，地下黨為保護關露，仍由梅益老出面，交給交通員二百元路費，專門護送她到蘇北新四軍根據地去。後來，又讓她轉赴大連，在那裡隱姓埋名定居下來。直到新中國成立，她才移居到北京。因此梅益老斬釘截鐵地說：「關露的所作所為，包括她在照片背面題的字，都是我所熟悉的，我決不會認錯。」他倒懷疑胡繡楓先生雖為關露胞妹，畢竟九十高齡難免記憶有誤，何況還有個特殊情況：關露曾與電影明星白楊一起做過隆鼻術，她的手術又不甚理想，看起來有些腫脹，以至她妹妹一時認不出來也未可知。梅益老還說了件有趣的事，她到蘇北根據地後，曾托護送她的交通員帶回一隻藤篋。打開一看，裡邊僅有幾雙破絲襪，此外什麼也沒有。是原本就別無它物，還是藤篋裡的東西已被人盜竊了？這事實在蹊蹺，令人百思不得其解。

雖然有上述的波折疑問，我還是決定將照片附在書裡，以供史家研究，也表示我對這位爲黨爲民族做過特殊貢獻的前輩的崇敬之情。

董秋斯凌山夫婦

這個時期，母親還常帶我到董秋斯、凌山夫婦家裡去玩。董秋斯先生當時已是翻譯名家了，但他們夫妻二人住的地方卻是白賽仲路上（現復興西路）一幢五層公寓的頂層。這頂層原是給傭人住的逼仄狹小，眞是名副其實的「斗室」，僅能容納一桌一床而已。頂層又沒有廚房和水盆，用水是從懸掛式抽水馬桶的水箱裡用細橡膠管引下來的，一切生活用水全靠它。即使這樣地蝸居隱蔽，在他們的女兒出生才兩三個月之時，突然幾個日本憲兵闖入房裡搜查，董先生也受到憲兵司令部的審問。他年輕求學時曾因肺病在北平協和醫院切去一葉肺，呼吸能力減弱，面對這種審問，必定很受折磨。幸虧沒有搜出片紙隻字的把柄，也沒有讓他們抓到他是共產黨員的證據，才未被投入牢獄。而別的文化界人士，如柯靈、楊霽雲兩位先生便沒那麼幸運了。他們飽受日寇刑審之苦，甚至被放出狼狗撲咬，其慘狀是可以想見的。

在執筆撰寫這部回憶錄的時候，我想到一個問題：母親何以與董秋斯夫婦關係如此深厚？一九六八年三月，當「魯迅手稿」事件發生時，母親急得連夜給周恩來總理寫信，次日一早，她要找朋友商量，首先想到的就是董秋斯夫婦，這說明母親與他們有著非同尋常的友誼。只可惜我一直未曾想到過要細問這些。現在我只得去打攪還健

董秋斯凌山夫婦和子女。

在的凌山先生了。老人今年已經八十四歲，對往事記憶仍十分清晰。她講述了我父母跟董先生一家長久而密切的交往，同時也使我搞清了何以母親會如此信賴蔡詠裳阿姨，當她病體不支時，竟欲將我託付於她。

我們的談話先從董秋斯先生說起。原來他和蔡詠裳阿姨是燕京大學的同班同學。一九二六年畢業後，兩人就結了婚。隨後一道去武漢編刊物，接著又南下廣州，在協和神學院教書。就在那裡，董秋斯從公開的出版物中接受了馬克思主義。而這時，年輕的凌山也正就讀於廣州最大的中學眞光中學（這是一所美國教會學校，良好英語的根底奠定了她一生從事譯著的基礎）。就在這個時期，她與董秋斯夫婦相識了。

可惜，董秋斯雖然長得身材高大魁梧，卻不幸於一九二八年得了嚴重的肺病。先在上海求醫，後來又因勞累過度致使大口吐血，病情加重。蔡詠裳阿姨遂於一九三四

在白色恐怖下「左聯」秘密爲父親作「五十歲紀念」時所攝之一。一九三〇年九月十七日攝於上海。

「海嬰與魯迅　一歲與五十」。一九三〇年九月二十五日攝於上海。

年把董先生送到北平的協和醫院治療，虧得一位德國名醫以手術切掉左肺（去掉了七根肋骨，心臟也向右移位了），病後又轉到北京郊外的香山去療養。但董秋斯先生並沒有讓自己閒著，他開始爲《戰爭與和平》這部皇皇巨著和別的外國名著的翻譯做準備工作（他的早期譯著《士敏土》是三十年代經父親幫助出版的）。由於董先生需在西山長期休養，蔡詠裳阿姨無法在旁照顧，便隻身南下工作，夫妻由此而分開。到了四十年代，蔡詠裳阿姨與另一位姓戚的同事又是同志結了婚。這樣，凌山阿姨才與董秋斯先生結爲夫婦。

我與凌山阿姨的話題又轉到當年父親五十歲的生日慶祝活動上。這次活動是由史沫特萊等幾位朋友所倡議，董秋斯是整個活動的口譯者，這段佳話大家已經熟知。但人們不一定知道又是什麼機緣使史沫特萊選中董秋斯爲翻譯的呢？原來，當時董秋斯所編黨的週邊刊物《世界月刊》勇敢地全文揭露了日本法西斯那個鼓吹侵略戰爭的《田中奏摺》，史沫特萊認爲董秋斯很有正義感和膽識，設法結識了他，並通過他再認識還住在景雲里的父親。擔任口譯自然仍是董先生。史氏欽佩父親，慶祝生日之舉便由此而發起。

當時白色恐怖那麼嚴重，父親又是敵人的眼中釘，因此操辦這個慶祝活動是要擔當很大風險的。董秋斯和蔡詠裳兩位尋到法租界的一家荷蘭餐廳，才使許多左翼作家有這一次值得載入史冊的聚會。總之，這項活動的一切跑腿打雜，包括安全工作的布

一九四七年十二月二十八日普希金銅像揭幕式，母親與朋友和上海蘇聯塔斯社同人，攝於「蘇僑協會」。左二胡風，左三許廣平、左後四羅果夫，左後五姜椿芳，左後六張梅林，左後七葛一紅，左後一戈寶權，前右二是顧征南。

置，都由董秋斯夫婦和一些同志承擔的。我父親與這兩位關係之深厚於此可以想見了。只不過後來董先生與蔡詠裳阿姨離異，改與凌山阿姨結爲夫婦，但大家的友情依舊。何況母親起先也是經蔡詠裳阿姨的介紹才認識凌山的。

凌山阿姨生第一個孩子是一九四四年（正値羅馬尼亞從法西斯鐵蹄下解放，所以孩子取名「志凱」），我母親細心地向這位初爲人母的阿姨傳授當媽媽的經驗，還親手縫拼花色布塊的「百納被」和繡了花的小「和尚袍」送給他們（這種拼布叫做「百家衣」，也是生活拮据時代的節儉之道）。爲此，凌山至今還深情地憶念著「許大姊如慈母般的幫助」。

董秋斯先生僥倖未被早年的嚴重肺病奪走生命，到晚年竟遭江青逼迫而死。這就要講到他與張文秋的關係了。張文秋是毛主席的親家，他們女兒劉思齊和邵華分別嫁給毛岸英和毛岸青，這是大家都知道的。但很少人知道，張文秋的大女兒劉思齊有好幾年是由董秋斯夫婦代爲撫養的。一九二九年，張文秋的丈夫劉謙初是山東省地下省委書記。他倆不幸被軍閥韓復榘雙雙抓獲。由於叛徒出賣，劉的身份被暴露。而對張文秋又一時抓不到把柄，加上當時她已懷孕在身，經組織營救才得脫離虎口。但劉謙初與二十一位革命志士一起被韓復榘殺害了。

張文秋出獄後來到上海，經組織的安排住在劉謙初好友董秋斯家裡待產。一九三〇年春天，生下的劉思齊寄託在董家，請個女工帶著。她自己繼續從事地下工作。後來，張文秋也是在董秋斯的家裡認識了史沫特萊，並由史沫特萊將她推薦給共產國際諜報系統的左爾格，成爲他情報網裡的一員。（左爾格一九四一年在日本被殺害，該情報系統撤回蘇聯。）張文秋卻早在一九三六年帶著女兒思齊去了延安。

文化大革命開始，江青指派專人來找董秋斯，強迫他寫證明材料，要他否認劉思齊是劉謙初烈士的親生骨肉。江青之所以這樣做，無非是妄圖陷害張文秋。董秋斯那時已經七十多歲，身體十分衰弱，但他面對這種高壓，仍奮起回答：「思齊是劉謙初犧牲前交待我照顧的，怎麼會不是他的女兒！」江青派來的人一次次逼迫，他一次次強烈抗辯，決不改口。他的心臟經受不了這種無休止的逼迫，心力衰竭反覆發作，又因爲有「問題」而不讓住院治療，終於在我母親去世後的第二年，一九六九年的除夕夜，在家裡因無醫療條件搶救而含冤逝世。可以這樣說，董秋斯以自己的生命保護了張文秋。未悉張文秋本人知也不知？

勝利的歡欣

抗戰勝利的消息，對我們來說是來得既突然又自然。上海雖是「孤島」消息卻極爲靈通。蘇聯塔斯社的新聞，能悄悄收聽到。尤其是「口聞」傳遞最爲神速，不消半天，大街小巷都曉得了。

那時母親慣例在星期六晚飯後，帶著我從霞飛坊步行到福煦路四明村三十八號建人叔叔家去，途中順便買兩斤花生米，大家圍坐在八仙桌邊談天，成爲我們兩家極高的享受。這兩個小時裡，便是大人們相互交流「小道消息」的機會，然後一起加以判斷分析，由此估計不久的將來日本法西斯必定滅亡。我們這些在旁靜聽的孩子，偶爾提問一句，大人也不申斥，有時還給予解釋。

過了不多久，我們眞的看到日本鬼子在準備夾起尾巴滾蛋了。距霞飛坊不遠有一座高層建築，老百姓習慣叫它「十三層樓」，這就是現在的錦江飯店北樓。而在當時這幢樓被市民們認爲是日寇的第二司令部，是虹口的日軍司令部的一部分，情報和文職人員，早就暗中遷到這裡。又因此戒備極爲森嚴，整天有日軍站崗，四周布著鐵絲網、沙袋，街角上還築有碉堡，絕不容許中國老百姓靠近。日本天皇宣告投降後，這座高層建築的頂層便開始向外四散飛揚燒過的紙屑，足足燒了好幾天。大家分析這是在銷毀文件檔案，雖然明知是在消滅罪證，但誰都無可奈何。膽大的市民走近崗哨，看到控制圈已經縮小，原在路上站崗的日兵已經向裡撤退，這條路可以自然暢通了。過了幾天，重慶的接收大員和美軍開進上海，街上的日本店鋪紛紛關閉，日本僑民開始返國，到虹口地區去也不再膽戰心驚了。馬路邊上，日本僑民擺了一堆堆的小地攤，出售日常家庭用品，個個露出惶恐不安的神色。這時候，也未見中國人對這批「落難者」有什麼欺凌行爲，可見中國百姓雖然飽受屈辱，恩怨仍是分明的。

一直儘量避免與外界交往的母親，這時開始公開在家接待客人。先是羅淑章從重慶飛來住在我們家裡。她是個忙人，經常外出開會，在我家僅僅落個腳而已。她搬走之後，又有廖夢醒帶著十五歲的女兒李湄來住。李湄是廖阿姨和李少石烈士的女兒，李少石在重慶遭受國民黨兵攔路槍殺，她向母親訴說當時的情景，怎麼也不能接受這椿命案是個「意外事件」。李湄一口四川話，送給我幾片橡皮糖，這是我第一次嘗到美國貨。我陪她到城隍廟去玩，她似乎對那裡琳琅滿目的小商品興趣不大。

隨後，我家越來越熱鬧了。除了日常來往的客人，由於地址公開，我家又成了往來通訊的聯絡點。例如廖夢醒和一位穿美軍服裝的中國人老李晤面，就安排在我們家裡。她與孫夫人宋慶齡似乎也有訊息往來。

有一回老朋友來我家開座談會，會後母親留大家便飯，他們對母親的廚藝大加讚賞，其中數李平心、馮賓符兩位先生情緒最高。馮先生雖是寧波人，卻喜歡母親創造性發展的廣東菜。母親烹製的「釀魚」，是把一條兩斤上下的鮮魚，從背脊兩側片下魚肉，切斷首尾的兩端，保留魚皮的完整。魚肉去骨切細，另取豬腿肉、香菇、金鈎蝦米，混合斬碎加淡抽油（白醬油）等調料拌勻，不加味精，然後置於魚皮裡重新包裹成一條魚。由於魚的頭尾保留著，烹熟之後辨認不出是經過加工的。母親用刀切開分給客人，大家同聲讚歎形色味俱佳。另外一味羅宋湯，本是每個普通家庭都能燒煮的。但母親用料精選，在山東人開的店鋪買得牛的大腿骨，請店夥計敲開，先煮兩小時，待骨髓融入湯汁中，再將骨頭去掉，加上牛肉、捲心菜、洋山芋、番茄、胡蘿蔔、芹菜（取其芳香）等作料，慢火熬成。燒煮這種羅宋湯還有一個關鍵是要使用一種高立身的鍋，燉的時候牛髓油浮在面上，封密了香味不外泄，以保持原汁原味和原香。這只湯自然又得到很高的評價。至於下飯的菜肴，那也是廣東紹興混合，如黴乾菜燒肉、黴豆、黴千張、鹹魚蒸肉餅、多瓜盅等，這裡從略不細說了。從這裡可以看出，勝利了，母親的心情是多麼歡欣！

到解放區去

秘密離滬

到了一九四八年秋，形勢益發緊張，國民黨的假民主面目已徹底暴露，母親作爲「魯迅夫人」的社會地位已保障不了她的安全。我那年已十九歲，正熱衷於無線電收發技術，曾經做過空中無線電話的聯絡，並經考試取得了執照和呼號：「C1CYC」，還參加了「中國業餘無線電協會」。即使有這個民間組織的牌子，仍然擋不住國民黨特務的懷疑。

曾經有兩次，便衣一敲開門就直衝我家三樓亭子間，來查看我的無線電設備。直至看到牆上貼的電臺執照，才嘟囔著離去。地下黨的徐邁進同志爲此告訴我母親，要我再也不能玩無線電了，趕緊收攤。我就把無線電接收機和設備轉移到一位信基督教的王醫生家裡，由我的朋友王忠毅保存。

我們住的霞飛坊本是個小販隨意進出叫賣的開放型弄堂，但到了十月中旬，有「收舊貨」的，「販賣水果」的和「修鎖」的銅匠擔，不沿弄堂走動招徠生意，卻坐在我家後門口「歇息」，甚至此走彼來，前後銜接。從廚房望出去，這批人的打扮分明不像是小販。這怪現象後來連鄰居也察覺到了，顧均正的夫人爲此悄悄過來關照我們要多加小心。可是怎麼當心也擺脫不了他們的監視。

這時，「民主促進會」的領導馬敘倫先生等人已經撤退到達香港。我黨在港的領導方方、潘漢年、連貫等同志就與馬老計劃讓母親和我脫離危險的方案。離開上海有空、海、陸三條路線，選哪條妥當頗費斟酌。在此之前已經有人陸續赴港，國民黨方面開始警覺，海、空這兩條路線被控制和監視。加之富商和國民黨黨政人員都走的這兩條路，母親這些年又積極參加社會活動，因此難免會有人認出她。而從陸路走，由於往來人員複雜，其中有很多做小本生意和投機倒耙的「黃牛」，倒便於魚目混「人」。

地下黨和民主促進會由此決定了從鐵路和公路走的方案。並挑選了民主促進會的吳企堯同志負責護送我們母子，他對這條路線很熟悉，沿途的人際關係也多，外貌神態又像個公館裡的「大管家」，因此他扮作母親的隨從不會有破綻。他還找了同行的夥伴，是一位眞正的紡織界商人，與我們可說「五百年前同一家」，也姓周，我們稱他周先生。他的大名直到近來才知道叫周景胡。但那時是不便亂打聽的，只知道他開紡織廠生產西裝毛料。周先生的妻子是吳企堯的親姐姐吳聖筠，她的年齡和母親接近，我們就裝做一起到南方去做生意。吳企堯還關照母親，沿途要多談生意經，比如「買進賣出」美鈔銀元，還可以談些燒香拜佛求菩薩顯靈保佑大家這一趟發財那類話題。文字書本一概不帶，免受注意（臨行我忍不住在書攤上買了一本偵探雜誌，在長途汽車上翻看，就遭到車上人的側目注視。可見當時「眼線」到處都有）。我們離滬的日期定在父親忌日的前一天。按習俗，這一天家裡總是要去上墳祭掃，監視方面自然會放鬆些。

臨行前一天，母親把家裡的事做了安排：委託魯迅全集出版社賬房邵先生和他子侄輩親戚（比母親年長）許壽萱，請他們兩位照料一切。母親只對他們講要「出門去了」，也不說去哪裡和何時回來。在這種時勢之下，我想大家都是心照不宣的。家裡所珍藏的父親書籍、遺物都是抗戰前期的，如果國民黨來查，估計也找不出「現行罪證」，這倒可以放心；若能不遇到打仗、火災之類的天災人禍，全部收藏得以保存下來，這自然是萬幸了。但是誰又能料想到最後的結果會怎樣呢？我們母子心情雖然複雜而沈重，也只得一切聽天由命了。至於邵先生和許壽萱他們兩人的生活和六十四號房子的日常開銷，母親讓魯迅全集出版社的收入來維持它。出版社還在營業，多少會有些生意的。

走的那天，吳先生囑咐母親要化妝，打扮成一個闊婦人模樣。母親向來不施脂粉，這回嘴上搽了厚厚的紅唇膏，還拿著手袋。當日氣溫並不低，卻穿上了薄大衣。我穿上半截西裝，手提簡單衣物。好在目的地是香港，已屬亞熱帶地區，估計那裡的冬天不會很冷。到了下午，一輛出租汽車直接開到前門口（霞飛坊的居民一般都不啓用前門，從廚房間的後門出入），就這樣，我們悄悄的走了。不想，這一次離別，竟就此告別上海，定居北京，至今已有五十餘年了。

我們的計程車直奔火車站。一路上車輛稀少，只有法商有軌電車和少量公共汽車在行駛，有沒有「尾巴」跟蹤極易發覺。因此也不必繞道，一路平安地到了火車站，登上開赴杭州的火車。到了杭州，有當地佛教界知名的楊欣蓮老居士接站，這時大家心頭才鬆了一口氣，至少是離虎狼之口遠了一些。楊居士領我們到頭髮巷裡的節義庵住宿。庵內清幽寂靜，吸入鼻孔的是一陣陣香燭氣息，心裡感到彷彿進入了超凡脫俗的境界，惟一遺憾的是電燈光暗淡如燭。

第二天早晨再搭火車去南昌。次早到南昌，遊覽了東湖、滕王閣等地的名勝。最令人難忘的是到一家普通飯店吃午飯，踏進店堂只覺一切都大，好比進入了大人國，開間陳設寬敞，圓臺面大到可坐二十個人，我們六個人坐下顯得稀稀朗朗的。吃飯的筷子也幾乎長一倍，不然夾不到桌上的菜肴。送上來的菜，盆大量大堆成小山，可見當地民風的淳樸，商家是實實在在做生意。大家放開肚皮吃，桌上的菜還沒消受掉一半，尤其那盤雪菜肉絲剩下更多，棄之實在可惜。正在惋惜，跑堂過來獻策了，建議把菜留在桌上罩上罩，晚上再來吃。這讓人感到又親切又實惠，而店家又可藉此把顧客再留一頓。

從南昌動身，不是直接南下廣州，而是繞了一個彎，轉道先去長沙。爲什麼要那樣走？我們不明白也沒有問。反正這一路住宿坐車，全由吳企堯先生一手操辦策劃。當時又是秘密行動，類乎「潛逃」，大家一路上都提心吊膽，生怕會突然遭遇什麼不測，故想不到那麼多。又由於是匆匆路過，對長沙這座城市也沒留下什麼印象，能夠回憶起來的是車站上賣的土「匣飯」其實是一隻碩大的碗，小販們捧著吆喝兜售碗裡盛著熱騰騰的米飯，足有半斤，上面蓋著蔬菜和五花肉、臘腸、油煎雞蛋之類，香氣四溢，十分吊人胃口。稀奇的是旅客們吃完，就把大碗公隨手一放，任憑附近的孩子撿拾而去。這景象是現在所看不到的。

從長沙到廣州，乘坐的是長途汽車。也許是爲了在車頂多載貨物行李，這裡的汽車車廂造得很低矮，沿途的公路又凹凸不平，以致車身不僅在不斷地「篩沙子」，還上下顛簸，乘客是頭上吃栗子，屁股打板子。母親恰遇更年期，月經的流血量很多，到了站頭幾乎邁不開步。進入廣州，在一個嘈雜的小旅店住下。這旅店的客人看來三教九流都有，大白天公然兜攬「姑娘松骨」的色情生意。母親本是廣州生長的，現在重返故地，自然成了大家的導遊。她首先帶領大家去看她高第街的舊居。爲怕被親戚認出，避免額外的應酬，只在屋外繞了一圈，便匆匆離去。我們還到黃花崗七十二烈士墓和荔灣、沙面這些地方去瀏覽。不久，吳企堯先生以重金從黑市買到去九龍的飛機票，飛機原是美國軍用運輸機，鋁質艙裡的座椅都已開裂，想是美軍的淘汰貨吧，而國民黨的民航班機還在當做寶貝使用，怪不得經常發生空難。

到達九龍後，我們還轉道去澳門參觀過一家大賭場，它當時很有名氣，樓上樓下場子很大，有各種賭博形式。因爲時間尚早，賭博沒有開始。賭臺上的人看到我們走近攤位，就交待「托兒」佯裝下注，桌上立即顯著贏得很熱烈，但我們沒有賭癮，倒將這一切的「設計」冷眼觀察清楚了。若是賭徒恐怕目光只注意牌九、撲克、籌碼，認不清他們的設局。事後大家開玩笑說，如果一開始就下小注，賭場爲了吸引我們，必可贏錢。小贏便走，一頓飯錢大概不成問題。

隨後，我們平安抵達香港，這次長途行程，便告結束。但有一事這裡必須一提。此次南下，一路上沒有讓母親出過什麼錢，吳企堯先生事先也沒有說要共同負擔旅費，因此母親以爲既是地下黨通知我們離滬的，這路費必然也是黨所提供的。幾十年來我們都這樣認爲，故一直心安理得。但近悉吳先生有一篇回憶文章，講到此次南下所費一切竟是他姐夫周先生所資助。這樣的話，今天我不知道該如何對待和感謝了。

在香港等待的日子

一到香港，使我們驟然有了輕鬆之感，毋須要時刻警惕什麼了。我們的住宿地，地下黨安排在跑馬地的一所居民樓裡。跑馬地我是熟悉的，高中一年級曾在那裡的培僑中學讀過書。關於這段經歷，我將在另文談到。我們剛進入居民樓，就受到一位女士的迎接。她比我年長四五歲，是沈鈞儒的小女兒沈譜。丈夫就是著名記者范長江，這是後來知道的。她讓母親和我住進一間早已收拾乾淨的房間，兩床一桌，很簡單，我們是初次見面，必然寒暄一番，由此得知沈譜也抵港不久，因此當談到此地的香港環境交通和語言，母親和我倒不比她陌生。

當天晚上，方方、潘漢年、連貫來探望（後來的日常聯絡人是徐伯昕）。從談話中我們才知道，此行並不是暫居香港，而是要等待機會北上。至於需要等多久，是幾個月或許半年，他們沒有透露，母親也不便詢問。

這樣告別之後，母親就有了件煩惱事：出發時我們不曾帶冬衣。東北地區我們從未去過，只知道冷得會凍掉耳朵，南方人本來怕冷，而我又是個十幾年的「老」氣喘，突然要去這天寒地凍的地方，能不能受得了，眞是個未知數。若是自己購置寒衣，這筆「置裝費」肯定不小，我們初來乍到，又該到哪裡去籌措？但幾位領導和徐伯昕都不曾對此有所交待，又不便細問。母親只能心裡著急，從上海雖帶來一點錢，但只是少量的幾張美鈔。母親隨身帶有一面方型鏡子，我把它四周掀開，將美鈔在玻璃鏡片夾層裡平夾著，再用烙鐵焊接復原，使之「天衣無縫」。這是以備不時之需的。因此，要靠置辦寒衣的費用，顯然是不夠的。母親還進而想到：戰爭的進展速度，誰也無法估計（可見我們當時對形勢瞭解得多麼少！），要是在香港久待下去，若沒有正常收入，我們的生活怎麼辦？我的學業又如何繼續？我於是提出，讓我一人偷偷回上海，把家裡的《魯迅全集》這類書儘量低價廉售，這樣也許能籌集一筆錢。我把這打算講給徐伯昕聽，他覺得很是幼稚可笑，當即就否定了，這不是去自投羅網嗎！可見當時我是多麼無知。直到以後，我們才逐漸知道，其實這一切組織都會周到地考慮的，只因地下黨紀律嚴，哪怕細枝末節，未到時候都不便向你透露。但當時我們哪懂得這些，心裡自然不免打鼓。

我們就在這種忐忑不安的心情中等待著。每天的午晚餐由沈譜提供，傭工燒煮。吃的是廣東口味的家常菜，如鹹魚蒸肉餅、清燉鮀魚、芥蘭菜之類。我們出去逛街也順便買回牛肉罐頭，是父親生前喜歡食用的那種，一頭稍寬呈梯形的方聽，開啓後便於傾出。牛肉是絞碎的，間雜著紅白色，有一股香氣。這種牛肉，肉質香酥，父親滿口義齒，這類易於咀嚼的食物自然很合口味。此外，還買些廣東臘味和鹵水熟菜，尤其是燒鵝以償母親對家鄉口味的懷念。從另一角度講，我們自己添加些菜肴也可爲沈譜節省些開支，因爲我們察覺她手頭很緊。

這期間，母親讓我去探望過一位親戚，她是我母親一位早年嫁到香港的妹妹，叫許東平。母親說，這個妹妹很聰明，幼年時一起讀私塾，她記憶力特強，母親尙未背出書，她已經出去玩耍了。只可惜她很年輕就結婚，早早地被家務子女所拖累，埋沒了自己的才華。而婚姻又不幸福，丈夫名張襄武，也是廣東人，據說當過英語教師，曾在廣州工務局任職，與她感情不融洽，按照現在說法，在外有了「二奶」。她家住在九龍，有一個女兒，比我大一些。母女倆生活過得很清苦。

其實那時居港的文化人和民主人士不少，既然領導人和徐伯昕沒向我們說起誰住在何處，母親也不便貿然打聽。但何香凝何老太太，我們是必要去拜訪的。首先是因爲何老太太向來爲母親所敬愛，相互的關係本來又挺親熱，再說何老太太在香港是半公開的，國民黨反動派雖然視她爲眼中釘，派特務監視，但她是國民黨元老，也奈何不了她。鑒於此，地下黨才允許母親前去探望。當我們進到何府，只見老人正端坐在桌前與高采烈地玩麻將牌，因此，雖在香港初次見面，也不能多說什麼，僅是噓寒問暖而已。在平時，母親總是深居簡出，凡必要的生活用品多數由我去採購。

大約等了十多天，終於通知要出發了，目的地是東北的哈爾濱。連貫送來一些港幣，供買寒衣和衣箱，也沒有詳細說明該買些什麼，一切由我們自己安排。這購置冬衣的任務便落到我的身上。香港有舊貨街，商店鱗次櫛比，門面有大有小，出售的衣服有掛有堆，任憑挑選，價格低廉。我先逛了一圈，回來向母親匯報。我還告訴母親，在路上突然見到一位熟人，衣著鮮亮，一身本色紡綢短衫褲，神態飄逸，像煞廣東的公子哥兒，原來他是連貫同志。我們邊走邊聊。這回他比較詳細地告訴我還有幾天離開香港和一些要做準備的事。母親和我這才心裡有些底。第二天便去打預防針、種牛痘苗，另外還需要準備照片，用於製作證件。

我想到去東北解放區，除了衣物，照相機必然有用，願意小作貢獻，拍攝些具有新聞價值的照片。就把購買寒衣的預算設法壓縮，緊縮的辦法是買二手舊衣。第二天到舊衣店，買了絨線衫褲，是綠色的美軍物資。我的大衣也是買的美軍舊貨，再去洗衣店染成藏青色。我的這身打扮，後來差一點讓人誤認為是美國俘虜，幸虧不是高鼻子藍眼睛，才沒有挨罵。我替母親買的是翻皮大衣，因為香港的冬天溫暖，不適合穿（除非闊太太擺譜），故這件狼皮大衣在舊衣攤折價出售，我欣欣然自以為撿了個便宜，不想後來竟令我懊悔不已。到了東北沒見有人穿這類翻皮大衣，母親穿著也感到非常彆扭，簡直像個國民黨的官太太。這件大衣總共只穿過兩三回吧，後來乾脆貢獻出去，用做拍電影的服裝，由接待部門派裁縫另做大衣，這是後話。

為購買相機我眞是動足了腦筋。我花費很多時間，跑了不少店詢問價格，儘量選擇質量合意而又價錢適宜的品牌。最後我選了低價「路萊」相機，後來使用結果，成像的清晰度差了很多，放大後的相片比較「軟」，這也是無可奈何的事。但這架相機後

一九四八年十月底，母親和我住在沈鈞儒的女兒沈譜的家中。攝於二樓陽台。（沈譜是新華社著名記者范長江夫人。）

來又成爲《魯迅照片集》現拍照片的主角。那是在一九八〇年，我在南京、紹興、廣州拍攝過不少用在畫冊上的照片。

離港的前幾天，我們向何老太太去辭行，她老人家少不了設家宴餞行。也去舅舅許滌新夫婦那裡辭行，他當時是中共在港的領導之一。別的朋友母親儘量少去驚動他們。香港雖然比國統區安全，但國民黨也布下不少眼線，總以少張揚爲宜。

我們的冬裝和棉被分別裝在皮箱和帆布的「馬桶包」內，先期運到船上，我們只需輕裝等待。過了一二天，告訴我們十一月二十三日下午會有車來接。到了這天傍晚，來了一輛汽車，我們遂向沈譜告別。車行不久，我發覺並非直駛碼頭，而是繞到了九龍一戶人家門口。我們在此下車，從狹窄的樓梯上去，像是個本地工人的家。不料進入門內一看竟有不少熟人已經在那裡，他們之中有茅盾夫婦、沈志遠、侯外廬多位，可謂濟濟一堂。大家見了面又驚訝又高興，誰也想不到會在這裡突然遇到那麼多的朋友。再一想，又覺得這原是理所當然的事，大家都向往著奔赴同一個目標嘛。最令人感到意外和有趣的是，適巧在前天或昨日才見過面，甚至一起參加了某位朋友的餞行宴，卻誰也不說自己即將離港的計劃，這種新奇與詭秘使大家油然又增加一層親近感，連曾經有過的隔閡也無形中消失，感覺相互間已經是「同志」了，可以無話不談，再毋須顧忌戒備什麼。我想，當時大家都是那樣想的。但是此後現實生活無情地告訴我，這樣的理解眞是太天眞，太可笑了。

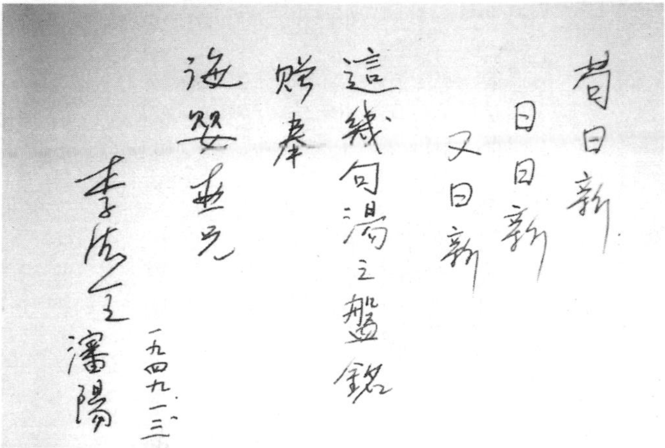

李德全在我的紀念冊上題詞。

北上旅次

我們在那家陌生人的屋裡，一直等到夜色來臨，才通知大家分頭離開。各自乘坐小汽車向不同方向駛去。母親和我的車繞著街轉到一個小碼頭，那裡已有一條小舢板等候著，連貫換了土布衣褲，儼然工人打扮，招呼我們登上船後，小舢舨隨即駛離碼頭，靠到一艘輪船邊，我們爬上去，先在大廳休息，同行的人也陸續上來了，晚餐八人一桌，坐滿八人便開飯。這船上的桌子很特別，桌沿邊都鑲有一條木檔，我估計那是爲防止遇風浪時船身擺動盆碗滑落。

這條船爲了安全總共才上三十幾個人，除了我們母子倆，有郭沫若、馬敘倫、馬裕芳，致公黨的陳其尤，經濟學家沈志遠，民主人士丘哲、朱明生，民革的許寶駒，史學家翦伯贊、侯外廬，法學家沙千里等。法學家沙千里那時還年青（後來到東北、北平參觀，有幾次曾安排我和他同住一室，因此我們搞得很熟）。同船的還有一位黃振聲是國統區學生代表，在東北一次大會上還發過言。可是幾十年來報紙上沒有見到過他的名字，心裡一直惦念著。中共領導連貫、宦鄉、胡繩和幾個不認識的幹部也跟我們同船北上。飯後發給我一張「船員」證，名字是沈淵，這是我先前在香港用過的，母親也用了化名。這份證件藍色油光紙封面，夾層貼著香港拍的照片，製作得比較粗糙。婦女和老人都不發證件，所以母親也沒有。考慮到白天的緊張勞累，飯後讓我們都早早安睡。我被安排在狹長的單人小間，室內燈光暗淡，僅有一個小舷窗和一張床而已。我很快就入睡了，因此對船何時起錨毫無所知。

次日，天尚未大亮，我就起床上了甲板。舉目望去，海天相接，淼淼茫茫，不知身在何處。看到海員在忙碌著清洗甲板，我占了會些廣東話的便宜，詢問現在船到了哪裡，船員告訴我正在向東駛去，時速大約十至十二海里。這是一條千噸級的小海輪，屬於香港船東，掛著葡萄牙國旗，要經過臺灣海峽，目的地說是北方，旁的就說不清了。近年有些回憶護送民主人士北上的文章，對這條船所懸旗幟說法不一，有講是挪威國旗的，但我以爲是葡萄牙旗幟無疑。因爲當時在船上連貫、宦鄉兩位就告訴我過，爲了懸掛這幅旗幟，所付代價相等於租一趟船的費用，我曾爲此十分吃驚，故而至今仍印象深刻。

由於這是一條混裝船，沒有正規客房，僅有少量幾間艙房。原是大副、水手長的臥室，臨時讓出來，照顧郭沫若、馬敘倫、馮裕芳等幾位長者。多數人睡統艙，男女分開，睡艙裡又暗又狹，不適宜聊天。頂層大廳是聚首談天之所，但只要是風浪平靜，大家都到兩邊甲板去漫步閒談。

一九四八年十一月，攝於「華中輪」北上途中。右起：侯外廬、郭沫若、母親、作者。

大廳即是我們初上船的餐廳，佈置了七八張方桌，集中開會和通報消息也在這裡，廳兩側有條狀漆皮軟座，廳正面左右是入口，中間有一張長桌，上面放了一台短波收音機，是NC廠「國際」牌的十燈機。每天由我開機，把頻率對準到延安新華廣播電臺。它的開始曲很容易辨別，是一首《兄妹開荒》，只要聽見「雄雞、雄雞，高呀高聲叫……」

左起郭沫若、李濟深、章伯鈞、王紹鏊。

就找對了。因爲干擾，頻率的兩邊都夾著國民黨強功率台。好在我們這條船駛離了陸地，干擾的強度大大減弱。新華台的電力小，訊號不強卻極清晰，句句可聞。每日的新聞發播時間，大家準會自動聚攏來聽。由於每天都聽到解放軍節節勝利的好消息，大家都顯得那麼歡欣鼓舞，有的還計算著什麼時候過長江，幾年可以解放全中國。

除了延安電臺，還能聽到倫敦BBC的英語廣播和印度「德力」電臺。收聽BBC的任務就落在精通英語的宦鄉身上，他聽後再向大家轉述，這樣可以多一個消息渠道，以瞭解世界各國對中國形勢的反映，輿論的向背，也等於多一份「參考消息」。那個年代，「美國之音」是沒人聽的。因爲在當時人們的心目中，這四個字就代表扯謊、胡說八道，以致誰講了假話，別人就說他是「美國之音」。

幾天之後，船長、大副與這批特殊旅客熟悉了。有一回還陪同幾位較年輕又好奇的旅客去輪機艙參觀。這裡面當然還包括我。下到艙裡只覺得又悶又熱，機器聲響到面對面聽不清談話。兩台柴油動力「第塞爾」船機，動力通過長軸傳到船尾的螺旋槳，軸的直徑約有大海碗公粗，緩緩地轉動著，我試著站到軸面上去，總是立不住。我們還經過貨艙，艙內是運到解放區的物資，據說都是急需的藥品、五金等等，但外表看不出是什麼貨物。大家也不便多打聽，匆匆而過，並不停步，知道這是需要保密的。

有時晚餐之後，睡覺尚早，大家並不急於回艙，這時便有沈志遠、黃振聲等幾位較年青又活躍的組織文娛晚會。可惜這批人裡沒有演藝界的成員，只配當個觀衆，誰也出不了節目。無奈之下，只能搞些大衆化的內容不外乎唱些解放區的歌，講些笑話。這當中，惟獨許寶駒先生的京劇清唱很精彩，最受大家歡迎。他身材並不高，但嗓音洪亮，唱的是老生，「秦瓊賣馬」之類，韻味十足，唱了一段又一段，欲罷難休。直到他的壓軸戲結束，大家才回艙休息。

但是母親卻沒有這樣的閒情逸致。打從上船，母親就在爲我的冬衣日夜忙碌著。出發前，她摸摸我買的舊軍用衫褲，覺得又薄又不保暖，天氣又臨近十一月下旬，於是臨時買了兩磅絨線，廣東人叫做「毛冷」線的，帶到船上爲我趕織毛線衫褲。郭沫若幾次從我們艙門口經過，想是看到她終日埋頭編織的情景，遂向我要了本小冊子，過不多久，笑咪咪的送還給我。我一頁頁翻過去，直到最末的一頁，才發現郭老在上面題了一首詩：

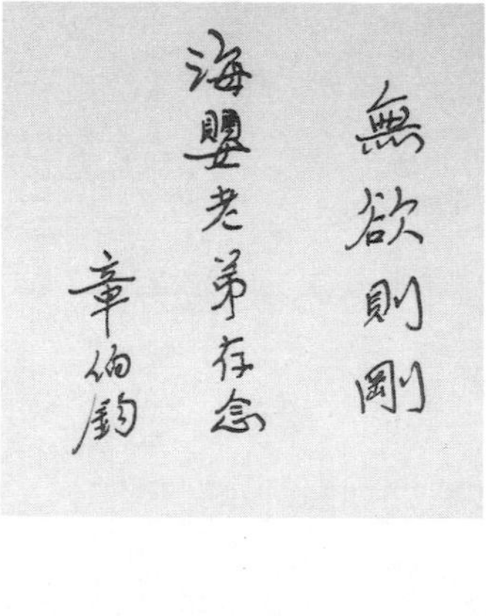

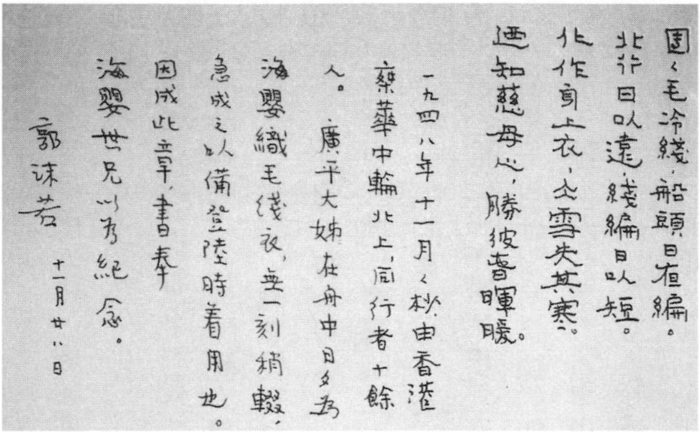
團團毛冷綫，船頭日夜編。
北行日以遠，綫編日以短。
化作身上衣，大雪失其寒。
迺知慈母心，勝彼春暉暖。
一九四八年十一月杪，由香港乘華中輪北上，同行者十餘人。廣平大姊在舟中日夕爲海嬰織毛綫衣，無一刻稍輟，急成之以備登陸時着用也。因成此章，書奉海嬰世兄以爲紀念。
郭沫若 十一月廿八日

郭沫若在我的紀念冊上題詞。

團團毛冷線，船頭日夜編。
北行日以遠，線編日以短。
化作身上衣，大雪失其寒。
乃知慈母心，勝彼春暉暖。

後面還有附言：

一九四八年十一月月杪，由香港乘華中輪北上，同行者十餘人。廣平大姊在舟中日夕爲海嬰織毛線衣，無一刻稍輟，急成之以備登陸時著用也。因成此章，書奉海嬰世兄以爲紀念。

郭沫若　十一月廿八日

就在四天前，我們剛上船，我就請郭老在這個本上題過詞。內容是：

橫眉冷對千夫指，俯首甘爲孺子牛。

魯迅先生這兩句詩即新民主主義之人生哲學，

毛周諸公均服膺之，願與海嬰世兄共同懸為座右銘，不必求遠矣。

一九四八年十一月廿四日

同赴光明區域之舟中　郭沫若

我這本紀念冊購於香港，是當時流行的。它對我來說極爲寶貴，至今還保存著。

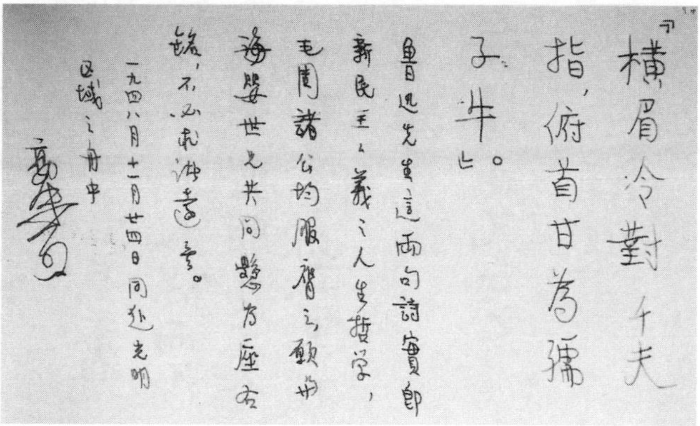

郭沫若在我的紀念冊上題詞。

船行頭幾天風靜浪平，二十五日將進入臺灣海峽的時候，天空暗下來，頭頂像被一頂鉛色帽子罩住，但見船員們穿著防水衣在忙碌著，捆綁船甲板上的設備。船長也親臨甲板，鎮定地指揮著，並勸告我們趕快回艙，必要還得臥床。颱風馬上就要來了，行走必然困難，說不定還會嘔吐的。我仗著年輕，不甚重視，仍隨意觀看。不久颱風果然來了，風力逐漸增強，若不扶著欄杆繩索，已經難以邁步。到傍晚，風力加強到六級，餐廳開晚餐時，僅有少數幾位去用飯。但我不暈船，照常上桌吃得有滋有味。只是船隻的搖晃度超過了桌子的擋碗木沿，有些高的杯子、碗盞不時從桌沿掉落摔碎。飯後困難地回到房艙，耳聽大浪陣陣拍向船體，船的木結構部分發出軋軋的呻吟聲，我突然覺得這千噸級的海輪在劈頭蓋腦的巨浪下或許會像蛋殼般地破裂，散成碎片。

將近半夜，風浪趨近七級，爲了安全，船需要頂風逆駛，以躲避浪峰和浪谷，這樣一來，行進的速度基本處於停滯狀態，時速僅有一二海里。可是船的動力又不能開足，避免在海浪峰谷起伏時船體上抬，螺旋槳打空，造成機器損毀。在這種關鍵時刻，船長的駕駛經驗非常重要，相互間的配合絲毫差錯不得。但這晚我們所遇的危險還不止是風浪。那是事後船長告訴我的，他說如果那晚的風力再增強一級，這船必需靠岸躲避，硬頂是絕對頂不住的。而這時我們的船正駛行在臺灣島的邊緣，即是說只能靠攏到「虎口」上去。幸而半夜過後，颱風轉移，風浪逐漸減弱，船才得以恢復正常航行，否則結局會怎樣，誰也難以預測。

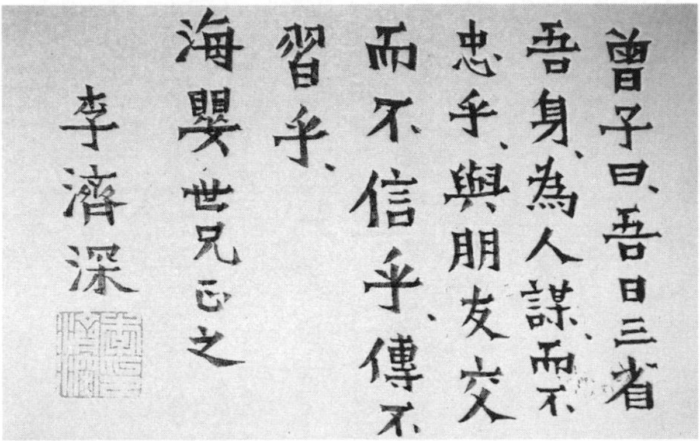
曾子曰、吾日三省
吾身、為人謀而不
忠乎、與朋友交
而不信乎、傳不
習乎、
海嬰世兄正之
李濟深
李濟深在我的紀念冊上題詞。

到次日早晨，颱風已完全過去，海面上一派霞光，好多海鷗緊緊跟隨著船尾追逐飛翔，一切都顯得那麼平靜而美麗，昨夜的風險似乎僅是虛幻夢境。這時各位老人和學者又漫步在甲板上。興許他們也知道昨夜的險情，但已事過境遷，大家誰也不再提起吧。

接著，連續幾天風平浪靜。此時大概船已過了

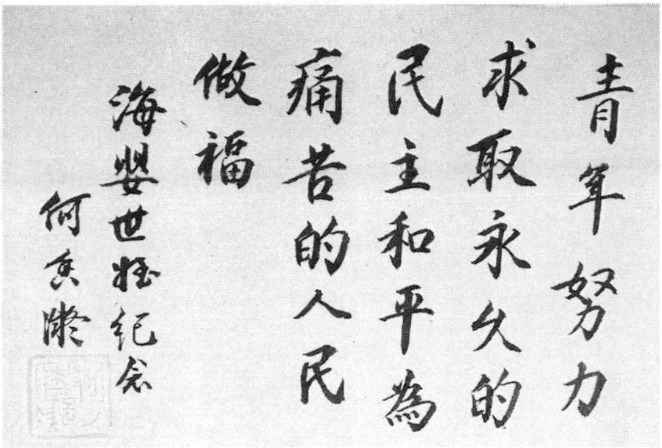
青年努力
求取永久的
民主和平為
痛苦的人民
做福
海嬰世姪紀念
何香凝

何香凝在我的紀念冊上題詞。

山東，氣溫漸漸下降，站在甲板上，只覺寒風陣陣，耳朵刺痛。年紀大的，紛紛棉衣上身。也有幾位沒有穿厚冬衣，或許耐寒力強吧。我提著照相機，許多老先生見了互相招呼，讓我替他們在船上留念。這些底片一直保存在我這裡，如今五十年已逝，老人們先後歸了道山，這些照片該是珍貴的「孤本」了。可惜拍攝時結影疲軟，色調比較淺淡。

正在大家興致盎然拍照留念時，領導來催促大家下艙了。並指著遠處有一艘軍艦正在向我們駛來，由於距離很遠，不易判斷旗幟的標識，萬一是國民黨艦艇，那便會引來麻煩，不如小心爲好。下艙後，又讓大家做好準備，（實際並沒什麼可準備的，大件行李都集中入艙儲存，手頭僅有替換衣服和途中閱讀的書籍而已）等待通知，到時見機行事。不久，軍艦漸漸駛近，從望遠鏡裡看清是蘇聯海軍，對方似乎也辨認出我們屬於商船，轉舵向外洋駛去。遇到蘇聯軍艦說明我們的船已經接近解放區了。這個區域常有蘇聯軍艦巡弋，國民黨的艦艇是不敢貿然跑到這裡來的。這使大家都鬆了口氣，心情和踏上了解放區的土地毫無兩樣，喜笑顏開地哼唱著革命歌曲。

十二月三日一早，船已拋錨停泊了。遠遠可以望見海灘和少數幾幢高聳的建築。

領導告訴大家這裡已是安東附近的「大王島」，讓我們等待舢舨接到小碼頭上岸，那裡已有吉普車和大、小汽車在等候，並有交際處的幹部及幾位領導來迎接。還告訴我們，由於解放戰爭進展神速，暫時不用去哈爾濱了，可以直接前往瀋陽待命。

此後兩天，我們在趕往瀋陽的路上度過。由於氣溫很低，中途在一家中式皮帽店停車買帽子，每位男士一頂，式樣任憑個人喜愛自選，價格不問。不一會，大家挑選結束，各人頭上都戴上了新帽子，而店主還在忙碌著，並向郭沫若再三表示歉意。原來這店裡竟找不到他能戴的帽子。最後郭老勉強挑了一頂尺碼最大的，頭的頂部還套不進去，頂在頭上明顯高出一截。大家不由感歎郭老才學過人，原來他有個碩大的腦袋。這算是路上的一個小插曲吧。

從瀋陽到北平

旅居生活點滴

我們一行抵達瀋陽，被安排住在鐵路賓館。連貫、宦鄉、翦伯贊這幾位，已在安東（現丹東）與我們分手，轉道去了大連。

賓館才騰空不久，是俄式建築，內部開間較大，其設施條件之好在當時該是首屈一指了。只是室內暖氣太熱，大約有二十七八度，我們這批江南生長的人，對這種乾燥的環境不適應，一個個熱得臉紅耳赤流鼻血，只好經常敞開氣窗，放些冷濕空氣進來。幸而街上也有凍梨、凍柿子賣，吃了可以去火。賓館的房客僅有我們這十幾個人，許多客房空關著，說是某某、某某某將要來，需留給他們住的。還聽說尚有更多的民主人士即將抵瀋，大夥都翹首盼著。

賓館一層大廳供應一日三餐，佈置著許多大圓桌，尺寸大於一般的圓臺面。每桌十人，坐滿便上菜開飯。早晨，供應北方式的早餐和牛奶。南方人習慣吃的「泡飯」，這裡是看不到的。午、晚餐的質量基本相同，經常有酸菜白肉火鍋。考慮到知識份子的生活習慣，晚睡的還供應簡單的夜宵，有牛奶一杯和隨意取食的清蛋糕（即沒有甜奶油）。廚房有西餐廚師，受過「老毛子」培訓，會做俄式西餐，和上海的羅宋大菜口

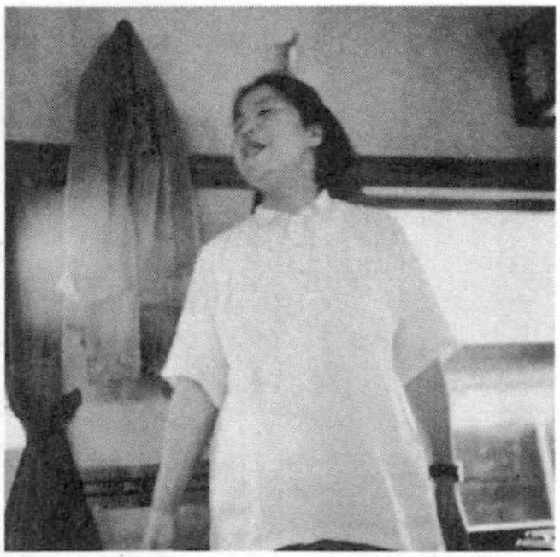

第一屆全國政協會以前，各界人士南下，在列車的餐車上，鄧穎超向大家致詞。

味相近。冷菜供給紅魚子，是鱘魚的，晶瑩透明而帶紅色，現在市面上很稀有了。廚師的拿手菜是「黃油雞卷」，把整條雞腿帶骨片開，展開後抹上黃油、味精、鹽，再卷緊，外裹麵包粉，以熱油炸熟。口感又脆又香，入口酥鬆，每人能吃完一份便很飽了。一日三餐之外，還不論男女和年齡，都按「供給制」待遇，每月每人發給若干零花錢，那時使用的是東北幣，大約相當於現在的三五百元吧。從當時的經濟狀況說，這個數目不算少了。有趣的是除了另發毛巾牙膏一類生活日用品，還每人按月供應兩條香煙。有的人不吸煙，比如母親和我也得收下，但可轉贈給別人。因為這是「規定」。

賓館裡有一間四周佈滿沙發的會議室，沙發碩大，也許是沙俄時期留下的家具吧。就在這間會議室內，每隔幾天就有活動，舉行時事報告或民主人士座談會，也有小範圍的學術講演。比如從美國歸來的心理學家丁瓚先生，講過歐美的心理學研究現狀。我聽了大開「心」界，但大家的反應卻平平，因為講的是「資產階級」的心理學，無人向他提出詢問，因而未引起什麼討論，丁先生一講完，報告會就冷冷清清地結束了。

長春解放後，也是在這個會議室裡，當時東北地區的政治委員高崗親自來向民主人士介紹這場戰役的經過。高崗身材魁梧高大，臉膛黝黑而遍佈麻坑。他說這場戰役打到最後，變成一場混戰，指揮部和各級指戰員之間，因通訊員都犧牲了，聯絡都中斷了，司令部裡搞不清是勝是敗。但我們的戰士個個士氣高昂，都能「人自爲戰」，而國民黨軍隊士氣低落，因此雖然兵力懸殊，我軍最終還是取得了勝利。他接著還說，戰場上遍佈國民黨軍隊丟棄的美式汽車、大炮和各種輜重，要打掃的話，需要許多天。這時高崗忽然轉過頭來對我說，有一種美式大炮，它的口徑之大，伸進一個腦袋還有餘裕，你要不要去看看？當然這話說過拉倒，再也沒有誰來向我落實過。

李富春同志和沈鈞儒先生。

瀋陽南下赴北平前，火車站前的留影。左1母親、左二沈鈞儒、左六羅淑章、李德全、右一郭沫若、右二李文宜。

賓館二樓的側面，還有一間彈子房（檯球室），這是整個旅館惟一的休閒文娛室。室內布置了三張球桌，一張「落袋」（斯諾克）和二張「開倫」（花式檯球）球桌。喜歡打檯球的常客有李濟深、朱學範、沙千里、林一心、賴亞力。李濟深只打「開侖」，往往由林一心陪打。交際處處長管易文偶爾也來陪陪，可以感覺到他是忙裡偷閒，爲了不冷落客人，屬於統戰任務之列。他通過打球可以徵詢些要求和意見，

他談話水平很高，總是不直接表達意圖，而在聊家常和詢問健康過程中慢慢傳達自己所要說的意見。

由於瀋陽的治安很好，領導上允許大家分批出去逛逛商店。警衛人員自然是要跟隨著的，但不擺陣勢，屬於「微服」出訪性質。有一回我跟著郭老和馬老、侯外廬幾位先生去逛古玩店（文物商店這名稱好像是後來才有的）。進入裡邊，似乎生意極其清淡，老掌櫃坐在不旺的爐火邊，一臉的寂寞和淒涼，店裡也不見夥計，大概都辭退了。郭老的目標是青銅器，馬敘倫先生卻熱衷於搜集「哥窯」之類古瓷。郭老是鑒別青銅器的專家，當場考證評論眞僞，使老掌櫃欽佩不已，不敢拿出假古董來騙錢。他

歎著氣說，要不是爲了償還債務，斷不會把壓倉底的善品拿出來賣掉的。郭老那天買到「三鳳瓶」和「三龍筆洗」，欣喜之餘賦詩一首：

三龍水洗三鳳瓶，
龍鳳齊飛入舊京。
四海山呼三萬歲，
新春瑞慶屬編氓。

馬老心目中想要的瓷器向來是稀罕物，據說他家藏的珍品不少，店裡的都選不中，只隨意買了點小玩意。我這個小青年，卻喜歡舊貨攤上的軍用舊望遠鏡，品質雖不高，價格卻相當低廉。它是國民黨軍隊拋棄之物，老百姓從戰場拾來賺些外快的，不想幾位老先生看到我買了這東西，覺得用來看演出倒很合用，差不多每個人都托我去買。以至於舊貨市場的小販們誤認爲有人在大量收購，我只得挑明要貨的就是我，才使他們不再漫天要價。

意外的煩惱事

在賓館等待的日子，雖然安穩而舒適，但時間久了，竟接二連三地發生讓我們母子難堪煩惱的事，這是在上海時所始料不及的。且讓我一一道來。

餐廳裡有一架帶放音響的電唱機，時間使用久了，放起來聲音挺微弱。交際處的幹部不知從哪裡得知我會擺弄電器，便來找我修理，希望能放出音樂來好讓大家跳跳交誼舞，調劑一下單調的旅居生活。我聽了以後，感到有了「爲人民服務」的機會，興沖沖搬回住處，用三用電錶檢查出這台機器的毛病是電子管老化。這很容易解決，換成新的就行。等到兩隻管子買來，顧不得已經入夜，我就迫不及待地試放起來。我那時眞是年少不懂事，一時心情十分興奮，又是第一次替公家辦事，不自覺地便有了想表現一下自己的心態，爲此我故意把房門敞開著，讓優美的旋律在走廊裡迴蕩，心裡得意極了。

瀋陽鐵路賓館的文娛活動。沙千里先生教授擊桌上的「開倫」彈子入門手法。旁立聆聽的是作者。

不料第二天一早，母親告訴我，昨晚的「喧鬧」影響了周圍人的休息，還一直責問到「上頭」去了。「上頭」的某某將這事告訴民主促進會的王先生（母親也是民進的領導人之一），讓他再轉告我母親。我連忙把修好的電唱機送回餐廳，內心卻深感委屈。我以自己簡單的頭腦想：這樣的小事一樁，本來當時過來關照一下就可解決的，竟弄得這麼鄭重其事，非要等到第二天，再繞那麼一個大彎子傳達到我這裡，豈不小題大做？不知如今環境變了，我的身份也變了，成了個「統戰物件」，我該多個心眼，處處約束自己，注意「影響」才是，但我沒有想到這些。

「唱機事件」之後不久，我又闖了更大的「禍」。事情是這樣的。我那時雖已年屆二十，實際還是個好動愛玩的學生。而旅館等待的日子很枯燥，同來的又都是大人，有的還是六七十歲的老人，我在他們面前需要畢恭畢敬，他們的活動和交談，哪裡容我插得進去？甚至因我的在場，有幾位民主人士開玩笑地稱我爲「周老」。但是，就在賓館的底層，駐有很多警衛戰士，年齡都與我相仿，我在他們中間可以說笑玩樂、無拘無束。這樣，一有空我就溜到他們的休息室去聽戰鬥故事。對我來說，他們每個人都挺了不起，有過數不盡的戰鬥經歷，立過許多大小戰功。他們的槍法都很好，有幾個還是「神槍手」。我自然也對武器感興趣，就詢問手槍的結構原理，怎樣射擊等等。

就在這次談話幾天後的下午，有個朝鮮族和一個東北籍的戰士，陪我去瀋陽著名的北陵遊玩，據說那是早期清代的皇陵。此行也可以說是三個人共同發起的，當然用的是陪我的名義。進入北陵，發現除了我們三個，周圍毫無人跡，頗感荒蕪，因而逛了一會兒就興味索然了。這時那個朝鮮族戰士說，好久沒打槍了，打幾槍過過癮，拔出槍來便上膛打了兩發。另一個也跟著用他自己的槍開了兩響，之後問我要不要試試？我不假思索，拿過朝鮮族戰士的左輪打了兩發。剛射擊完往回走，一隊荷槍的士兵包抄過來，立刻繳了那兩個戰士的槍，把我們押到附近一個營部。兩個戰士之一對我說，只要你承認打槍是你發起的，一切都會平安無事。我就這樣在營部講了。

到傍晚，交際處派來幹部和吉普車接我們回去。由於拖延了很長時間，回到賓館時晚餐已經開始。當我步入飯廳，立即受到眾人的「注目」禮，並聽到竊竊低語：「回來了，那就好了！」好似我是一個受了寬大釋放的犯人。不用說，這事讓母親尷尬。人們一定在想，魯迅的兒子怎麼能這樣？但他們爲什麼不想想，魯迅的兒子和他父親一樣，都是普通的人啊，我又是個初涉社會、毛手毛腳的小青年。但此時此地，我們又能說什麼呢？

第二天，我遵照母親的訓導，低著頭去向領導認錯請罪。但我剛把預先擬好的認罪詞說出，那位領導就哈哈大笑起來，連聲說：「你沒事，你沒事，那兩個戰士已經坦白了，是他們讓你試槍的。」當然，這使我又一次尷尬，因爲我聽了那戰士的話，說了謊。這事件的眞相總算弄清楚了，錯不在我，我是受了那戰士的慫恿。只是，我不知道別人是否都聽到解釋，後來又是怎樣想的。

有了這兩次教訓，母親再三叮囑我，切勿忘乎所以，言談舉止一切都得小心謹愼。拿後來的話說就是要「夾緊尾巴做人」。沒想到尾巴夾緊了還是「闖禍」。母親關照我，凡有外出參觀活動，老老實實跟在隊伍後面，切勿亂跑，我就問：「那我跟在哪些人後面妥當？」母親思索了一下說：「這樣吧，你跟在茅盾夫人孔德芷嬸嬸後面，就不會出差錯了。」從此我牢牢記住這句話。幾天之後，正逢市裡舉行歡迎民主人士抵達瀋陽的大會，我也跟著去了。那是一個劇場，裡邊坐滿了人，留下前面第一排讓貴賓落座，我也忝列末座。過了一會，臺上招呼貴賓從舞臺左邊的小梯上去，於是以郭老爲首（那時李濟深還未抵瀋），大家魚貫而上。那麼我怎麼辦呢？我自己衡量僅僅是個民主人士的家屬，是屬於不需要上去之列的，便穩穩地坐在椅子上，沒有隨同站立起來。這時已上臺的被一個個地介紹，台下嘩嘩地鼓著掌。漸漸的，大部分人都上臺去了，最後輪到茅盾夫人孔德沚登上梯子，她回頭盯著我，緊張地揮著手招呼：「快走！等什麼，還不走呀！」就在這一刹那間，我的意識又出了岔子。我想：不上去怕不好吧，會顯得自己孤傲和不合群；再說母親關照我要跟著孔德沚嬸嬸行動，那麼我跟著她上臺去該是符合原訂行動準則的。就這樣，我最後一個上了舞臺。等到臺上把每一位來賓介紹完畢，請他們都集中到台中央，再回頭一看，台邊上怎麼還多出一個我，孤零零地站在那裡，顯得那麼突出。我想此時不光是會議的主持者，連劇場裡的與會者也一定驚詫不已，怎麼會忽地多出一個人來？看到主持人朝我一愣，我心裡也不由一激靈，知道壞了，他們根本沒安排我上臺，我跟錯了。正在我進退爲難之際，主持人想了一下，把我讓到身旁，介紹說這是誰誰的兒子，沒想到，他的話音剛落，下面的掌聲似乎比前一個還響亮些。但我的背上一時如有萬根芒刺在戳，我生平頭一回體會到，這「乞討」來的掌聲是什麼滋味。果然第二天閒話來了，而且是衝著母親的，說什麼許廣平爲了想把兒子培養成政治家，竟用這種手段塞到臺上去亮相云云。

那麼對於我的前程，母親究竟是怎麼想的呢？她眞的要把兒子引向仕途上去嗎？就在前不久，即這一年的十二月一日，在我們所乘的海輪駛向解放區途中，她在我的紀念冊裡，寫了這樣一段話：

海兒覽

照舊俗，中國古禮，男子二十日冠，算是成人的年齡了。現在，就這弱冠期中，我把你送到新的社會，新的大中國搖籃中，使你從這裡長大，生息，學習，堅壯，以至於貢獻涓滴。以母負撫育之深意，是所至盼！

母親 於舟中 1.12.1948

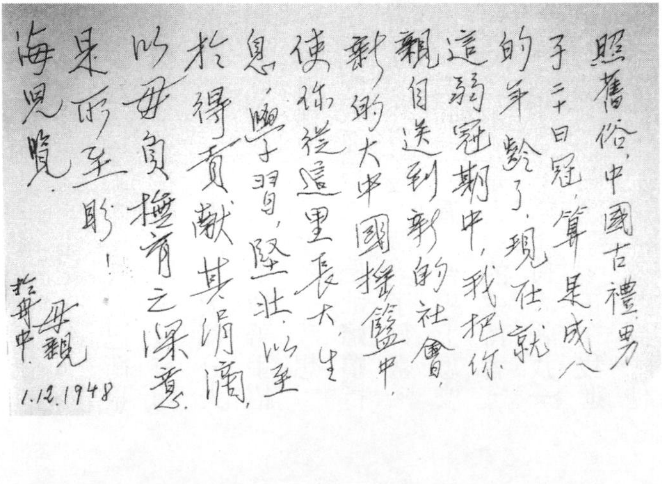
照舊俗，中國古禮，男子二十日冠，算是成人的年齡了，現在就這弱冠期中，我把你親自送到新的社會，新的大中國搖籃中，使你從這里長大，生息，學習，堅壯，以至於得貢獻其涓滴，以母負撫育之深意，是所至盼！

海兒覽

母親 於舟中 1.12.1948

母親還曾不止一次地對我說過：「我把你交給黨！」我想，上述的題詞便是她對於我的期望，她只要我能夠健康成長，爲新社會「貢獻涓滴」而無其他。但人們的誤解——我只能用「誤解」這個詞，竟是那麼強烈。

一九四九年二月二十一日上午到魯藝，母親講課一小時並送金五十兩（五條）。二十二日李初梨來旅館，退還捐贈。再托馬敘倫（民主促進會主席）轉，亦不收。二十三日呂驥、張庚代表魯藝來，先客氣一番，後應允接受了。前第三排中間爲母親和作者。

緊接著我們又陷入了更爲難堪的境地。這是從逛街引起的。

有一回，我跟隨大人們出去，進了一家書店。這家店鋪面不大，陳列著東北出版的各類新書，其中除了許多種馬列和毛澤東的著作，還有小說《原動力》、《新兒女英雄傳》、《活人塘》，詩歌《馬凡陀山歌》，也有少量的香港進步書籍如《蝦球傳》等。這當中，我看到了父親的著作，有《吶喊》、《彷徨》、《野草》、《二心集》、《準風月談》、《兩地書》等，也有整套的《魯迅全集》、《魯迅三十年集》和父親的翻譯作品，可以說品種很多。書的末頁標明出版者爲「光華書店」和「東北書店」，印刷地點在大連、哈爾濱和安東。看到父親的著作，品種又這麼多，我自然無比親切和高興。在上海，我們魯迅全集出版社印的書，千方百計都難以運抵解放區，而今在此大量出版應市，讀者可以任意選購，不但價格低廉，還毋須擔驚受怕偷偷地買。眞是兩個不同的天地啊！我回去告訴母親，她也滿心喜悅，讓我每種都買一冊回來作爲版本收藏。待我捧著一大疊書回到賓館，被交際處的同志看到了，很熱情地幫我一道拎進母親的房間。母親在表示感謝之後，少不得無話尋話寒暄一番，順便問問這兩個名字生疏的出版社，知道這不是盜版，也不是民間的書社，而是黨開設的正規出版社，心裡更是高興。講過了這些，我們也就置之腦後不放在心上了。

不料過了幾天，忽然來了幾位陌生人探望母親，自我介紹他們是出版系統的領導，爲首的那位叫邵公文同志。他們向母親非常誠懇地解釋並道歉，說東北地區需要供應魯迅先生的書籍，以滿足許多讀者的渴望。許大姐遠在國統區，我們無法去徵求意見，版權的手續也不可能辦理，此地等不及只好先開印了。好在許大姐已來到，我們一定補上應付的版稅。母親很輕鬆地緩釋了他們的歉意，說明我們到了解放區，一切生活都是供給制，已無需用錢，況且是黨的出版社印的書，哪能按國統區的方式收取版稅呢？母親誠懇地反覆解釋了自己的態度。對方似乎也完全聽明白了，坐了一會，起身告辭而去。或許他們以爲母親只不過是表面的客套話，也或許是當時的政策不允許，總之，過了兩天，送來一封信並一張支票。支票的抬頭是「魯迅版稅」，收款人是母親。信中寫道：

許廣平同志：

欣聞來瀋，不勝愉快，想您對出版方面，一定能給以很大的幫助，我們非常的興奮。過去曾出版魯迅小說選，因環境關係，未能事先和您取得聯繫，希見諒。現奉上稿費二百九十四萬元整及樣本一冊，請收。因尚未定版稅辦法，仍按本店稿費暫行條例支付，請見諒。

由於我們對於出版方面的經驗很少，工作中是有錯誤的，請多多予以批評與指正爲盼。　此致

敬禮

東北書店　二月一日

（蓋的圖章是：「東北書店總店　編輯部」）

母親和我商議後，很快把支票送到賓館交際處負責人那裡，再一次申明不收版稅的理由，請他代轉給邵公文同志。並附了一封信，內容是：

東北書店各位同志：頃由貴店送來《魯迅小說選》一冊，又版稅二百九十四萬元

整。均已敬悉。貴店爲國家書店，所出各書，純爲人民服務，我們願追隨學習。凡有關魯迅著作，由貴店印出，均願放棄版稅，以符私志。至於所送出書一冊，謹當拜收，以作紀念。茲隨函附回二百九十四萬元整。敬祈幐收！

此致

敬禮！

許廣平啓　二月二日

沒想到隔天又將支票送了過來。母親仍舊堅決地退回去。歇了兩天未有動靜，我們以爲此事已經過去。豈知仍是那位民主促進會的王先生，尋到我們房間裡，來與母親促膝談心，耐心地反覆勸說，動員她一定要收下這筆錢，並說共產黨辦事向來按照國際國內慣例做的，也包括出版書籍應當付給作者版稅，況且也不是只對你們，大家都照此辦理，魯迅先生是世界聞名的作家，你們如果不接受，別人也不敢收取版稅，豈不是影響了一大片？況且，你們在國統區不就是依靠出版書籍爲生的麼！又說，從書籍的定價裡，本來已經把稿費計算進去了，你們若不取，老掛在賬上，出版社也不好處理……如此等等。

聽了這番話，母親便提出一個方案：可否代我們捐掉，比如某個文化部門，藝術學校等等。這時王先生說，馬老馬敘倫先生也建議許大姐收下這筆錢。這一來，母親就不能再說什麼了。母親作爲上海民主促進會發起人之一，對馬老一向很尊重，既然民進主要的領導也發了話，又關乎多數作家利益這樣的大局，不收下看來是不行了。在此無可奈何之下，母親只能先予接受，以後再做處置。此之前，我們曾經聽說此地有一個「魯迅文藝學院」，很有名氣，在國統區都稱它是「魯藝」。於是想到不如將這筆錢捐獻給這個學校。其實這個意願在此之前已經有了，故有請爲代捐的動議。現在他們既然連這一方案也不接受，只有自己設法直接去聯繫了。這所「魯藝」是由延安的魯藝和當地的長白學院美術系、吉林師大美術系合併而成的，內設美術、音樂、文學三個部分。從感情上說，母親自然極願意把款子捐贈予這所以魯迅命名的學校。

但現在首要的是先得將錢從銀行提出來。於是第二天，我向交際處要了一輛車，由一個警衛員陪伴著到東北銀行去取款。那時東北使用的貨幣票面不大，以致領到的錢足有半麻袋。我想到此地物價並不穩定，鈔票一樣在貶値，便用時下上海人通用的鈔票到手立即換成「大頭」（銀元）、美鈔、黃金的習慣做法，隨即轉到另一銀行兌成了金條。也許這位小戰士回來後向領導匯報我去做了什麼，又不知後來是怎樣傳佈出去的，反正到了第二天，母親和我去飯廳用餐，突然發覺誰也不與我們打招呼了，看見我們別轉頭如同陌生人一樣。飯桌是坐滿十人才開飯的，以往先到的人總是熱情地招呼我們過去，爭取這張桌子早點坐滿，此刻竟是一個個面若冰霜，惟恐我們坐到他們一桌去。我們知趣，只好另找別桌，卻不料另一桌的人也惟恐躲避不及。可憐我們母子倆竟被徹底地誤解了。人家北上是赤膽忠心投身革命，而我們卻是來向黨伸手討賬要錢的。我們被看成渾身充滿銅臭的資產階級。後來，幸虧有幾位老者來到飯廳，他們的神態和平素一樣，隨和地坐了過來，這張桌子的飯才得以開成。這頓飯的滋味是怎樣的，誰都能想像得到。

在這種被誤解受屈辱的氛圍裡，我們母子心情之抑鬱是不用說了。好在經過母親多少次請求，又經過上頭多少次匯報、研究……直到臨近離開瀋陽，我們的請求終於得到回復：可以接受捐款。這樣，我們在某天的下午，乘了吉普車到「魯藝」，在一個小會議室裡，母親把致「魯藝」的信，向幾位領導和老師代表念了。它是這樣寫的：

魯迅文藝學院各工作同志暨各位同學：

在許久以前，從我聽到過有這樣一個文藝學院起，就寄予無限的景仰，爲了完成新民主主義而奮鬥，爲了新中國的建立，爲了和中國人民打成一片，作緊密的聯繫，在這方面，你們負起了繁劇堅忍的任務。爲此，謹向你們致最親愛的敬意。

爲了表示些微誠意，茲特獻金五條（每條約拾兩。海嬰注），以備你們充實這文藝武裝到頭腦的工具的配備；和加強你們的體魄，以便得以更健康地爲廣大人民服務。尤其那些經過長期奮鬥或現在有優秀的技能而欠健康的同學，用這微末的貢獻作爲我們關懷你們的一點表示，我想你們不會拒絕這區區微忱的。

特致

敬禮！

許廣平　周海嬰

信念畢，把捐款奉出，簡單的儀式隨即結束，大家到院子裡，和學院領導並全體同學們拍照留念。所幸的是他們至今還保存著此照的底片。一九九七年，我應邀參加該學院的魯迅塑像揭幕式，院領導特意放大一張，贈我留念。當我捧著這張照片，回想起半個世紀前的這一段往事，仍禁不住身上一陣陣的寒慄。

到北平

我們住的瀋陽鐵路賓館，隔幾天就有一次當地首長出面舉行的「接風」宴，歡迎又一批民主人士抵達。他們之中有蔡廷鍇、李濟深、王昆侖、章伯鈞、章乃器、朱學範，彭澤民、譚平山、鄧初民、孫起孟、閻寶航、吳茂蓀、洪深、朱明生等知名人士。還有一位僅比我年長一歲的王金陵，是王昆侖的女兒。有關方面介紹說，他們有從哈爾濱過來，也有繞遠道從蘇聯和法國過來的，各有不同的途徑，但大家都只顧聽，

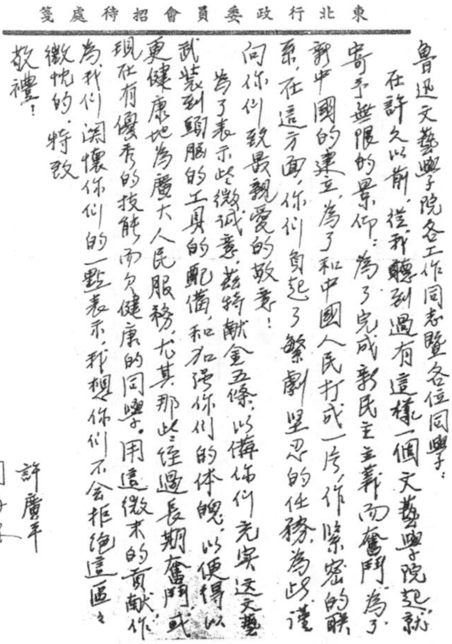
東北行政委員會招待處箋

魯迅文藝學院各工作同志暨各位同學：

在許久以前，從我聽到過有這樣一個文藝學院起，就寄予無限的景仰；為了完成新民主主義而奮鬥，為了新中國的建立，為了和中國人民打成一片，作緊密的聯系，在這方面，你們負起了繁劇堅忍的任務，為此謹向你們致最親愛的敬意！

為了表示些微誠意，茲特獻金五條，以備你們充實送文藝武裝到頭腦的工具的配備，和加强你們的体魄，以便得以更健康地為廣大人民服務，尤其那些經過長期奮鬥或現在有優秀的技能而欠健康的同學。用這微末的貢獻作為我們關懷你們的一點表示，我想你們不会拒絕這區區微忱的，特致

敬禮！

許廣平
周海嬰

至於路上的過程細節誰也不打聽。因為這些「通道」也許仍有使用價值，萬一不慎透露出去，將對「通道」環節的人員不利。

馮玉祥將軍的夫人李德全到達後，向大家詳細敘述了馮將軍死難的經過，使衆人聽了很感悲痛和疑惑。她本人對這件災禍雖有疑問，為怕影響中蘇關係，只得忍著喪夫之痛，也沒有明確地提出詳細調查的要求。所以大家聽了也都不便表示什麼。

我至今記得的是，馮夫人當時回憶說，馮將軍是應邀回國來參加新政協大會的，他們夫婦帶兩個女兒和兒子、女婿，還有秘書賴亞力，一起從美國搭乘蘇聯客輪「勝利號」借道埃及去蘇聯。客輪先到高加索的港口城市巴統，放下一千五百名歐洲歸國的蘇僑

一九四九年春季的北京飯店（現稱「老樓」）。左起：周蕖、王蘊如、周建人、馬佩（馬敘倫幼女）、母親。

（白俄），然後橫渡黑海，開往奧德薩（據他的長女馮弗伐說，此船是德國軍用船改裝的，並非正規的商用客輪）。船上的文娛生活很豐富，每天除了有音樂會和交誼舞會，還放映電影，因此電影膠片積聚有成百卷之多。抵埠前的一天，即是八月二十二日，

放映員在回倒電影膠捲過程中，不愼拷貝起火，並很快從放映室蔓延到客房。由於風大火勢兇猛，濃煙沖騰而起，正與兩個女兒在艙內談話的馮將軍立即帶著夫人、女兒向出口處衝去，不料離房間最近的那扇門竟被從外面鎖死，怎麼呼喚也無法打開，爲尋找出口，小女兒馮曉達衝向走廊的另一端，竟被烈火所吞噬。他們三人被困在膠片燃燒的化學氣體充溢的走廊裡，直到兒子洪達和四女婿以及賴亞力先生幾人把他們一一搶救到了甲板，馮將軍心臟已經停止跳動。在馮夫人敘述的全過程中，她沒有提到曾有蘇聯船員前來救援，只說下到救生艇是由船員帶領的。

馮玉祥另一女兒當時受了輕傷。賴亞力的臉部被燒傷，在蘇聯的醫院住院治療。直到過了三個多月之後，我們還看得出他臉上皮膚的顏色明顯有異。這件不應發生的災難屈指算來已經超過半個世紀，且已時勢大變，應當也可以解密，說個分曉了

茅盾夫婦在吉林的小豐滿水電站。

吧？我所能提供的情況是，在全國政協一起開會期間，馮弗伐曾向前國民黨軍統頭目沈醉提出過她對父親遇難的疑問。沈醉的答覆甚可回味。他說：「蔣介石對於馮玉祥在美國演講反對援蔣反對內戰是恨之入骨的，可惜他的手沒有那麼長。」我想，這也可算作解密的一部分吧。

住在賓館裡這許多知名人士，經常聚在一起討論黨中央提出的由李富春同志傳達的為準備召開新政協的徵詢意見。平時則在各自的房間裡看書讀報，或相互串門聊天，或到文娛室玩撲克，如橋牌、百分、拱豬等。喜歡橋牌的往往是這幾位：朱學範、沙千里、章乃器、賴亞力，他們的年紀都在三四十歲左右。有時李濟深將軍也去參加，大家都自覺對老者「放水」讓一步，使他高興高興。我有時不識相，仗著自己年紀最輕，記憶力強，出過的牌都記得，偶爾不客氣咬住不放，讓李老多「下」，做不成局。他的秘書林一心在旁觀戰，也許心中有點著急吧，可是在這種遊戲場合，亦不便表示什麼。

按照上面的意思，這一大批民主人士，原打算請他們到哈爾濱住上一陣，待平津解放，大軍渡江後再圖南下。可是形勢發展很快，只不過兩個月時間，解放戰爭已勢如破竹，四平一戰，又解放了長春，平津已是指日可得，也許開春便可以去北平，不需要轉到哈爾濱再去等候了。因此，把北上的計劃改為到吉林、長春、撫順、鞍山、小豐滿、哈爾濱這些地方去參觀學習。對這次活動，我本來有過一些簡單的記錄。但「文革」開始後，這些筆記都被我付之一炬。我至今記憶猶深的是住在哈爾濱馬迪爾飯店時，父親的青年朋友蕭軍來探望。他帶來一疊自己編的《文化報》和合訂本給母親看。就在去年（一九四八年）秋，他為「文化報事件」受到了公開的批判。他創辦的魯迅文化出版社也被停業交公。這些事，母親抵達東北時已略有所聞，因當時講述者迴避閃爍，語焉不詳，故這事究竟如何，她並不清楚。蕭軍造訪的目的，看得出是要向母親一吐胸中的塊壘，談談整個事件的原委。但我們剛到解放區，這事件又實在太複雜，一時半刻難以弄清。再說停辦《文化報》是東北局文化方面領導的決定，蕭軍的黨員朋友為此也紛紛與他「劃清界線」，母親自然也很難表示什麼。也許蕭軍對她的回應不滿意，也就告辭而去。其實母親在聽到這事件之後，也曾百感交集。奈何她愛莫能助，什麼事也做不了，況且自身在「版稅」問題上又正被誤解，各種風言風語如影隨形，久久揮之不去，使她百口莫辯，哪裡還管得了別人的事？

郭沫若在哈爾濱市的歡迎大會上演講。——慶祝平津解放勝利大會。

哈爾濱等地的參觀學習完畢，轉回瀋陽的原住地。交際處告訴大家，爲了準備到北平，可以定做簡易的木箱，數量多少不論，每人按需要提出。我們這一批人除了零用錢買的雜七雜八之外，行李確實增加不少。公家發的有每人定做的皮大衣一件，日本士兵穿的厚絨線衣褲一套，俄國式的長絨羊毛氈一條，美國軍用睡袋一隻。僅僅這些物品就足夠塞滿一隻大木箱。以至後來一隻只大木箱在走廊裡排列成行，蔚爲壯觀。

一九四九年二月一日，即北平宣佈和平解放的第二天，五十六位民主人士共同簽署的慶祝解放戰爭偉大勝利的賀電發表。一個多月前開始的，由賴亞力授課、李德全擔任助手的俄語入門學習班（將近有十個學生），因大家忙於準備起程，也宣佈結業。

二月二十五日，民主人士乘的專列抵達北平。列車將要抵達前門車站時，只見鐵路兩旁的屋頂，每隔十米都有持槍戰士守衛，可見安全保衛工作之嚴密。進站後，大家被直接送到北京飯店，也就是現在夾在新造的北京飯店中間的老樓。母親和我被安排住在三樓。

幾天後，叔叔周建人全家也到了北平，與我們住在一起。他們是從上海乘船到天津，先在西柏坡的李家莊停留，等待北平解放。還有許多老朋友如柳亞子、馬寅初、王任叔、胡愈之、鄭振鐸、薩空了、沈體蘭、張志讓、艾寒松、徐邁進等等，也都在北京飯店晤面，開飯時濟濟一堂，十分熱鬧。王任叔帶了他已當了解放軍炮兵的長子王克甯來看望我們。我們兩家在上海本來住得挺近，母親遭難時我又在他家住過，因此相見倍感親切，在一起合影留念。可惜的是，才過了半年，王克寧就病逝了。

據統計，從一九四八年八月到第二年的八月，整整一個年頭裡，秘密經過香港北上的民主人士，約有三百五十人，其中一百一十九人參加了第一屆全國政協會議。母親被選爲全國婦聯籌委會常委，三月二十四日代表國統區任正團長，參加第一屆全國婦聯代表大會，任主席團成員。後被選爲婦聯執行委員。到九月又參加了政協會議，任政協委員。十月又被任命爲政務院副秘書長。從此定居北京。我呢，只在北京飯店住了幾天，就到河北正定去，進了當時爲革命青年開辦的華北大學，編入政訓第三十一班，參加爲期三個月的學習。我全新的生活就這樣開始了。

最後需要交代的是，出發前母親一直擔心我耐不住北方的嚴寒，爲此一路上總是憂心忡忡。沒想到船一進入東北地區，那長久折磨我的胸悶氣急突然變得鬆快了。原來這裡的乾燥氣候，使我過敏的根源一掃而光，以致我的哮喘病終於獲得「解放」——消失了。

父親遺物的處置

我們在北京住下後，關於上海霞飛坊六十四號住處如何退租，我知之不詳，我只曉得已經在政務院任副秘書長的母親，得到周恩來總理批准，匆匆趕到上海處理了兩件事。一件是結束魯迅全集出版社的業務；另一件是把父親遺物點交給各紀念館。

母親把遺物分爲三份：上海、北京、紹興。紹興老家父親用過的遺物上海沒有。從紹興帶到北平的也極少。那時遷往外地，尤其是攜家帶口的，往往以帶必要的衣著爲主。而父親以書籍爲重點，專門請了木匠，按他的設計做出既便於搬運、又便於置放的書箱。這些都在北京的故居展出。至於周作人拿掉過什麼，或者當時兄弟間沒有界限，「你的就是我的，我的就是你的」，這筆賬算不清。因此，紹興魯迅故居紀念館裡，母親捐獻的不多，只好照回憶錄和親友的講述，去製作複製品，如展出的玩具刀、槍，「老鼠成親」畫片等。另有一冊搬家的賬本是建人叔叔當時所記，這次按圖索物，也討了些回來。也許曾給點補償，可能相當微薄，不過以當時的情勢，誰都不敢有異言的吧。因此展出的文物，紹興最「窮」，事實如此，只好遺憾了。但參觀的人，都遠遠超過京滬兩地。因爲紹興是魯迅故鄉，有「三味書屋」、「百草園」、「老台門」，又是人文旅遊熱點，它得天獨厚，遠近中外聞名。加之商家操作，利用魯迅小說的名稱、人物，賣得極火，無形資產難以估算。至於今後還會不會再升值，那要看商家怎麼做。

曾有好奇的朋友向我打聽：那些靠魯迅發財的商家有沒有向你「意思、意思」，意即是否給過些經濟上的回報，在此鄭重報告大家：沒有一家有這個表示，我也不打算要。如果某個用了魯迅小說中的人物名稱的企業、店鋪，鈔票賺得盆滿罐溢，想做些功德，我倒曾表示過，請他爲魯迅研究幫助些資金吧。當然，這必須有完全可靠的司庫，賬目公開，眞正的用之於「民」。

北京的魯迅博物館，應當說是眞正的父親故居。它是父親被周作人從八道灣趕出來後，獨立購置的。保存的文物，除用具、書籍以外，僅有少量古物、錢幣、碑帖等

（移居上海後，父親再未收藏過這方面的古物），它並不完整。因爲朱安去世時，曾被周作人的家屬拿走過一些，至今仍不知究竟少了哪些，這也是永遠「研究」不清的題目。至於上海後十年與父親有關的遺物，母親儘量「點滴不漏」地捐給了魯迅紀念館。不容諱言，有些日用物品在霞飛坊曾經使用過。雖然母親在思想上要盡力完整無損地保存它們，打算將來辦個紀念館以永久紀念父親。但眼前的生活現實又往往使她

同三叔周建人全家。一九五〇年八月北京東總布胡同弘通觀——出版總署宿舍。前排左一周瑾、中坐爲作者、右一周蕖，中排右側周曄、後排左一王蘊如、中立者周建人、後排右側爲母親。

不得不萬般無奈地改變初衷。比如有一件厚絨線衫，原是母親爲父親打算到蘇聯養病而專門編織的，應當是值得保存的紀念品。但當時我已經開始長高，又無力添置新衣，母親只得忍痛把它拆了，編織成我身上的冬衣。出於同樣的經濟原因，有些日常用品比如碗盆鍋瓢之類，也不得不使用過。但我深知母親內心是痛苦的，每當看到她爲此而憂傷不忍時，連我幼小的心靈都受到了震撼。又記得我十四五歲時，夏季酷熱，我沒有薄褲子穿，母親猶豫了很久，翻出兩條「香雲紗」材料的中式長褲，帶著深沈的懷念，告訴我：「這是你

爸爸穿過的。」說到這裡，我們母子相對久久默然不語。這兩條褲子，在我十九歲離開霞飛坊時還在箱子裡，後來有沒有丟失，不得而知。還有，父親離開日本回國時，有一位鄰居老武士，曾經贈給他兩把匕首。電視劇《魯迅與許廣平》裡有一場景，表演母親從北京西三條住房的枕頭邊，抽出了一把短刀。實際上這位日本武士送的是木殼套的短匕首。母親告訴過我，這匕首，無漆，本色，刀殼由兩瓣合成，用紙帶沾漿糊粘成一體，緊急防身時抽刀即刺，不必抽拔以省分秒時間，刺中對方時，木殼自動分裂脫離，刃口即現。這兩把匕首已不知去向。我曾問建人叔有沒有得到過，他說沒有。查了北京魯迅博物館內藏品，也都沒有經手。有幾位日本朋友承詢此物，只能據實奉告了。

還有一件東西比較特別，它是一隻中藥「雙料——白鳳丸」匣子，母親用來放鑰匙的，一直帶到北京。它是「種德園」老藥鋪生產的，地址「上海河南路老巡捕房對門」。曾有人著文，說魯迅反對中藥，更不信中醫。實際似乎並不如此。根據就是這個匣子。母親當時因過度勞累，白帶頗多，西醫讓用沖洗方法，沒有見效。她遂買「烏雞白鳳丸」服了，見效很快，連西醫也感到吃驚。這種中藥丸，後來父母親還介紹給蕭紅服用，因她也是體弱勞累，生活不安定，以致患了婦女的月經不調症，結果也治癒了。

我的學習經歷

很不幸，自從我幼時得了哮喘，各種疾病隨之而來，並且一直折磨著我，使我此後長期不能接受正常的教育。因此關於我的學習生活，實在沒有什麼值得寫的。但是因爲有人對魯迅的後代是弱智還是天才感興趣，我只得不怕丟人現眼，報一報這方面的流水賬了。加之過去有「許廣平溺愛兒子」的議論，我想也有必要把眞相說一下，以供識者研究。

小學和中學

六十年前我進幼稚園的事，前面已經交待過。這裡只說園方對我智、學、品的評價。我現在還保存著成績單，可以說只具有普通智力，沒有獲得上代的遺傳因子：

智力方面：　理解　甲，想像　甲，觀察　甲，審美　乙，記憶　超，

學習方面：　音樂　甲，故事　乙，常識　甲，遊戲　乙，工作　乙，

品性方面：　習慣　甲，禮貌　超，態度　超，感情　甲，體格　乙。

評分標準是：超九十分以上；甲　八十分以上；乙　七十分以上；丙　六十分以上；丁　六十分以下。

第二張成績報告單是民國廿五年（一九三六年）七月，也就是父親去世前三個月。和上半年比較，觀察從甲降了一級。體格由乙下落到不健，可見因病而缺課的日子很多。由於是畢業班，有二項新列：喜歡做的工作——剪貼，不喜歡做的工作——摺紙。結論是：成績可准升入（小學）一年級。

小學一年級是八月二十日開學，成績單只到十月三日止。父親去世前的半個月沒去上課，請了病假。單上載有「缺課四天」，大概正是哮喘病發作，假條有缺漏吧。父親去世後的第二個月，我們就從虹口搬到法租界霞飛坊，學業也轉到亞爾培路五五二號的上海市私立海光小學。這學期上課一百一十五天，病假十七天，遲到三次。照理春天我的哮喘應該比秋天稍輕，這次病假是因腳面感染破傷風所致。

我那時八歲，學校入學體檢，查出有肥腫的扁桃腺、嚴重的沙眼需立即治療。還有齲齒，需要填補。我的身高是四英尺，等於一米二二。

學校一個學期有三次考試，我的成績尚稱均衡，也有成績單爲證。學業各科，公

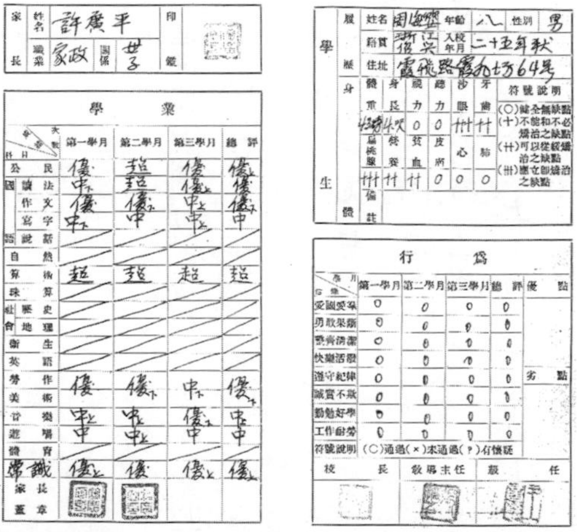

家長	姓名	許廣平	印鑑
	職業	家政	關係 母子

學業

科目	第一學月	第二學月	第三學月	總評
公民	優	超	優	優上
國語 讀法	中下	超	優上	優
作文	優	優下	中上	優下
寫字	中下	中	中上	中
說話				
自然				
算術	超	超	超	超
珠算				
社會 歷史				
地理				
衛生				
英語				
勞作	優	優下	中下	優下
美術				
音樂	中上	中上	優上	中上
遊唱	中	中上	中	中
體育				
常識	優上	優	優上	優上
家長蓋章				

學歷	姓名	周海嬰	年齡	八	性別	男
	籍貫	浙江 紹興	入校年月	二十五年秋		
	住址	霞飛路霞飛坊64號				

身體	體重	身長	視力	聽力	沙眼	牙齒	符號說明
	43磅	4呎	0	0	卅	廿	(○)健全無缺點 (十)不能和不必矯治之缺點 (廿)可以從緩矯治之缺點 (卅)應立即矯治之缺點
	扁桃腺	營養	貧血	皮膚	心	肺	
	卅	廿	廿	0	0	0	
	備註						

行爲

條目	第一學月	第二學月	第三學月	總評	優點
愛國愛羣	0	0	0	0	
勇敢果斷	0	0	0	0	
整齊清潔	0	0	0	0	
快樂活潑	0	0	0	0	
遵守紀律	0	0	0	0	劣點
誠實不欺	0	0	0	0	
勤勉好學	0	0	0	0	
工作耐勞	0	0	0	0	
符號說明	(○)通過(×)未通過(?)有懷疑				

校長	教導主任	級任

我的成績單。

民：優上，國語：讀法：優，作文：優下，寫字：中下，算術：超，勞作：優下，音樂：中上，遊唱：中，常識：優上，行爲評估方面，共有八項，這八項是：愛國愛群，勇敢果斷，整齊清潔，快樂活潑，遵守紀律，誠實不欺，勤勉好學，工作耐勞。都通過了。

關於這份成績單，有三點可以講一下。一是從這張成績單以後，直到五年級下學年，沒有一次讀到學期結束，故沒有大考的成績單。就是因爲哮喘發作，不能堅持上課，缺課缺考，母親只好請家庭教師爲我授業。由此引來不少微詞，說這是母親對我的溺愛。這些我在下面再說。第二是想說，凡是在一二年級成績優良的課程，對我以後所學專業與愛好很有影響。例如勞作得優下，我成年後在修理方面比較擅長，一輩子喜歡修修補補。而在弱項方面，如唱歌、舞蹈，於我如同笨鴨。說出來也許你會不信，我跳交際舞簡直是個木頭，以致終身不能「下海」；唱歌也五音不全。我寫的一筆字，稚拙無比。雖然在我十幾歲的時候，李平心先生曾熱心介紹我去一個寺廟，那裡有一位掛單和尙，書、畫都有名氣，法名若瓢。若瓢讓我寫幾個字，觀察之後，判斷我適合學柳公權的字帖。是不是因爲我的體形瘦削，宜於柳體，反正我也不敢詢問究竟。每次我騎車二十分鐘到那個寺廟，他讓我先磨墨活動手腕，然後選定某頁臨兩張。他自去「騰雲駕霧」——吸鴉片，待我臨畢，授課也就結束。也許他早已斷定我是個「不可教也」的孺子，礙於情面才勉強收留我的吧。所以，直至今日，不成器的我才敢透露曾有這樣一位大名鼎鼎的書法老師。但他贈我的一幅墨竹扇面至今還珍藏著。

這裡詳細說一說我何以不能堅持上學、母親只得為我請家教的苦衷。

以今天的判斷，我幼時患的過敏性哮喘是比較嚴重的。從三歲始，每年要發作，到二十歲，已發展成肺氣腫。醫生具體地向我解釋，說我的肺已經像打氣打過了頭的氣球，一旦放氣，就會變成個癟氣囊。因此我大學的體育課歸在活動量輕的病號班。對這種病，現在各種口服脫敏藥物很多，可謂患者幸福。而那時只有麻黃素，用量少壓不住，劑量稍大又有副作用：全身虛汗、心悸、脫水等等。要等到黎明時刻，才能從坐姿斜斜靠下，進入夢鄉。而此時已近早晨五點，身體軟綿綿的，去不了學校。這樣上午的課程，只能作罷。母親的朋友不知道詳情，只看見我常常請假缺課，好意地勸解說，許大姊太寶貝太嬌慣孩子吧。如何如何……但母親見我如此痛苦，也只能無可奈何，聽憑別人指戳了。

前幾年有幾位客觀的醫生判斷說，像我這樣的人能夠存活下來，已屬極不容易了。因此我這條小命，若沒有當年母親的精心照料和忍辱負謗，早就夭折，這可真應了魯迅敵人「斷子絕孫」的咒語。別的不說，單講九歲左右那年，我病得走也走不動，人無力得像一只一息尚存的軀殼。母親雇了輛三輪車帶我去求醫，醫生得知我是顛簸而來，緊張地說：「這孩子得的是傷寒症，腸子極薄要斷的，怎麼可以乘三輪車來！你銅錢嘸沒，我免費出診。好好睡落屋裡，勿要下床！勿要出來！」這位好心的醫生，來過我家多次，直到我恢復。我記得極清楚的是，將近痊癒時，舌苔厚得像上面長有一層殼，忽然有一天它像蝦蟹蛻殼般地脫了下來，胃口就此大開，味覺敏銳，食物的清鮮都嘗得出了，同時連走路也輕鬆靈活起來。自然，這段時間我是根本去不了學校的。

等到下一學期小學開學，我高高興興地收拾書包去入學，從班上的老師手裡領來了新的課本，母親幫我整齊地包了書皮。不料開學不多日，正好秋涼刮西北風，北方的寒流入侵，我的哮喘病又發作了，只得再度休學。

母親爲我的病，眞是煞費苦心，四方求醫。我至今還記得有一位西醫，當時在上海負有盛名的小兒科大夫高鏡朗。高大夫的門診很忙，診治速度也快，看病時不論孩子怎麼哭鬧，他都能哄得安安靜靜，聽憑他這樣那樣的檢查。他還有一種特殊本事，就是一面檢查這個孩子，同時又替另一個病孩開藥方，他口述，由助手記錄，一個上午竟可以看一百個號。這當中還經常有「撥號」，即提前看，還有加號的。這樣，他每天要看到下午二點才歇手。匆匆吃過午飯，又趕緊去出診了。遇到經濟困難的病孩，還免費給藥。他開的方子，外面藥房裡配不著，亦看不懂藥名，必須是在他的配藥間裡才配得到。高大夫如在處方上畫個符號，取藥就免費。也許介紹的朋友透露了我們的境況，他也爲我們免了藥費。這樣一來，母親就不好意思常常再去找他看病了。

至於爲了治病，我從小吃的苦頭，眞是不計其數。這裡且再舉兩例。先說其中一位中醫，也是朋友介紹的，需要中午去，因爲他有抽大煙的嗜好，起床很晚。他開的藥方很怪，記得蛤蚧只用尾巴入藥，每用必須雌雄成對，還要陳年的化橘紅，也很難配到。不僅藥難配，他還有多種忌口：醋、酒、蔥、蒜、魚蝦螃蟹海腥，尤其是螃蟹最「神」，碰也碰不得，似乎一入口即會遭到「殺身大禍」。（後來我偷偷試著吃了，發現與哮喘毫不相干。當時隔壁的一個女孩也因發哮喘不讓吃。當她得知我「試吃」的結果，在家裡向父母宣講了，也獲准「試吃」，結果也衝破了「禁區」。爲此她對我又感恩又崇拜。如今她也快六十歲了，她是我妻妹，現定居馬來西亞。）這倒還其次，最讓我受不了的，還是到一家外籍（似乎是法國人）醫生開的診所去看病。這位四十左右的女醫生給我配了一種針劑，叫「奧斯特靈——鈣」。每逢注射，我總是膽戰心驚。她打針的手法十分特別，先以針尖垂直撳進我的小屁股蛋，再接上針筒撳打藥水。幸虧我的神經還不是那麼脆弱，否則受這可怕的一擊定會當場尖叫起來。因此每次打針，總是在媽媽好言好語哄勸之下才去的。打了幾次之後，我的屁股紅腫脹鼓，裡面跳疼，仿佛正在釋放地震的能量。摸著燙燙地。但她看了竟說：「不要緊！熟了開刀就行。免費開刀……」幾天後，我享受了她的免費手術，只見一刀下去，膿液噴湧而出，頃刻間腰形盆裡就堆滿了沾有膿血的紗布。好在我當時還是個孩子，傷口痊癒得很快，當她過後仍要按老方法在我剛剛長出粉紅色新肉上打針時，我再也不能忍受了，無論母親怎樣哄勸責罵，我也不肯踏進這位洋「醫生」的門。

就是於這萬般無奈之中，爲了調治我的病體，又不致影響學業，母親才請了家庭教師。這是一位二十來歲的大姐姐，叫顏逸清。她每天下午來我家，除了照學校規定的進度講課外，還要我天天練大字和小楷。她讓我學習的是顏體，比較端莊平穩，便於打基礎。此外，她還買來厚厚的算術練習本，上面印好許多加減乘除式子，循序漸進每天做一二頁。授業基本上到四點半結束。

她後來在回憶文章中說，除了爲我授課外，還幫助母親的《上海婦女》雜誌工作過，如聯絡、送稿子、傳遞材料等等。《上海灘》有一篇《博物館之友——朱立波》，文中說他曾拜訪朱老，據朱立波回憶，如要找《上海婦女》這份進步刊物，顏逸清有可能保存，不妨一詢。果然在顏家的牆壁夾縫裡，藏著《上海婦女》和「孤島」時期上海出版的毛澤東著作。顏逸清老師高興地獻出了這批珍貴文物。老人家如今已年近九十，住在南京兒子家裡，我偶爾去信問候。

我拿到小學畢業證書是在光夏小學，與叔叔周建人的兩個女兒同校。我在那裡開始讀五年級上學期。它是光夏中學的附小，外面只掛中學牌子。學校在福煦路慕爾鳴路東北角(現茂名路口)，離叔叔家四明村只有七八分鐘路程。前文說過，因爲母親被日本憲兵抓去，我才臨時住在叔叔家，改上這個學校的。我從這次入學一直讀到小學畢業，一年半裡，病假沒超標，拿到了三個學期的成績單。但整個小學期間我只有一頭一尾的學歷，因爲從二年級到五年級上半年，都生病休學在家裡，因此嚴格地說，我是不夠小學畢業資格的。

光夏附小的五年級老師湊巧也姓周。她教我們國語課，對學生十分嚴厲，不顧剛剛講過的這篇古文長短難易，下課時總是交待一句：「明天統統背！」學生第二天背不出這篇古文的，統統都要打手心，打到末一個爲止，以顯她的毫不留情。有的些吃硬的同學，抽打時如沒有疼楚的表現，老師便讓他把手擱在台角，桌尖對著手背，使之兩面遭受疼痛，達到「事半而功倍」的懲罰目的。記得有一個同學，膚色黯黑，個頭不高，身體比較結實，每次排隊挨打他總不例外。他挨打前把左手正反兩面在粗布褲上用力擦紅，這樣處理後，手掌有麻木感，挨打時便會不太痛。他還把這個竅門推薦給別的同學。幾次下來，終被老師發現，叫他換手挨打，也不顧右手挨打之後還能不能握筆。這個同學又想出辦法，把兩隻手都擦紅，讓老師任選，頗有好漢的風度。老師看著這個同學，嘴巴一歪一擰，突然殺氣騰騰用手拎住他的耳朵，兇狠地上下左右拉扯轉擰，口中還念念有詞，似乎兩人在比試武功。如此的場面可把大家嚇壞了。直到發現這只耳朵那麼不經拉扯，竟有鮮血汩汩流出，老師這才住手，排列其後的同學也都被赦免了，我們這才屏氣靜息地離開了教室。

我回到家，把這段課堂「用刑」經過告訴了母親。母親知道我曾經有過一次忘了帶唱歌本，結果凡是沒帶歌本的同學都挨了板子。這次老師打我的時候表情裡帶著我是稀客的嘲弄意味，下手一樣地兇狠，使我至今還深刻地印在腦海裡。這是我一輩子首次也是惟一的一次因課堂「錯誤」而挨板子。大概這事使母親感到有必要採取某種行動，但當時她並沒有說什麼話，只簡單地問了幾句。到第二天上學前，她交給我一封信，貼了本埠郵票，讓我投入郵筒。我看到收信人就是那位老師。隔了一天，這位老師坐在講桌後面的椅子上，注視一會兒耳朵受傷的同學，又向全體同學掃視兩圈，似乎要從孩子的表情裡看出些什麼。我看到她桌上有一封信，正是媽媽讓我寄的。大概她想偵破這封信的案子吧。似乎無所覓得，於是轉而詢問各人家長的職業，誰是教師？聽到我家長不是教育界的，便不往下追問。團團查問下來，終於什麼也沒得到。不過從此以後，可以感到這位老師的作風有所改進，教育學生的方法開始往「靈魂工程師」的目標靠近了。可見母親這封信沒有白寫。事後，母親告訴我，她是以一名教師的身份給這位老師寫信的。可惜，我至今不知道母親在信裡寫了些什麼，竟一下子使這位暴戾的老師改變了——這自然是插曲一段。我繼續講自己的讀書經歷。

使我至今不能忘懷的，是一位給我補習初中課程的老師。他讓我稱呼他樂老師。本來他只管教我數學等課程，但他看到學校的英語課本內容枯燥，有一天就帶來一冊特別的課本讓我學習。那是十六開本的英文書，裡面沒有一個中文字。書名叫：*Curberson Bridge Selfteather* 意即「克勃生橋牌自習書」。每次正課授完之後，再翻開這本書，為我講解一段。他知道年青人愛在課餘打橋牌，並看到我也在和鄰居小友玩。他認為從興趣愛好的內容學外語，大腦活躍，易收事半功倍之效。果然，我的英語進步很快，可以跟上學校的進度了。這位樂老師，多年前在中科院擔任領導職務，我曾經偶然見過他，現在也該退休了吧。請接受我誠摯的問候！

因為學過「克勃生」式的橋牌，後來也引來個小誤會，挺有趣的，不妨一說。那是解放後在北京大學物理系入學不久的事。那時讀書並不如現在那麼競爭激烈，做完作業之後，還有些文娛活動的餘暇。我們都是住校的。某日下午在宿舍裡，有幾個同學正在打橋牌，邊上還站有旁觀的，他們正在爭論一副牌的叫牌規則。這時我恰巧經過，停步在一旁聽了他們的爭議，忍不住插嘴，按橋牌的規則解釋了幾句。說完便離開了。不料從此在同學中間傳播一條「新聞」，風言風語說：「周某某這個人（那時已恢復原名），整天打橋牌，不好好讀書……」後來竟傳到學校青年團領導那裡，連石幼姍書記也知道了，為此專門找我去談話，勸導我一番。意思是作為一個班幹部（我是共青團員），又是某某的兒子，要顧及影響，不該沈湎於打橋牌等等。從此之後，嚇得我對學校和班上的任何文娛活動，一概不敢再涉足了。

無線電愛好者

前文說過，我從小喜歡拆拆裝裝，以致當年大陸新村家裡的那台留聲機被我拆了裝，裝了拆，不知支解過多少回。這愛好發展到後來，便是我開始熱衷於無線電技術。這當然是搬到霞飛坊以後的事。

摸索無線電始於擺弄礦石機。以今天眼光看來這礦石機是多麼原始和簡陋，但在當時可還是新鮮玩意。礦石機的礦石，是從中藥店鋪裡買來的中藥礦石「自然銅」，把它用小錘子輕輕敲打成碎粒，挑選出結晶閃亮的小塊，如綠豆大小，夾在電木小管子裡，一端固定，另一端用細鋼絲接觸，耐心選擇「靈敏」點，等耳機裡可聽到廣播電臺的悅耳音樂或戲曲，這時的心情眞比今天有了輛私家車還要高興！不光是我，凡是我遇到過的七十歲以上的無線電愛好者，講到自己親手裝配的第一台礦石收音機，都說與我有相同的感受。後來隨著興趣和技術增進，我對此不滿足了，開始進一步向眞空管收音機發展，只是價格相當昂貴，但它抵不過我對無線電的興致，最終咬咬牙取出積蓄的私囊將它買到手。

那時教我搞無線電的是鄰居黃幼雄和周健生兩位先生。前者是一位科普作家，後者當時在交通大學機電系讀書，比我才年長七八歲。兩人中周健生對我幫助最多，有什麼無線電方面的疑問，他都給我耐心講解，偶爾還贈我稀缺的零件。可惜他後來被日本鬼子抓去，受了酷刑，直到勝利前一年才出獄。但那時他的身體已經垮了，吐血不止，不久死在松江鄉下。

一九四五年，我又因氣喘病發輟學，這時雖然抗戰已達七年多，勝利曙光就在眼前，但孤島的生活環境也愈加緊迫。這一年我已十六歲，馬上要邁入成年的門檻了。母親便和我商議：雖然我不能正常上學讀書，但老是在家裡閒著無所事事，也不是辦法，不如趁機去學習些什麼爲好。上海的短期學校有好幾類，還是尋個夜校去讀，比如簿記、會計之類，這樣好歹也能有個一技之長，將來可以找個吃飯的去處。但我去試聽後覺得於我的興趣大不相合。還有一種是無線電技校，分電訊班和工程班，有三極無線電學校、中華無線電工專、南洋無線電工專等等，晚上也可上課，並不影響我白天複習中學的課程。這倒是我的愛好所在。至於學費的籌措，我曾在二年前利用壓歲錢等私蓄買了架照相機，可以把它賣掉。母親想想也同意了。

這夜校晚間七點上課，授課老師有潘人庸、姚肇亭等，都是當時的專家。他們利用職業外的時間兼課，師資水平很高。我讀的這個工程班有實驗課，這是大家最感興趣的。上課時，每人發一堆零散的無線電零件，一塊焊接用的底座，根據教學進度，由淺入深裝配成收音機、發訊機。從電路板上聽到自己裝配的一串零件竟然放出了聲音，那份高興眞是無可名狀。要知道這是四十年代，無線電還是相當神秘的特殊機器呢，所以這個短訓班我一直堅持到結業。

除了無線電，我還曾熱衷於做化學實驗。在我的整個初中時期，我家三樓扶梯的轉角，靠近露天的曬臺，有個小櫃和一隻橫面敞開的木箱，中央做一隔板，算是器皿櫃，那就是我的小小化學試驗角。我依照隔壁六十三號顧均正先生的《少年化學實驗手冊》，配套的《少年化學實驗庫》的藥品和簡單的化學器皿，按部就班地做著自己的實驗。實驗離不開水，而三樓曬臺正有一隻自來水龍頭，用起來甚爲方便。但我這化學實驗僅斷斷續續做了二年多，因爲我的興趣主要仍在無線電方面。

上海淪陷前，因經濟虛假繁榮，私營電臺大量增加，度盤上密集排滿了電臺。所播節目如評彈、京劇、地方戲曲、滑稽、歌曲等等，聽衆很多。到日寇進入租界，這些私營電臺立即遭封，整個上海只剩幾家敵僞電臺和法國蘇聯兩家電臺還在播出。居民家中凡有收音機的，都需去登記備案。登記的範圍後來甚至包括僅能收聽到幾公里電波的簡易式礦石機，可見其監控之嚴厲。

抗戰勝利了，電訊方面開禁，市民端出藏在角落裡的收音機，光明正大地收聽新恢復的當地的廣播電臺，連短波也可以自由收聽了。

這時，無線電愛好者們也彷彿突然蘇醒了似的，個人業餘無線電臺如雨後春筍般紛紛開設。我這個無線電愛好者自然也蠢蠢欲動起來，要自己搞個電臺。又一時不知道該向誰申報設台的手續。後經許毓嘉先生的指點，向上海的業餘無線電協會提了申請。之後，經考試合格（在朱松齡先生／C1PL的主考下）取得了C1CYC電臺呼號的執照。這樣，我便進而開始了業餘無線電臺的活動（呼號C後面是數位1）。爲了提高發射效果，我買了兩支長毛竹，從自己的屋頂向北邊鄰居的屋頂架起一根天線，它橫跨東西向弄堂，支在二十八號朋友的房頂上。這支天線稱爲「齊伯林」式，中心下降兩條並行的饋線，每隔一段有小竹棍支著，遠看像雜技高空飛人的梯子，十分刺眼。誰知這一來引起國民黨當局的注意。有一天來了兩個歪帽斜眼的人，也不亮出身份，直衝我的亭子間，盯著機器盤問，氣勢洶洶。我不敢開罪於這類人物，指著牆上的電臺執照解釋，直到他們悻悻而去。過了幾天，又換了另外的人來查，走的時候，也並不交待什麼。我當時正年輕氣盛，心想這是合法行為，何可畏懼？仍然我行我素。但過了不幾天，一位也搞業餘無線電的長輩周其信先生前來，告誡我說：「你還在弄無線電呀！」隨後我母親也接到地下黨通知：趕緊拆掉機器，停止活動。我只得將它拆了，把接收機送到朋友王忠毅的家裡託管，他父親是開業醫師，全家信奉基督教，不致於受到國民黨的注意。其餘的機器，都拆卸化整為零，存放到別的朋友家裡。但事情並未就此結束。到秋天將臨，地下黨得知我仍舊被注意，需要離開上海為妥。恰巧許滌新夫婦要赴香港工作，便讓我跟隨同去。許先生恰與我母親同姓，這樣便認了許滌新夫婦做舅父舅媽，就更便於照應了。

一九四六年十一月初，我隨許滌新夫婦乘船出發。到達香港後，先臨時住在跑馬地半山的培僑中學裡，幾天後舅父舅媽遷往離校不遠的景光街二十八號樓下，把我留在校內念高中一年級。這個學校校長是葉廷英，有許多地下黨員在那裡當校務和教師，是一所思想進步的學校，所以有些文化人士放心地把自己的孩子送來入學，如夏衍的女兒沈甯，廖承志的外甥女李湄，李公樸的女兒張國男等。香港的私家學校英文比較深，我跟班有點費力，其他如國文就不如內地。學生沒有走讀的，一律住讀。每餐包伙，菜肴一律。男生飯量大的，可以添蒸自備香腸一支，開飯的時候領取。但是

一九四六年，攝於香港淺水灣蕭紅墓前（前右一李湄）。

一到開飯，炊事員在忙亂中分發，誰也吃不到自己購買的那一份，那些富家子弟便明顯吃虧，他們的鵝肝腸、瘦肉腸，眼睜睜地看著被別人在嚼食，也無可奈何。校園外沿是公路，可以看到一個足球場，節假日常有球賽，我們居高臨下觀戰，看過多場重要比賽，如名將鐵腿戴麟經、門將賈佑全上場與洋人隊鏖戰，看得同學們個個傾倒陶醉，凡我方進球，無不歡呼雀躍。那時的比賽可觀性似乎較強，裁判也公正。

許滌新夫婦住的地段靠近山林道，環境較幽靜，我假日經常去他們那裡。房子很狹小，總共不足三十平米，僅有一個小客廳和一間臥室。生活用品很缺乏，我似乎還送過一隻熱水瓶。雖然許舅舅是我黨在香港財經方面的負責人，手裡進出大筆黨的經費，但他們自己的生活費極爲菲薄（按那時的規定，「港工委」屬下的幹部，每人每月伙食費僅有四十港元，零用錢十元，房租公家付——錄自許滌新《風狂霜峭錄》）。他們的大孩子「小火車」患了脊椎結核症，相當嚴重，但缺錢治療，拖延了半年，最後還是靠了幾位朋友湊的四百元錢，得以勉強送醫院做手術。可惜由於術後營養失調，骨瘦如柴，以致背椎畸形，造成終生佝僂。但他雖殘疾卻有著極頑強的生命力，從小學一直讀到科技大學。他們一家這種共產黨人的艱苦樸素、嚴於律己的道德風範實在值得後人學習。

在香港期間，我曾與幾個培僑同學，到淺水灣蕭紅的墓地憑弔。墓地近海灘，立著一塊小小低矮的木板碑，上面寫著：蕭紅之墓。對於這位熱情的天才的阿姨，當時我雖然年少，她來我家時的音容笑貌仍記憶猶新，佇立她的墓前不禁愴然生悲，隨即拍攝幾張照片留念，至今還保存著。

在培僑讀書雖然很好，但等到第二年開春，香港空氣的濕度對我的氣喘病卻不適合，難以在那裡堅持讀書了。再說離開上海已經半年多，我頭上的「小辮子」也該剪脫了吧；又看到形勢尚稱平穩，便於一九四七年春離開培僑學校，搭乘美國商船「美琪將軍號」回到上海母親的身邊。這是我又一次因病被迫輟學。

關於我的無線電愛好，還有一段插曲值得一說。那是抗戰勝利後，母親參與並負責《上海婦女》雜誌的編輯工作，認識了姜平、朱立波、朱文央等多位婦女界活躍人士。其中朱文央的丈夫蔡叔厚，大家稱他老蔡。他在福煦路四百一十七號（現延安中路三百七十九號）開了一家名爲中國電工企業公司的中小型電器修理店。店鋪有兩三個門面寬，工場分樓上樓下，下層專門修理電器馬達之類，工人和學徒大概有十多個，還有幾台車、銑、鑽、刨小型機械。母親還是出於那樣的考慮：既然我那麼喜歡搞無線電，又不能堅持上課讀書，不如去當學徒學修電器，學到本領又能掙錢。她向朱文央講了這個願望，朱回復說老蔡答應了，過幾天就讓我去。可是後來又告訴我不能去了，也未解釋理由。我雖不滿意，也只得忍下。直到近幾年，才從一篇文章中得知，老蔡開的這家公司原來是新四軍依靠的一個電器材料和無線電零件採購點。我若進去，必然引起國民黨當局注意，它的安全將會受牽連。所以估計這事是被老蔡的上級劉少文、潘漢年同志勸阻的。要不然，我此後的生活道路，也許是另一種樣子了。

華北人學

我重新參加學習，是來到了解放了的北京後，進入華北大學，時間在一九四九年初。

當時華北大學和另一所革命大學都在敞開大門吸收青年入學。我們這批學員每班約五十人，分成幾個小組。設班主任二人，男女各一，因爲入學的女生占了三分之一，便於工作和交心。班裡的小組，每組十幾個人，由學員選出大組長和小組長。學員年齡大都二十歲上下，但其中一位看上去有四十歲，所以實際上入學是沒有年齡上限的。報名後沒有嚴格的語文、數學之類入學考試。初入學分住在幾個大院裡睡統鋪，自帶臥具和洗滌用品。華大與革大都不收學費，實行的是供給制。每天生活費標準按小米計量，大約是二十七兩（十六兩制），包括飯食菜金和調料。後來有兩次寒衣捐助，又減到二十三兩。每人還發兩套校服，暗綠藍色土布，手納布底鞋，是老區成批的產品。每餐小米乾飯盡吃，青年們的胃口很大，除去糧食，每天剩下的菜金便不多了，開飯時只有一大桶水煮蔬菜，略有些簡單的調料。有的男學生吃不慣這種粗劣伙食，自去小店鋪買辣椒醬下飯。這並非人人都能享受到，因爲每人每月發給的生活費不多。有些同學雖然出身富裕，但他（她）們是脫離了家庭入學的，界限劃清了，自然不可能有額外的入賬。有煙癮的學生，買點煙葉子手工卷成土煙吸。我們學員最高級的享受是吃炒花生米，那已經屬於「打牙祭」的檔次了。但誰買了炒花生米獨自吃，也不會有人給他扣上「資產階級思想」這頂帽子。在那裡，人人都感受到自己是融入了革命大家庭，都需要脫胎換骨，是大海中的一滴水珠，誰也沒有優越感，卻又毫不自卑。

華北大學原先在北平，後來由於校舍擁擠，環境也不理想，上級便把學員們拉出繁華的城市，統統遷到百里外的河北省正定縣城，住進大佛寺旁的一批空房屋裡。我們大隊人馬到達的時候，那裡只有廊子和二層樓，空空蕩蕩，什麼家具也沒有，學員只能睡稻草地鋪。這些稻草也許原是軍隊睡過的，不多幾天，大夥就感到身上癢癢的，我脫衣觀察，衣服的縫邊上滿滿排列著顏色灰灰的胖胖的蝨子。好在蝨子「極乖」，聽憑抓捕。我尋來一隻玻璃杯，放上半杯水，把捉到的蝨子一隻隻拋入，聽其潛泳，因為我不願意用指甲按死它，覺得那樣做心裡膩膩的。對我如此在乎，男生們看到倒滿不在乎，女生卻哭了起來，我至今還不明白這究竟出於一種怎樣的心情。

作者著華北大學的校服。

學習開始，每隔幾天上課，一律在大廣場集中聽大課。學員按隊列整齊地坐馬紮子小凳，膝蓋上放置筆記本，紙質黃而粗糙，用沾水鋼筆記錄，墨水是紫顏料浸成，倒也不褪色（母親當年在天津師範學院讀書時用的記錄本，也是這種紫色墨水，有一本上面還寫有她退婚信草稿，至今已經過了八十年，字跡色澤仍然完好）。大課講的是社會發展史、歷史唯物論、經濟學基礎等等。講課的教員很有名，艾思奇也來講過唯物論辯證法。聽課之後大家先準備寫發言提綱，然後是小組討論。我在這方面的基礎欠缺，討論時思想水平很低，只有虛心恭聽，沒有主動發言的份。

學習三個多月之後，全體學員去參觀抗日戰爭時期開展的地道戰。鑽入四通八達迷魂陣似的地道，認識到全民抗戰的偉大。不久又通知全體去石家莊市。我們在晨曦中出發，按行軍方式背上背包。但我們這支隊伍既沒有佩帶水壺小米袋，更沒有武器，以致引來街上老百姓奇異的目光，也許他們在想，這些人既不像俘虜，又不像帶槍的八路軍，究竟是什麼隊伍呢？這一天據說走了六十多里，雖然多數人是首次步行這麼長的路程，腳底都打了水泡，卻沒有一個掉隊的，應該說是經受住了考驗。直到夜色降臨，我們才進入石家莊市區。這時已經饑腸轆轆，人的生理本能在這餓了大半天的狀態下發揮出特異的嗅覺能力，學員們雖然走在大街石板道的中央，距街道邊緣的小店有十多米遠，可是我們的鼻子分明地聞到了飯店、熟肉鋪裡的氣味，分辨得出懸掛在那裡的雞

河北省正定縣，華北大學的集中學習地，當地兩大宗教建築，正定大佛寺和基督教堂。中立者是華大最年長的一位同學。

鴨魚肉。這一切對於我來說都是前所未有的經歷。

在石家莊市，我們又開始聽報告、參觀，進行新一輪的學習，瞭解城市手工業政策和對工商業的簡單的規章管理等等。但這時的學業已大幅度提前，有些課程如政治經濟學等乾脆就被砍掉了。不久校領導宣佈：由於革命形勢進展很快，廣東、廣西已經解放，需要許多南下的幹部補充各級機關部門，因此要求抓緊結束學業。十多天後，大隊又回到正定，領導要求學員寫保證書，表態服從組織分配。青年團和共產黨公佈了新加入的成員名單。我就在那個時期參加了青年團，時間是一九四九年五月二十三日，是由於連珂同學介紹入團的，另一位介紹人是班主任王一同志。

華大同學夾道歡送南下同學。

無條件服從組織分配雖是大前提，但在具體安排上，校方卻是十分靈活體貼人的。比如已經成熟的戀人，兩人可以向領導匯報，在分配工作時能夠照顧在一起。這一來，在平時貼壁報的地方，一夜之間如雨後春筍般地出現許許多多長短格式不一的「通告」，一篇篇書寫端莊整齊。內容不外乎：我倆經過長期自由戀愛，革命志向相同……願意走向共同的革命道路，在此宣佈確定我們的戀愛關係……。下邊是兩人的具名。有些戀人早就在平時表現出來了，是意料之中的。有的簡直讓人怎麼也想像不到，於是引來同學們感歎和祝賀。

在此順便講講關於我的小插曲。原來在學習期間，我也有幸得到女生的青睞，有位女生還為此設了妙計。可惜我當時還是個不解人情的呆頭鵝，不但讓對方的一片美意落空，還吃了苦頭，而我竟連表示歉意的機會都沒有。那是因為我長年多病，「久病成醫」，有了些醫療知識，入學時又帶了少量退熱止痛之類的常用藥，班上就讓我當個小衛生員。有一天午飯後，一位文學修養很好的女學員，悄悄地塞給我一小袋花生米，說是「送給你吃」。正巧我飯剛吃飽，又有一個同學胃疼找我，我便把這一小袋花生米隨手塞在床鋪邊。待到傍晚前回屋，室友向我索取花生米共用，我便大方地交出。吃到一半有同學發現袋裡一張小紙條，上面的留言大意是大佛寺旁的風景很美，（我）喜歡照相，可以去拍攝幾張等等，下邊便是她的具名。我與這位女學員過去從來沒有交談過，相互並不熟悉，加上此時天色已晚，便沒去赴這個約。過了很久之後，有同學告訴我，原來這位女同學那天在大佛寺旁邊等到了晚飯前後，也許回來連晚飯都錯過了。寫到這裡，我深愧年輕時的無知輕率，即使自己不願與之交往，過去打個招呼解釋一下也是應該的。另有一位女學員，採用的計策更令人欽佩了。她與幾個女生想我是衛生員，設計了在某一場合由她假裝昏倒，隨後讓我趕去救治，以此達到與我接觸之目的。我到了之後，給她一粒阿司匹林之類的藥片吞服下去，見她馬上就好轉了，我還以爲是這顆小藥片起到了神奇效果，而根本不曾想及其他。自然我仍然沒領這個情。

不知不覺幾天過去了。只見大隊部在日夜加班開會。我們學員間互留永久通訊地址。我留的是上海霞飛坊六十四號，但後來始終沒有接到過一封信。現在回想，在新中國剛剛成立期間，大家才投入工作，顧不得寫信是正常的。離開「華大」前，班裡一個同學手持一枚石章贈我。他有點內向靦腆，在班裡一向是不大出聲的。他說以此石章作爲紀念。石章刻了我的名字，邊款是：「海嬰同志存　遼西　康殷」。他就是古文字專家、金石家大康，這是我後來才知道的。這枚石章我很喜愛，一直在使用著。大康夫婦一生坎坷，近來有多冊專著出版，他的貢獻被認爲「發前人所未發之秘，解開近千個古文字之密」，可惜已於一九九九年去世，這是一

康殷刻章，時一九四九年。

位令我永遠懷念的「華大」同學。

分配的名單分兩批公布。大部分學員南下，去參加「南下工作團」；大致有五分之一的學員被通知到北京的組織部門報到，由他們分配工作，其中包括我。這樣，我又返回了北京。

在新中國剛建立不久，廖承志舅舅向母親建議，讓我們幾個青年到蘇聯去讀大學。這「我們幾個」中有夏衍女兒阿咪——沈甯，廖夢醒的女兒李湄等幾個人，她們也是我在香港培僑中學的校友，前後差兩班。之後，我們便開始各自做出國的準備。但不久國內各大學紛紛公開招生，廖承志又轉 達了意見：國內大學也一樣學習，不必遠出國門了，讓我們在國內挑選學校報考。這樣，留蘇計劃隨即終止。我報考了北京的輔仁大學，讀了兩年的社會系。一九五二年全國大學「院系調整」，我又轉入北京大學的物理系，這是後話。

我的婚姻

訂婚

我與妻子馬新雲從相識、相戀到結爲夫妻，其過程實在很平凡，既沒有我「死皮賴臉」的追求，也不曾有過「海枯石爛不變心」一類的山盟海誓。倒像是兩股不同方向流來的山泉，很自然地匯合在一起了。

最初的情形有如我在前面所述，由於長年疾病的折磨，使我變得消瘦而蒼白，加之我又長得高，看起來像個那年代最可怕的「少年癆」。因此周圍有些鄰居就告誡他們的子女，「別跟這個癆病鬼白相，當心傳染上，那可一輩子倒大霉了。」爲此願意跟我玩的人實在不多，這使我感到寂寞和孤單。再說母親又常常外出，並不總能與我同行，每當這時，我就被一個人「扔」在家裡（當然那都是發病不能上學校的時候），這「度時如年」，看著鐘點等媽媽的滋味眞是不好受！直到一九四六年抗戰勝利後，這處境才有了一些改變。

那一年，隔壁六十二號新搬來一家人。這家人口衆多，除了大人，孩子有七八個，令我高興的是這家的孩子並不迴避我，特別是二女兒馬新雲，脾氣隨和常常願意與我交往。他們家的大人，大概不曉得我們家屬於「危險分子」，從不阻攔。這樣我們

新雲姊妹。右一大姐麗雲，右二新雲，右二排行第四妹倩雲，左一六妹凌雲。

就漸漸要好起來了，一起做功課玩耍，有時去霞飛路逛馬路，或到弄堂斜對面的「國泰」或朝東稍遠一點的「巴黎」電影院去看好萊塢影片。這樣，我漸漸曉得她家何以會搬來霞飛坊。

原來她家先前住在霞飛路西頭的上方花園裡。那可是個「高等華人」住的地方，弄堂挺寬，裡邊都是一幢幢漂亮的小洋房，有些人家是坐小汽車進出的。可是她家卻並不富裕，甚至可以說日子還過得蠻拮据。原來這裡面有個緣故。

在好多年前，小馬的爺爺曾是上海灘上珠寶界有名氣的老闆，只要提起「馬瑞芝」這三個字，可說是無人不曉。不但如此，人家還曉得他馬瑞芝是如何發的家。說是有一回他去雲南某地操辦寶石材料，偶然發現一塊石頭，被人不在意地冷落在一邊，問問賣價很便宜，就不動聲色地買了下來。運回上海剖開一看，果然如他所預料的，是塊品質極佳的翡翠。這一來，馬瑞芝突然「發」了也出名了，同行業都知道他手裡擁有令人眼熱的寶貝——上品翡翠。誰知禍福無常，她爺爺竟被壓死在法巡捕房的車輪下。馬家的公子，也就是馬新雲的爸爸是個老實而又不大管事的人，如今當家人馬瑞芝突然撒手而去，這個家也就此敗落下來。好在她爺爺在世時幫過一位朋友的忙，這人在浦東開家天章紙廠，有一回「頭寸」掉不過來，急得幾乎要關廠，是她爺爺扶了他一把，使他在銀行裡貸得一筆款子，才渡過了難關。這位老闆在馬家慘遭敗落的情況下，也伸出了援助之手，爲他們做三件事：一是讓出上方花園一部分房子供馬家老小棲身；二是送他們一部分天章紙廠的「乾股」（占了整個廠股份的十八分之一），再是安排她爸爸馬鑑明到廠裡當個行政管理方面的副科長。當然，馬家表面上是敗落了，實際上手裡還捏著一部分寶貝——翡翠，而且業內的

攝於一九五〇年北京的大石作胡同十號私寓。母親和作者夫婦於二樓平台。

人都曉得，並非是什麼秘密。不過即使再苦再窮，馬家都不肯將之出手換錢。

誰知抗戰勝利後，不知道這位天章廠老闆與日僞有些什麼牽連，被當做漢奸，工廠家產一律被「接收」。過了個時期，這位老闆本人坐牢出來，家產也收不回來了。老闆給馬家幾小根金條，讓他們去另找住處。這樣，馬家就用這筆錢，「頂」下霞飛坊六十二號一樓一底住了下來。不過，由於馬新雲父親在廠裡只是個小小副科長，收入有限，手裡的寶貝又怎麼也不肯出手，而吃飯的人口倒不少，這使得他們在旁人眼裡，只不過是一家空殼富人。

這種家庭的興衰，當然並不影響我與馬新雲之間的關係。我不管她家的窮富，她也不在乎我家「危險」的政治色彩。且隨著年紀的增長，相互間不知不覺地萌生出另一種感情來。至於母親，並非不曉得我與小馬越來越熱乎，但她本著父親「任其自然發展」的原則，聽任我們往來，絲毫不予干涉，也不嫌她家庭「出身門戶」。當有一天，我大膽向母親提出，要帶小馬到我們家裡來見面，母親似乎即意識此事關係之重大，竟爽快地回答我，「那就請她來我家吃飯」。爲了這頓飯，母親做了一些準備，結果安排了一頓不中不西的晚餐，她是想好好招待一下兒子的女朋友，我現在體會到母親當時的心理，她一定挺高興，只可惜這頓飯小馬吃了並不受用。這當然是她事後才敢對我說的。原來她家出身南京，南京人的飲食習慣是吃飯要兼喝湯，而那天的主食卻是西式麵包片，不免讓她覺得乾乾的難以下咽。不過從此以後，我們之間的關係自然又進了一步。

一九四八年冬天，我和母親悄悄離開上海，轉道香港、瀋陽，到達北京，並在那裡定居。這時新中國剛成立，廖承志舅舅有讓我們去蘇聯留學的動機，於是我和夏衍、廖夢醒的子女分頭找教師抓緊補習功課，爲出國做準備。這樣，回到上海我與小馬重又聯絡上了。按當時的習慣，也到了該考慮婚嫁的時候。好在我們兩家隔鄰而居多年，相互都是知根知底的，因此母親和小馬的父母都贊成我們今後的婚姻。母親還表示她挺喜歡小馬，要把她當做自己女兒看待。就這樣，我們就趁機明確關係——訂了婚。

婚禮

我們正在補習功課之際，廖承志又傳來新的意見：讓我們在國內讀書。這樣，我們得馬上返回北京去考大學。由於已經訂婚，又徵得雙方大人的同意，索性讓小馬也一起到北京去讀書。這樣，我們雙雙到了北京，小馬繼續讀她的高中，我考進了輔仁大學，讀的是社會學。

那時母親已是政務院副秘書長，住在機關宿舍裡。這是當年滿清貴族住的地方，有一進進富麗堂皇的四合院，母親和另三位副秘書長同住一個四合院，各人分得其中一大間。母親一個人在那裡的生活極其簡單，除了早點自己解決，午、晚兩餐都在食堂打飯。請了位女傭料理家務，但她也是「上班制」，早上過八時才能來幹活。我倆到了北京，也參與進這種簡單的生活方法，只是將大房間做了些調整，當中掛個布簾，算是兩間，母親與小馬住「一間」，我住另「一間」。

令我至今難忘的是剛到北京時，母親招待我們的那頓早餐。清早起來，她到伙房打一壺開水，將幾個雞蛋洗淨，扔進水壺，開始「煮」；同時在爐子邊上烤饅頭片。待饅頭片烤香，又從壺中撈出雞蛋來，每人分一兩個，就著饅頭片吃。試想，一壺開水能有多少熱量？因此這泡出來的雞蛋，蛋黃倒像熟了，而蛋白仍跟鼻涕一般，透明地直往下淌。至於滋味更說不得了，反正怪怪的，分不清是香是腥。好在半年後，我們買了大石作的房子，這樣的日子才告結束。

作者訂婚照。

有了自己的房子，母親看看我倆年紀也大不小了，就張羅著要為我們完婚，為此小馬父母也雙雙從上海趕來。結婚的準備完全「革命化」：買了一座衣櫃放置衣物，又從上海運來舊鐵架子的棕綳床，再有建人叔叔和顧均正夫婦合送的一隻茶几和一隻吊燈，這就是新房裡的陳設。也不舉行什麼儀式，到民政部門領張結婚證書，用自己的相機拍了幾張黑白照片，然後兩親家一道在家裡吃了一頓較豐盛的飯。這結婚的過程就算完成了。這之前，岳母要爲我們的婚事增添些喜氣，特意在大柵欄絨線鋪買了幾朵紅絨花，讓我們這對新郎新娘佩戴起來。可我那時也已經滿腦子新思想，將這玩意視之爲「四舊」（按「文革」時的說法），趁她老人家不防，甩手扔進了爐灶，轉眼就化作了煙塵，她只能眼睁睁地看著，啥也沒法說。

岳父對北京的風味小吃發生了濃厚的興趣，自個兒出去，總到大柵欄的門框胡同吃「餡餅周」的羊肉餡餅和雜豆粥，他誇這家店的餅皮薄而餡多。有時還順便帶回同是那個胡同的「醬羊肉」給大家共嘗。我們有時也陪著他一道出去，吃「都一處」的三鮮燒麥，喝信遠齋的酸梅湯。

一九五六年母親和我們。

不久我和小馬的學習生活發生了變化。一是她高中畢業，考進了北大俄羅斯文學系。再是全國大學院系調整，我就讀的輔仁大學取消，學生被分流出去。按我本人意願想去清華，讀我自小就迷戀的無線電專業。但我是調幹生，組織上卻要我去北大的物理系，理由是無線電與物理是相通的。

之後才知道，這個系正另籌建一個系屬於絕密單位，對外只叫代號「五四六信箱」（後來公開了，稱「技術物理系」）。原來那時我們國家已在爲研製「兩彈」培養人才，爲此北大、清華都設了這種系科，不過我去時，「技物系」的大樓剛剛落成，還是個空殼架。就在這樣的條件下，朱光亞和虞福春兩位教授帶領我們一邊學習，一邊幹了起來。除了朱、虞兩位教授，還有張至善和吳季蘭（他們都是我的入黨介紹人）。隨後又陸續調進來一些人，都是這方面的尖子，其中就有後來當了北大校長的陳佳洱（當時他還只是個助教）。現中科院院士何祚庥的夫人慶成瑞，那時剛從蘇聯留學回來，也調入我們這個系。因爲一切都是白手起家，因此我那時的具體工作，是在張至善同志領導之下製作實驗室的儀器和各種設備。因爲外國絕對禁止向我們出口這類器材，我們只有自力更生一條路。爲了完成任務，有時我得拿了二機部的介紹信到處跑，尋覓稀缺的材料。好在無論到哪裡，也不管多高的保密級別，都能夠敞開倉庫大門，任憑我隨意挑選，要啥給啥，絕無二話。當時還曾聽到一個傳聞，說是錢三強教授有意調我去他主持的物理研究所。協商結果，本單位不予放行。要不然，我今後將是另一條生活道路了。北大之所以不肯讓我走，大概與我當時的表現有關。我在前面說過，奇怪得很，到了北方之後，那一直折磨我的哮喘竟然無形中消失了。又正值青春年華，心裡滿懷革命理想，幹勁十足，受到領導和同事的好評，並被吸收入黨，那是一九五六年的事。

我的小家

一九五六年十月父親遷葬於虹口公園，母親手抱二孫子亦斐在十月十四日和我們同攝。

回頭再說我的家事。自從我也去了北大，與妻子小馬成了校友，我們便在學校附近安了個新家，除了節假日，平時不再進城。因此有一個時期，大石作偌大一個四合院，只有母親和她的傭工住著。由於過於空曠，我在早先就托岳父從上海買來一條狼狗養著，權當整個院子的守衛。

一九五三年四月二十日，是我們家大喜的日子。這一天，小馬為我生了個大胖兒子。對於母親來說，頭一個孫子的出世眞讓她歡喜無比。因小馬還是個在校學生，母親只讓她休學半年，以後孩子的撫育，都由她一力承擔。為此特意請了一位阿姨。母親當時有吸煙的習慣，為了不影響小孫子的健康，竟毅然決定戒煙。打火機、香煙盒統統送給朋友。她又親自動腦筋給孫子起名字，要找個帶有紀念爺爺含意的。最後她選了父親早期曾經用過的筆名：令飛。逢到朋友來訪，她會抱起小孫子，高高地舉到爺爺遺像前，只可惜當時我不在場，沒能親耳聽到她向朋友說些什麼。但我可以想像到，母親一定會表現出勝利的喜悅和無比的驕傲，會說：「看，他像不像爺爺？咱們魯迅家沒有『斷子絕孫』，而是後繼有人」。母親對這個長孫之關愛，眞可說是無微不至。我且舉個小小的例子。三年困難時期，她被檢查患有糖尿病，而且病情不輕。為此，醫生按規定為她開了每月可買三斤雞蛋的證明，讓她每日吃一個。但每當早餐時，只要孫子在身邊，她總要分半個或挖一角給他吃。我們每每見到，總要加以勸阻。但她仍堅持這麼做，說：「孩子正在長身體，他也需要營養。」

因為那個時候還未提倡計劃生育，所以我與小馬平時也不夠注意避孕。就這樣，才過兩年，小馬又懷上了。可當時她還在大學讀書，若再添個孩子，還能按時畢業嗎？為此我們決定打掉，但當我們到學校去開人工流產介紹信時，卻引起校方的重視。校領導好心地研究了一番，認爲魯迅的後代本來就少，怎可輕易同意打掉？他們與母親商量後（我不知道母親的態度是怎樣的）給的答案是：這證明不能開。並且爲了讓產婦休息好，後勤方面還在校內鏡春園撥出一間房子供我們單獨居住。這樣，我們便有了第二個孩子。

孩子生下來，從上海請個保姆來照顧。她就是我前文提到的張媽，當時她還年輕，才四十左右。但這回我要親自給兒子起名字。我想：大兒子的名字叫「令飛」，「令」者，「零」也，那麼我這第二個兒子應該可以有個實數了，於是我起了個名字叫「周一飛」，即是從「零」進到「一」的意思。可是我這個書呆子老子卻忘了起名要避「諧」之忌。待這老二上學讀書，同學們將「一飛、一飛」隨口叫成「阿飛、阿飛」這可難聽了，我只得利用諧音，將「一飛」改爲「亦斐」，這就再無「副作用」了——這當然是後話。

就在我第二個兒子出生之後，母親的身體開始每況愈下。除了糖尿病，她又得了心絞痛，經常要發作。而她擔任的職務多，工作那麼忙，兒子媳婦若再不在身邊，對她的身體實在不利。爲此中央統戰部決定調我們夫婦回城（小馬那時已大學畢業，正在師大附屬實驗中學任教）。這樣，小馬調到城裡的中學幹她的本行。平日裡，凡遇母親身體不適，或心臟病發作，總是由她陪著去醫院治療。而我的工作卻轉了個大方向，調到廣電部去搞技術規劃。以後，我們夫婦又得一子一女，取名令一和周寧。這兩個都是我們搬到景山東前街之後生的，就不多說了。

我的岳父母

母親與親家的關係和岳父母後來的活動，我倒願多說幾句。

前面講過，岳父馬瑞明雖是個行政工作人員（副科長），但因他擁有天章紙廠十八分之一的乾股，便也被歸入資本家之列。在那個年代，資本家是什麼處境誰都知道。可我母親從不另眼看待他們。每回出差去上海，只要抽得出時間，總要回霞飛坊（現叫淮海坊）去看望親家，也多少總要帶些禮物。六十年代，電視機還是尋常人家可望而不可得的高檔享受。後來雖有了國產電視機，也仍舊價貴貨缺，沒有相當的經濟能力和路子是難以買到的。而有一回母親去上海，送了親家一台十七英黑白電視機。這一來，馬家可熱鬧啦！每到傍晚，弄堂裡的男女老少，不論認識和不認識的，都趕來觀看。那些小孩子更是早早搬了小板凳、小椅子，搶先來占好位子。以致天天晚上他們家都有幾十位觀衆，連樓梯角也站了人，嚇得膽小的岳母縮在床角落裡，生怕樓板會突然塌下去。

到了「文革」，廠裡紅衛兵來抄家，因岳父爲人老實，平時人緣不錯，他們倒並沒使蠻動粗，聽說這電視機是魯迅夫人許廣平送的，也就不曾搬走。倒是旁人挑唆，說他家有許多財產，如何如何，這一來，還沒有等紅衛兵說什麼，岳母自己就乖乖呈上一個小布包——這裡面都是爺爺留給他們的翡翠首飾。後來大概是資金周轉有了問題，廠裡請一位珠寶行業「老法師」估價，出口賣到海外去了。這位「老法師」原是與岳父家相熟的，「文革」過去，他遇到我一位內弟，一再搖頭歎息道：「可惜啦，可惜啦，這麼好的東西只賣了這麼點錢。要是留到現在，二十倍都不止呢！」可是當廠裡為岳父落實政策時，只給了他家三千元錢，這個老實家庭仍舊什麼也沒說。

不過，這珍貴的翡翠首飾畢竟還有「漏網」的。我妻子馬新雲出嫁時，那是在「文革」前岳母就給了兩個作為陪嫁。但馬新雲是個不喜修飾打扮的人，這兩件寶貝也就沒有「用武之地」。倒是給母親派上了用場。她要去接待外國貴賓，如總統和皇后，手中有了這麼一隻翡翠戒子，無形中更增添了她高貴的身份。不過這一來也引出個有趣的故事。有一位在婦女界也頗有聲望的「大姐」，每次出席這類活動，手上必帶一隻翡翠戒子，並頗引以為自豪，以為她這只戒子之名貴誰也不能匹敵。不料與母親手

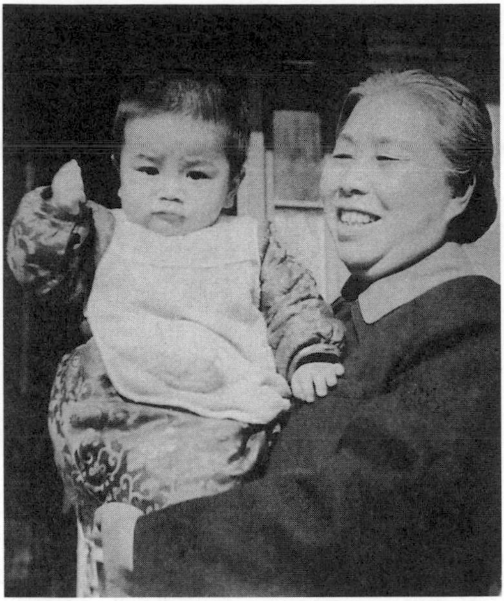
母親抱著一歲的長孫令飛。

上那只一比，身價頓時低了一檔，從此再也不見她戴了。這是母親參加活動回來，當做笑話告訴我們的。

岳父家只有六妹馬凌雲與我們一道在北京工作，而她的丈夫是馬來西亞華僑子弟，叫林東暉，原是一機部所屬情報所「國外機械參考」的總編輯。「文革」期間，後來的上海市市長、「海協」會會長汪道涵那時正倒霉，一度與他共事，專門負責這份刊物的終審。兩人的辦公桌面對面並排著，香煙遞來遞去，關係蠻隨便的。當他與我六妹結婚時，馬來西亞的父母不遠萬里趕來參加兒子婚禮，這位林老先生又是位公職人員，爲此，還驚動了當時一機部負責外事工作的領導同志，特地來看望這兩位客人。會面的地點，就在三里河我的家。

母親入黨

大石作的家

我們到北京之初，有相當一段時間在北京飯店暫住。直到母親被委任政務院副秘書長之職，並分配給她政務院宿舍，我們才有了屬於自己的家。這裡隔壁和對門住著申伯純、辛志超、郭春濤幾家，他們都是政務院副秘書長，看來這是為了工作方便，有意識讓大家集中住的。但齊燕銘秘書長和孫起孟副秘書長卻住在別處。

有了正式的家，生活自然舒適多了，卻也帶來不便，其中最主要的是，我們與親朋好友的往來幾被「阻遏」。因爲政務院宿舍就在中南海範圍之內，保衛工作嚴格，凡來訪客，無論公務私事，一律要出示介紹信。這可把母親的親友們難倒了，他（她）們哪裡會想到，去看望一趟「許大姐」，竟要一本正經地去弄個介紹信。大家不習慣這個，就只

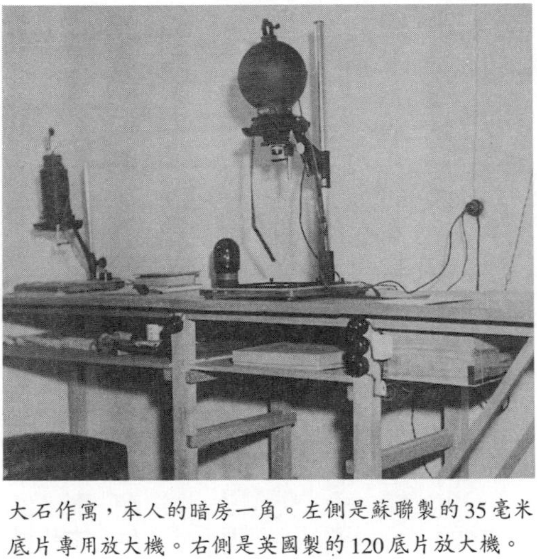

大石作寓，本人的暗房一角。左側是蘇聯製的35毫米底片專用放大機。右側是英國製的120底片放大機。

母親住在大石作胡同寓。一九五三年國慶日。

得少走動甚至不走動。而母親的個性又是喜歡與朋友交往的，現在無形中被隔絕，使她不勝煩惱。由此就萌生了另找住處的念頭。

照理，我們在北京原有房屋兩處：八道灣和西三條。但此前不久，母親以我們母子的名義已將它捐給了國家，這在前面我已經說過。這樣，只有自己再買房。母親與老朋友章川島先生商量了這件事。他是老北京了，行情人頭都挺熟，建議我們索性買個獨門獨戶的四合院。

而母親要求的是鬧中取靜，又便於上下班。經過仲介，我們先後看了兩三處，最後選定大石作。這裡十分寬敞，整個院子共有二十一間房，距政務院北門才二站地，母親上下班挺方便。西邊也就是北海公園，空氣、景致，都無可挑剔。買房的錢是用上海霞飛坊的出讓費和魯迅全集出版社存書盤讓給新華書店的款子，加上我妻子的陪嫁錢，總計相當於八百匹布的代價。這是一九五〇年的事。

我們搬入新居時，除了幾個衣箱，什麼家具都沒有，整個院子空蕩蕩的。又靠著川島先生的幫助，陪同我去東單路東，現在同仁醫院對面的一家寄售店，買了些必要的用具，如雙人鐵床、書櫃、桌椅沙發等。那時的東西真便宜，我記得其中兩隻書櫃，寬有一米半，高達天花板，售價僅五十萬舊幣（合現在的五十元）。且質量也好，直到現在，有些家具我們夫婦還在使用著。母親很喜歡這個新家。從二樓的西窗，可以遠眺聳立著的北海白塔，它上面是一碧如洗的藍天，偶爾有幾朵白雲緩緩飄過。到春天，更可以欣賞院內外的花香，聽到各種鳥兒在枝頭歌唱。晚飯後，步出家門，不消多時，便可走到北海或景山兩個公園。這一切，正符合母親要過寧靜生活的初衷。

母親和抗美援朝女英雄們。

對於我來說，住到大石作還有個很大的優越處，就是可以深入胡同生活，感受與上海弄堂完全不同的「京城」氛圍。胡同裡能見到叫賣食用水的車子（這是上海所沒有的）與掏糞車（上海的糞車是居民自拎馬桶來倒，這裡是工人用糞勺去廁內掏挖）的往來，更能聽到各種小販招徠生意的吆喝聲：理髮的、賣灌腸的、磨刀的、賣各種蔬菜瓜果的和敲著小鼓收破爛的，京腔京調，聽來韻味十足。

當然，最大的好處還是朋友們可以在我們家隨意出入了。屋子裡從此常常歡聲笑語一片，氣氛甚是熱烈輕鬆。若問究竟來過哪些人，我已不復記憶。只有胡風和蕭軍兩位前輩來訪我還清楚地記得。那是我們搬到大石作不久，有一個休息天，他倆雙雙來了。但見蕭軍穿著馬靴，兩隻釘了鐵塊的後跟，敲擊著洋灰地面，步履沈重，嗒嗒作響。他們進入屋裡，尚未坐定，母親就忙著準備泡茶迎接老朋友。這時，蕭軍以他特有的爽朗嗓門大聲說：「哈！許先生做官了！啊，當官了！當官了！」母親一呆，正不知如何應答，幸虧胡風連忙岔開話頭，才把這尷尬局面掩蓋過去。讀者由此可見蕭軍先生風采之一斑。

但是，隨著母親工作性質的改變和任務的日益繁重，漸漸暴露出住在這裡也有諸多不便。母親工作的變化主要是在外事和社會活動方面，不僅頻繁且往往規格很高。因此每逢任務下來，她都得認眞梳理妝扮，有時還得改穿旗袍，由小車來接去赴會或到機場迎接外賓。而大石作在北京只能算做小胡同，十分狹窄，僅容得一輛三輪通過，小車根本進不來。於是母親只得從胡同深處我們家出發，走到大街上去候車。而這胡同又是北京典型的土路，所謂「無風三尺土，有雨滿街泥」，即是說，晴天走過是滿腳滿身的灰土，雨天便要泥漿沾滿鞋襪和褲腳。爲此總弄得母親狼狽不堪，到了目的地，還得匆匆重新修飾一番。到了嚴冬風雪天，除了外大衣，裡邊又不能多穿，要走這麼一段長路去街上候車，其艱苦便不必說了。再有的煩惱事是，外賓的飛機常常在清晨到達，爲此母親總要天不亮就得出門，這時鄰家飼養的狗往往會突然竄出來狂吠不止，嚇得母親只得東躲西藏，又急又慌，逃跑一般向胡同口奔去，這就弄得她越發狼狽了。至於因小車開不到家門口，每當母親晚歸，我們做小輩的總是忐忑不安，早早地跑到街口去守候，由此所付出的辛苦我就不多說了。

景山東前街七號

後來，不知是哪一位好心的朋友將此情況反映到周恩來總理那裡。一次在機場迎接外賓時，總理也去了，他就向母親表示了關切。隨後國務院機關事務管理局遵照總理的指示，爲母親另行安排了住處，我們全家很快搬了過去。那就是景山東前街七號。這裡也是個獨門獨戶的四合院，好處是臨街，還附有汽車房。從此母親外出

母親參加中日建交紀念活動。

工作方便多了。母親知道這是總理——也是黨，對自己的器重和關懷，爲此深感溫暖和舒暢。

但我作爲兒子，知道這對於母親來說畢竟是次要的。因爲在她的內心深處，還長久懷有一個熾烈的願望，就是渴望自己成爲中國共產黨的一員。爲此她處處以共產黨員的標準來要求自己，注意克服一切非布爾什維克的思想意識。她不斷地打報告提出申請，可是組織上的態度總是不明朗。這幾乎成了她化解不去的心病。直到在某一次會議後，她才知道原來黨對自己另有期待。這次是周恩來總理親自找她談話，對她說：「你留在黨外，工作比較方便一些。」這是那天晚上，母親回家後，不及換外衣、換鞋，直接來到我房間裡告訴我的。

從此，母親心裡有了底。她像個一切聽從師長教誨的學生，愈加全心全意地投入

一九六一年母親和中國婦女代表團去參觀日本仙台的東北大學（即原父親原就讀的仙台醫專）。

到工作中去。當時，她除了在國務院上班，還擔負全國婦聯副主席的重任。婦聯的外事活動不但多，而且十分重要，由誰出面接待往往是外交部領導、甚至是周恩來總理親自指定的。譬如比利時皇太后、西哈努克的公子、溥傑的夫人等等的接待，都指名要母親出面主持。記得母親爲了做好西哈努克公子的工作，特意送給他一套母親一直視爲寶物的由木箱精裝的一九三八年版《魯迅全集》。這使我頗感捨不得，建議她改送一套普通的版本算了。但母親說，公子正在北大攻讀中文，他會知道這套書的價值，從而感受到我們與柬埔寨人民的友情和對他們抗擊美帝的支持。

一九六一年春，母親率中國婦女代表團第一次赴日本訪問，二十九天裡跑了二十七個城市。在活動的空隙裡，母親受周恩來總理的委託，約見溥傑的夫人嵯峨浩，向她詳細介紹了中國的變化與溥傑改造後的生活，並轉達了溥傑和愛新覺羅整個家庭及周恩來總理的意願，希望夫人返回中國與丈夫團聚。母親還將總理親自選定的禮品——具有象徵意義的貝雕「雙鳥棲櫻」贈送給嵯峨浩。嵯峨浩捧著溥傑的照片和「雙鳥棲櫻」十分感動，流著淚撲向母親的懷抱。後來又加上廖承志、西園寺公一等多人的努力，終於促成了溥傑一家的團聚。

「文革」後，有一次全國「人大」開會，我有幸與溥傑先生同住一家旅館，一個房間。我便想趁機觀察一下他的生活起居和言談舉止，是不是像小說裡描寫的皇親國戚那樣驕貴無比。可我在不長的半個月裡，看到他跟平民百姓實在毫無區別。他說話不卑不亢，待人謙遜而有禮，完全是一個和藹可親的北方老人。惟一特別的生活習慣是每日清晨早起靜悄悄地在衛生間用冷水淨面擦身。當時正值冬天，室內雖然有暖氣，一般人仍會耐不住這種「晨練」的。一到會議的空隙時間，他便匆匆趕去探望患病的妻子嵯峨浩，而且常常是搭乘公交車輛去的。在醫院裡，事無巨細，他都親自爲愛妻照料一切。這自然是題外話了。

母親除了對分配給自己的任務不折不扣地完成外，凡遇哪位大姊臨時身體不適，外事處來電話向她緊急求援，準備的時間往往只有半個小時，她總是一口答應，放下手頭的公務私事，立刻換了衣服直奔機場。在我的記憶中，這種情況是相當多的。有一次傍晚，母親爲臨時要出席一個外事方面的宴會，趕回來換旗袍，由於匆忙，出門時在院子裡摔了一跤，左手支地手腕折斷，而她托著斷腕，忍著傷痛，照常在宴會上與外賓應酬。直到回家，我才發現她的腕傷。不知怎麼一來，這件事竟被鄧穎超同志知道了，特地差人送來一封問候信和幾頭中藥「三七」，供中醫配藥之用。但終因治療延誤，接骨後仍扭曲，使她生活自理頗爲不便。

在繁忙的外事工作之間，母親還擔負著一項特殊任務，就是統戰部門要求她利用多年建立的友誼，不時去探望一些黨的重要朋友，關心他（她）們起居，瞭解他（她）們有些什麼想法和要求，以便更好地做工作。我這裡只說孫夫人宋慶齡先生和何香凝老人兩位。

宋慶齡先生

父親去世後，宋慶齡先生對我們母子一直很關心。抗戰勝利不久，她從重慶回到上海，就出廖夢醒阿姨陪同，來到霞飛坊看望我們。我請他們二位上二樓，母親已經等候在那裡，可見她是預先知道的。孫夫人親切地問候了我們，很關切地看看二樓的生活鋪陳，隨後讓隨同的司機送給我兩箱美軍罐頭，母親代我表示感謝。孫夫人講的是英語，廖阿姨用廣東話翻譯。我從未聽到過這種英、粵兩種語言交錯的談話方式，因此感到非常有趣，也想不到孫夫人講英語竟比講普通話還省力。廖阿姨說國語很費勁，才選擇了她最順暢的故鄉方言。寒暄過之後，母親就打發我離開，因此她們後來正式談些什麼，就不得而知了。我就悄悄地躲在亭子間裡品嘗美國罐頭。它深綠色鐵殼，分別裝著糖水桃片和糖水碎菠蘿兩個品種。我狼吞虎咽地一口氣吃了一聽。我那時年輕，嘴又饞，才有如此好胃口。

一九五六年遷墓，宋慶齡（右一）和母親。左側是許欽文。

新中國成立後，宋慶齡先生和我們都在北京定居。那時她已是國家領導人之一，社會活動頻繁，但她仍舊惦念著我們母子，總在春節前著人

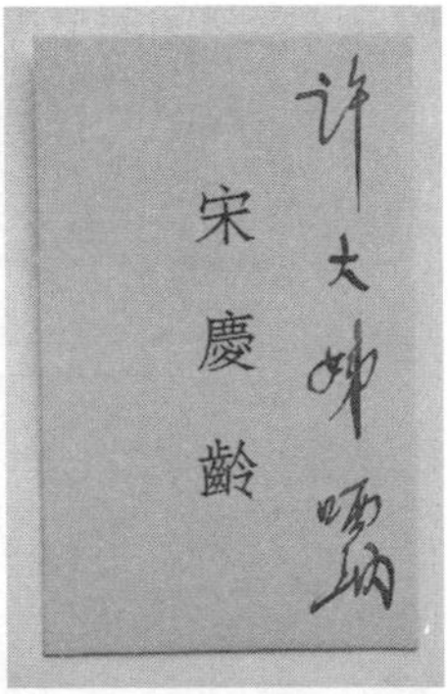

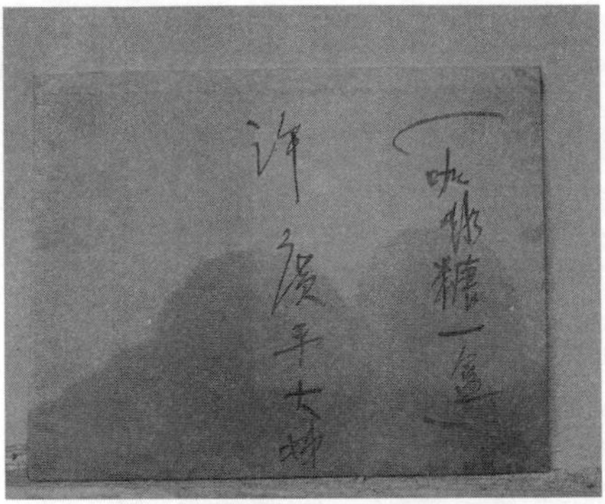

宋慶齡饋贈食物的名片。她專用棕色墨水

送來年糕。那是一種自製的核桃仁餡的棗糕，細膩香糯，吃了令人難忘。有一回孫夫人得知母親的牙齒缺損，義齒又總配不妥當，以致吃東西咬嚼不便，便介紹了一位韓姓牙醫。這位韓醫生技藝倒很高超，只是當他得知是孫夫人介紹的，便狠狠地敲了一筆竹槓。吃過這次啞巴虧，哪怕他技藝再高，母親也不敢再踏進他的醫寓了。

母親也常去拜訪孫夫人。去之前總是先約定時間。母親告訴我，孫夫人在見客之前，臉部頭髮都要化妝，所需的時間也比較長。她是極不願意接待突然敲門求見的不速之客的。

母親每次訪問孫夫人回來，總簡單地告訴我一些情況。比如說，孫夫人願意居住在上海。我問為什麼，母親講了兩個原因。一是孫中山先生是在北平去世的，這使孫夫人觸景生情，引起傷感；第二個原因是氣候，孫夫人皮膚過敏，北方地區的乾燥氣候，使她很不舒服。而上海地區空氣濕潤，適宜於她居住。但是孫夫人身為國家的副主席，需要她待在北京。我想母親去探望時，孫夫人一定是多次談到了這個心願。當然，母親也每次都向上如實報告，這是統戰部所要求的。但似乎權衡輕重之後，還是請孫夫人住在北京，這從孫夫人頻繁的國內外政治活動中可以看出來。

何香凝老人

母親去探望何香凝老人時，常讓我陪同前往。何老太——我們背後都這樣稱呼她，但當面相見，大家又按輩分稱呼。我叫她阿婆。老人好客，喜歡熱鬧，跟我們在香港見到時那樣，仍愛玩簡單的麻將牌作爲消遣，因而常有親友前來「陪打」。陪打的內部規定是適當讓老人贏牌，達到皆大歡喜的目的。玩牌玩到午餐，老人經常留客人便飯。這時，她進到內屋，從自己「私蓄」裡掏出人民幣兩元，口中說：「阿普呀！（廖承志夫人經普椿）羅二蚊（拿兩元）出去買五毫子（五角）叉燒，五毫子燒鴨，五毫子燒豬肉。」兩元錢要買這麼多吃的，顯然遠遠不夠。但阿普總是從命，悄悄從日常伙食金裡挖出幾元，趕到華僑大廈的外購門市部去買（華僑大廈的餐廳是廖承志提議開設的，從廣州請來名廚，所以開業後，深受廣東老鄉們歡迎）。

廖承志，我從母親的輩分稱呼她「舅舅」。他在家裡沒有一點首長的架子，還經常喜歡開開玩笑。他是一位美食家，據悉他酷愛「香肉」。可惜我沒有和他同過這種酒席，故不知「香肉」爲何味。他的姐姐廖夢醒，那時都六十歲了，且在社會上有很高的聲望，但她在母親何香凝的眼裡還一直是個孩子，事事隨意差遣，有時還指令她做超越年齡的差事，比如從高櫃裡取什麼東西。我們想插手相幫，廖夢醒阿姨總是不讓，只得眼睜睜看著她爬高落低，眞替她捏一把汗。何老太每回見到我，總是顯得很高興，似乎老人家看著我從七八歲的娃娃轉眼長成高高大大的小夥子，有著一種特殊的親切感，常常邊摸牌邊轉過頭來問我：「海嬰呀！似加（現在）有幾個孩子？」我回答有兩個兒子。老人便說：「呀！兩個仔，好福氣、好福氣！」我隨即表示感謝老人的關心。不到二三分鐘，老人又照原話問一遍，我仍恭恭敬敬地回答，老人家也依舊讚歎不已。麻將才打完一局，老人又「原方抓藥」地問，我再耐心地答覆一遍，仍然得到「好福氣。好福氣！」的讚歎。此後，直到告別，我就不敢再靠近她老人家了。我結婚的時候，老人家畫過一幅牡丹相賀，故她一直記得，關心著我的生活。

母親還分工探望達賴、班禪幾位宗教界領袖人物。但這方面的事，她從不在家裡提起。以致有一次我的幼子隨奶

母親寫《魯迅回憶錄》一書時期，一九五九年十月於西郊頤和園。

奶去政協禮堂觀看文娛演出，發現她認識那麼多穿紅、黃色大袈裟的老和尙，心裡不勝納悶。

入黨

一九六一年的六月六日，是母親，也是我們全家難忘的日子。在這一天裡，她被光榮地吸收爲中國共產黨黨員了。夢寐以求的這一天終於來到，母親心情之激動和喜悅是無以名狀的。我後來在一個小本子上，看到母親當時這樣寫著：

一九六一年六月六日是我有歷史意義的一日。我活著，要爲中國、人類做些有益的事。

黨批准我作爲一個黨員，就要無負於黨的教育和培養。

黨又上溯到去年十月起，允許我從這個月交黨費，即是說：從去年十月已被批准了。意外的感動者一。

知識份子原定預備期二年，黨對我寬大對待，定爲一年，這又是意外的第二個感動。

黨派（民主黨派——海嬰注）總支：

總書記　焦　琪　　副總書記　田　莊

小組生活　常克明　　看文件　陳景明

黨費　交1%　　稿費收入1%—2%

那年母親六十三歲。雖然正身患嚴重的冠心病，但她的精神狀態卻越加意氣風發。我至今不能忘記的情景是：除了工作，她總是倚坐在半軟靠椅上閱讀報紙文件，時不時，還轉身伏到寫字桌上，在一個練習本上抄錄她認爲重要的段落。她要學習再學習，以不負身上的重任和光榮的稱號。我想，要不是政治風暴來得這麼快，猝然奪去她的生命，她一定還可以爲黨和人民做更多的事。

必須說明的眞相

作爲魯迅後人，我對於三十年代文藝界前輩們一直懷有深深的敬意。雖然父親曾經跟他們中間一些人有過這樣那樣的事，但那已經是過去的事了。至於有人後來爲此而遭受不公正的對待乃至迫害，那應該不是父親的責任。沒想到個別前輩不作如是想，不但舊恨未消，竟在全國聲討「四人幫」之際，將自己受迫害的責任加在已故母親身上。

我爲母親抱屈。但如果我當即站出來予以辯駁會對揭批「四人幫」和這位前輩不利。爲此我忍了下來，僅到中央組織部向胡耀邦同志當面作了申辯。因爲我知道詳情，有責任說明一切。如今時間已過了三十多年，我想該是公開澄清一切的時候了。

事情起因於「四人幫」粉碎後，中國文聯第三屆全委會第三次擴大會議近代組的一次分組會。這次會議參加者中有唐弢、歐陽山、林淡秋諸位前輩。會議主持者是孟繁和、王寶生兩同志。就在這次分組會上，前輩李初梨說：「魯迅算什麼！郭沫若提出革命文學的時候，他還在喊虛無主義呢！」還說：「許廣平不是什麼因魯迅書信被拿走氣死的，而是因爲她與王關戚關係密切，王關戚一揪出來，就嚇死了。」

對於父親魯迅的評價，各人看法不同，這原是正常的。父親是人不是神，功過是非，歷史自有公論，我作爲後人，不該也不會計較什麼。但是對於母親的無端指斥，我覺得這位前輩不僅太傷人，失之於厚道，簡直是在信口污蔑人。

關於母親亡故的原因，我將在後文述及。這裡先說明幾點情況。

上海之行

不錯，母親早就認識戚本禹。那是一九六二年初，她收到戚寄自中南海秘書室的一封私人信件，大意是他讀了母親的《魯迅回憶錄》，有一些感想，打算寫一篇《魯迅與群衆》的文章，因爲「毛主席說過，魯迅是最平等待人的」。爲此希望母親提供一些材料，「我想拜訪您一次，請您給我一些指示。」母親對人一向是熱情的，她答應與之交談。戚來訪的那天，我正在廣播事業局上班。但事後知道，他就有關魯迅研究提了幾個問題，母親一一作了答覆，僅此而已。就這樣，她與戚本禹算是認識了。戚的這封信至今還留存著，很簡短，日期是一月十四日。此後便再沒有什麼聯繫。

直到一九六六年五月下旬，一個星期日的上午，我正休息在家，戚本禹忽然打來電話，說有要事來面談。來到我家後，他只簡單地傳遞一個訊息：江青要母親立即到上海去。至於去上海幹什麼，他沒有明說，只講「到了那裡就會知道」。並說此去逗留的日子不會長。他知道母親有心臟病，讓我陪侍同去，以便有個照應。我插問一句：如何請假，向哪一級請假？他回答說，請假的事，我們會替你辦的。他回去不久，便送來兩張當日上午的飛機票，我們就立即動身出發。

從上海機場出來，便有上海市委交際處的人來接，汽車一路開到了錦江飯店。房間似乎早就定妥，是遠離旅客的第十層。客房爲單間，放有兩架單人床。接待的幹部交代：不要下樓、外出、打電話。吃飯自會有人按時送到房間來，每餐都在房間裡吃。臨走留下一個電話號碼，說有事可以打電話給他。

打從接到通知，我們母子倆就一直處在滿心狐疑之中，因此到了飯店，母親就和我猜測，到底召我們來做什麼？爲什麼那麼急迫？又弄得如此神秘兮兮的，竟連房門都不讓我們邁出一步？好不容易忐忑不安地挨到傍晚，那人來通知，讓我們到樓下的錦江小禮堂去。他把我們領入落座後，便即告退，這時忽見這空曠的窗簾密封著的大房間裡端坐著一個人，她就是江青。

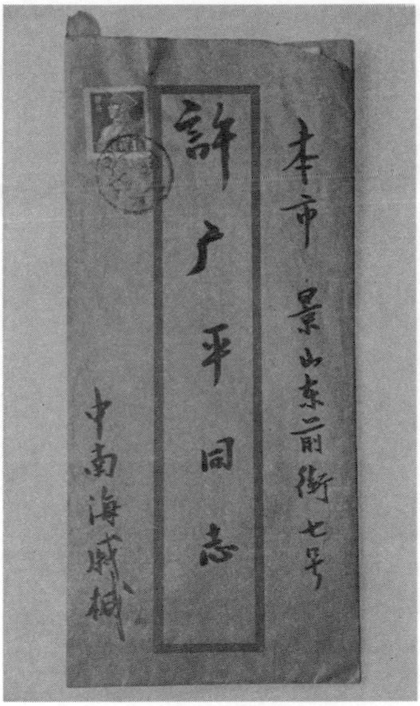

戚本禹在六十年代寫給母親的信封。

江青開口先道了辛苦，隨後突然問我母親：你要不要給魯迅伸冤？我聽後吃了一驚，並從母親表情中看到，她也對這句話大爲震驚。江青接著說：你們把筆收起來，不要記錄，這次請你來，是讓你把三十年代的冤屈吐一吐。本來想想算了，由你去了

（我當時想，這大概是你們雖然無可救藥，但是還給個機會之意吧）。你回房間去好好想一想，不要害怕，有什麼冤屈都寫下來。什麼時候寫好，交給工作人員。接著籠統地講了幾句形勢。還說我們這次被召來上海，中央是知道的。我們一頭霧水，絲毫也不明白這是怎麼回事，心裡又緊張，也不敢提問什麼。末了她說，今天就談到這裡。你不要出這個樓，不要找這裡的朋友，外邊不安全，也不要向外打電話，這件事對誰也不要說。交待過這幾句，便起身送我們走了。

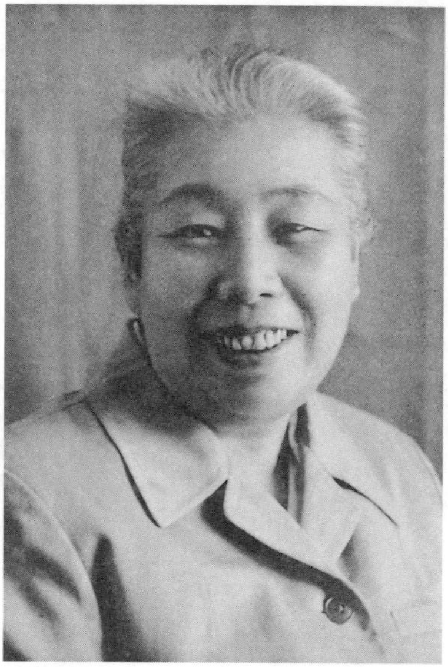
文化大革命前的母親。約一九六三年。

母親和我恍恍惚惚地返回房間，晚餐送來了，但我們自始至終不知在吃些什麼。飯後，母親跟我說：父親在三十年代是有氣的，這些都在他的文章裡表達出來了。他的病和死，我們是有疑問的，連叔父周建人一直也在懷疑。只是講到「冤屈」這層意思卻又從何而來？不知道江青所說的「冤屈」究竟指的是什麼？又是怎樣程度的冤屈？眞是難以捉摸！這天晚上，我見母親一直在床上輾轉反側，沒有睡好，想必是整夜在搜索枯腸吧。我理解母親的苦衷，雖然她內心不願意，但是既已應召而來，看來不交出點什麼，是斷乎過不了關的。

第二天上午，工作人員送來四份中央文件，說是只准看不許摘抄。文件之中記得有：《林彪同志委託江青同志召開部隊文藝工作座談會紀要》和《中國共產黨中央委員會通知》（即「五一六」通知）母親和我急匆匆地讀了一遍，除了覺得江青所講的形勢原來都是文件裡的內容，還仍然如在雲霧裡弄不清底細。只覺得這是毛主席的號召，要緊學緊跟。但這些都不及細細琢磨，眼下最重要的是回憶和寫出材料來交卷。母親經過一天苦苦思索，叫我鋪開紙，由她口述我記錄，就這樣邊憶邊寫邊擦汗，搞了一天。到晚上，母親疲憊地擦拭著額上的虛汗，表示再也挖不出什麼「冤屈」來了。我又不能幫她什麼，只能暫停休息。隨後，母親將我記錄的稿子拿去修改，直到深夜才完成。次日由我謄抄，成稿十頁。材料前附了半頁信（短信括弧裡的字是我添加的，得到母親的認可）。下面便是從三十五年前的底稿中錄下的信和材料全文：

江青同志：

感謝您借給我閱讀的（四份重要）文件，現在看完了，（懂得不少事，眞覺得必須把社會主義文化革命進行到底！）特此奉還。

這幾天有關三十年代的前後回憶了一番，搜索枯腸，只記得了這麼一些，（沒保留寫下），不知能供您參考與否？若有不妥處，希望把意見指出，以便修改。此致敬禮！

許廣平
五月二十七日

左聯時期有關三十年代後回憶資料

全國解放之後，我把保存多年有關魯迅的遺物，如手稿、作品、文物、衣物等，全部貢獻給國家，完成多年來的夙願。魯迅不是個人的，是屬於偉大的中國共產黨、偉大無產階級事業的。由中國人民進行紀念他，是無比光榮的。從這之後，我一切放了心。卻不料右傾機會主義者從中進行了不可告人的勾當，企圖抹殺魯迅而爲三十年代資產階級路線開道；爲偷天換日再次抬出一塊反動的「國防文學」招牌取了巧，我現在必須揭露。

魯迅全集第六卷中且介亭雜文「答徐懋……」的注釋，是明目張膽地篡改了歷史事實和眞相，顚倒黑白大肆吹噓三十年代「國防文學」的成果。記得全集注釋本出版前，馮雪峰把注釋送來我看，並把（說）已經郭老及中宣部領導看過，雖然我看到注釋中有與事實不符，說魯迅是宗派主義，感到不解，想到是已經有定稿，中宣部是代表黨，我服從於黨的領導，不應表示異議。此事一直耿耿於懷，沒有提出具體意見。現在「高舉毛澤東思想偉大紅旗，積極參加社會主義文化大革命」社論的號召下，擦亮了眼睛，我認識到今日必須辯明是非眞相，鬥倒這一小撮反對毛澤東文藝路線與毛澤東思想相對立的反黨反社會主義黑線，鬥倒把持文藝界「領導」地位的自封爲三十年代的現代修正主義的文藝思想和所謂三十年代文藝的結合。清除資產階級右傾機會主義在文化戰線上的代理人，掃除邪氣樹立正氣維護黨的絕對領導，維護毛主席的文藝路線，只有滌蕩了妖霓，才能夠給人民正確的路線給魯迅翻案。

回憶在左聯時期有關三十年代的情景，魯迅所參加的左聯活動，我由於沒有參與，許多情況沒能知道，只見到、體會到魯迅的孤軍作戰，受懷著惡意的人長期圍攻加上背後射來的暗箭，十分氣憤的心情，也無從插手協助。魯迅嚴格遵守鐵的紀律，雖然鬥爭十分激烈，也不與我知曉。只能在一部贈書中寫道：「十年攜手共艱危，以沫相濡亦可哀，聊借畫圖怡倦眼，此中甘苦兩心知。」另一方面，那時我尚年輕，魯迅恐我知悉內情，一旦被捕而泄密，豈不有損於革命。因爲這樣，只能回憶到一些側面情況。曾記得那時期魯迅令我燒毀一些信件、稿件等，我也尊重紀律，立即銷毀，從沒有過目。現在就只能把該時所見所聞，盡力加以追溯回憶，凡憶及不論點滴大小，一併記下，以供參考。

(1)嚮往黨中央、毛主席的無產階級革命事業

魯迅在一九二七年大革命的時候，從廣州初抵上海，便受到創造社打著馬列主義旗幟的各種攻擊。當時爲了攻擊原因何在，檢查了自己，通過理論學習有力量反擊敵

人，便奮力研讀有關馬列主義的書籍。那時國內中文的有關這類書籍不多，由於日本翻譯理論書籍較快，便通過內山書店從日本購買了許多馬列主義的書籍。在追求眞理，辨明是非提高認識的不斷學習中，日益認清了革命領導是無產階級、黨中央毛主席。認清了中國人民必須尋求光明的道路。之後左聯、地下黨和瞿秋白等同志所介紹的延安情況和黨所領導的艱巨鬥爭經過，使魯迅不斷加深了對革命的認識，熱切希望投入這一鬥爭裡。每逢從解放區有人員來滬，都十分關切詢問有關黨中央毛主席的情形。

一九三三——一九三四年某日，陳賡同志由馮雪峰的陪同，詳談長征的反圍剿鬥爭事跡，直談到晚間還躲在廚房間裡邊吃飯邊談（因孩子生病），談到延安種種故事，魯迅深爲感動，他認爲黨的二萬五千里長征，是史無前例的英雄偉業。遠遠超過《鐵流》，值得歌頌廣爲宣傳。並表示要盡可能多地搜集有關資料，作好準備寫長征的作品。一九三六年住虹口大陸新村時，史沫特萊來訪，也關心長征方面的事跡，因魯迅大病，由馮雪峰陪在三樓後房深夜長談。所遺憾的是魯迅未能進行這夙願。好在現在已有千千萬萬掌握了毛澤東思想的工農兵革命文藝工作者正在繼續這些偉大的革命史詩。

(2)「民族革命戰爭的大眾文學」與「國防文學」之爭

背離馬克思列寧主義階級觀點的「國防文學」口號首先提出，就有一批人去簽名，也拿來要魯迅簽名，當時魯迅拒絕了。魯迅認爲應該照黨的指示提出了「民族革命戰爭的大眾文學」這一正確口號，要文藝爲工農服務和創造，遭到一些人藉口名稱太長，不易使人明瞭和記憶而反對。「國防文學」這批人起初想利用多數壓倒少數的簽名方法取得通過。但群眾是擁護「大眾文學」的，畢竟得到不少人簽名。記得首先贊成的是巴金等人，在兩種口號爭執時，適處白色恐怖下，中央的指示很不容易到達白區，魯迅既然是接到由馮雪峰帶來延安黨中央的指示，體會了中央的精神，必當堅持鬥爭，不論別人怎麼反對，努力奮戰要按照黨的意見，使這個口號能夠發出。

記得那個時候也有一些人，想採取兩面派手法，在兩個口號上都簽了名，但更有一些人堅決站在魯迅的一邊，也就是站在黨中央毛主席指示的一邊，堅決擁護無產階級這個文藝路線。

(3)魯迅在黨的領導下和左聯的關係

姚蓬子要打入學生隊伍擬進北京大學，來找魯迅寫介紹信，魯迅寫信託馬幼漁介紹入學，後聽說姚被捕了，沒有供出魯迅的關係。

蔡詠裳（董秋斯前妻）擔任革命地下工作，每次抵滬都常來魯迅家裡瞭解消息，有一次魯迅提供了重要情況（有關黨和革命事業的）蔡詠裳聽了認爲很有幫助，因爲魯迅在上海居住地穩定，所以失掉聯繫的人，常常來尋魯迅，魯迅必以所知以告。

馮雪峰與魯迅接近甚密，深夜常來長談，傳達黨的指示，彼此交換看法。有一次馮雪峰來，告知特務跟蹤他，追蹤甚緊，馮躲進書店而從後門逸出，繞了幾個大圈子把尾巴甩掉後抵魯迅居處。一九三六年因魯迅病，馮表示希望魯迅搬個空氣較好的家，而且中日關係緊張，更應早日設法，原擬十月底離開虹口搬到法租界，終因魯迅去世而未成。

記得大約在一九三八年在香港遇到潘漢年，他托我帶口訊給馮雪峰，叫馮雪峰應早日到有黨領導的內地去，說耽擱在上海算什麼呢。那時馮和黨內的一些同志意見不合。馮聽了之後，穿了瞿秋白留下的長衫離開了上海。

大約一九三四——一九三五年內某日，魯迅從內山書店回家，心情興奮，似有可喜的事。問及，說遇見成仿吾，他面色黑裡透紅，身體像鐵人一樣結實。雖然成曾罵過魯迅，但因現已是革命同志，魯迅和他一樣親熱。解放後，偶有機會見到成，問到是否有在上海見到魯迅，成仿吾承認是，並說他當時失去黨的關係，還是魯迅設法給他接上的。他還說返中央時匯報過這件事。

剛搬到大陸新村，原住公寓未退租，（大約是拉摩斯公寓——海嬰注）魯迅外出時交給我一把鑰匙，交待說若有事可去公寓找他。後適逢有事，我抵寓開啓房門，看到空蕩無什麼家具的屋內，有十餘人圍立於一桌前開會。這是僅有一次遇到左聯正在開會。

(4) 打擊、扼殺魯迅的手段

一九三四——一九三五年間，魯迅主持《譯文》雜誌的出版。大約負責編輯了兩三期之後，受到了廣大青年讀者的歡迎，銷路上升。魯迅扶持了黃源之後，便放手讓黃源主持編輯，自己從旁協助。這是魯迅一貫輔助青年作家的態度。不久便聽到生活書店擬停止《譯文》的出版，理由是改出另一種刊物。

某一日，魯迅被召至一旅館開會。回來心情極爲氣憤，對我說：「那裡幾個人在一起，簡直對我是『吃講茶』的態度」。聽魯迅說幾個人其中有胡愈之。又聞當時生活書店的主持者是畢雲程。

又有一天，茅盾（沈雁冰）來家裡和魯迅談《譯文》之事，記得很清楚魯迅是用尖銳的口吻說話，而茅盾是用辯護解釋口氣，最後不歡而散。這種面對面針鋒相對的情景，我從未見到魯迅有過，這態度令人驚異。談話後，魯迅問我：「我這樣談怎麼樣？」我表示同意。可惜現在已不復記憶那次談話的內容。我懷疑扼殺《譯文》是給魯迅打擊，背後有人表面說黃源的資格不夠，而實質上的用心是扼殺魯迅出版此書。

最後《譯文》終於停止出版了，魯迅爲了抗議，要求在這一期上刊出「終刊號」，以告讀者。不久，因該刊得到廣大的讀者愛護，魯迅又衝破困難多方設法，在另一家書店重新出版，在雜誌的封面上寫明「復刊號」以對終刊的回擊。這件事的過程對魯迅的影響頗大。心情十分憤慨，使他悒鬱於懷，實受不小的打擊。

一九二七年大革命後，魯迅從廣東來滬，季致人（此人何穆醫生認識）或敬隱漁信中講，法國名作家羅曼・羅蘭對魯迅的作品評價很高，因不知道魯迅在中國的確實地址，將信寄到創造社。魯迅聽說此事，托人向創造社打聽。創造社始終不作有無信件的答覆，每當念及此事，心情不愉快，不明白爲何扣壓來信。

(5)在圍攻時受暗箭所傷的心情

有一次魯迅給胡風寫信，我在旁對魯迅說：周起應（周揚）與胡風有意見，你不必介入吆！魯迅把筆一放對我說：你哪裡知道，他罵胡風其實是罵我！

一九三〇年，魯迅五十歲時，找到一處比較安全的地址，由馮雪峰通知進步友人，到舊法租界一家荷蘭飯店聚餐。記得還派人放哨，參加者有史沫特萊、柔石、馮雪峰等人，由董秋斯任翻譯。每人交聚餐費兩元。這個以聚餐爲名的活動，餐前田漢聞訊來到，隨後跟著有電影明星男女十幾個人。田漢一聽說要繳餐費，轉身就匆忙帶領這一夥人呼嘯要走，魯迅當即趕去挽留，說既然來了就不要走，餐費全由我來出。田漢不應，仍立即離去。飯間史沫特萊講話，魯迅致答詞表示自己估計還可以努力工作十二年。是表示對那些詛咒、反對他的人，給予一個堅決的答覆。

魯迅經過了一九三〇年廣東大革命的屠殺，到滬心情不佳，病了一場。後來參加「自由大同盟」、「民權保障同盟」、「左翼作家聯盟」（簡稱三盟），那段時間因白色恐怖，常常躲在外面住宿。在這樣生活下，身體極衰弱，全部的牙床發炎，不得不把全口牙齒拔掉。有一次我抱了孩子去探望他，見到有幾個人在座，其中只認識潘漢年。

居住虹口公園對面的（拉摩司）公寓時期，柔石被捕。袋裡有魯迅與書店簽訂合同的草約，以致敵人追索魯迅的下落。柔石堅不供出，敵人挾裹柔石去書店查詢，沒有結果。爲此我們全家避難住在日本人開設的旅店裡。這段時間魯迅的心情壓抑，有時煩躁。曾有一天忽然外出，獨自跑到一家小茶館去喝茶，那是南京路永安公司旁的一間閒雜人多的地方。我到內山書店、周建人家這些魯迅常去的地方找，心中極怕出了事故。魯迅直到深夜方歸。本應隱蔽的人物，由於許多革命的同志被捕，事業遭受損失，他心情痛惜，突然也想犧牲自己，獻身革命。

(6)魯迅對周圍人物的看法

魯迅批評當時的周起應說：「他自己深深地躲起來，從不外出，成天倒叫一個女孩子跑來跑去，到處送信傳遞消息」。聽魯迅的口氣，站在領導、指揮地位的人，卻不參加必要的會議，也看不到他們。大約在一九三四年，我陪魯迅到篠崎醫院看病，走廊上碰見夏衍，魯迅草草的打個招呼，就匆忙扯我離開。魯迅對於青年扯進口舌之爭說過：有那麼多閒工夫，爲什麼不好好寫些東西呢！

(7)魯迅的紀念事業

解放後，魯迅的作品歸人民文學出版社出，經常有外地的讀者來信，向我訴說難以購到。每個大城市到的書很少，小地方只有幾部書。實有供不應求之狀。紙張的有計劃供應是肯定的，是否有更好的辦法。或許有別有企圖的人，限制魯迅的作品流傳使讀者失望，又聽說：魯迅的作品已經過時了！實難以估計其意圖。《魯迅傳》電影，數年前曾在京見到陳鯉庭、柯靈、沈鵬年，他們說要拍攝。劇本集體討論，由陳白塵執筆。經修改了三、四稿，最後在《人民文學》雜誌刊出。並據說曾試行拍攝，後即渺無音訊。又遇於蘭同志（她是試拍演員之一）詢問內情，於說：怕裡邊還有些問題。原擬今年魯迅逝世三十周年公演，中途停止，與哪些問題有關？

魯迅死後，全國人民表示哀悼，但這前後，也不斷聽到惡人詛咒。痛恨魯迅爲何不早點死掉。還說爲何死了高爾基，不死魯迅（高於一九三五年逝世，魯迅於一九三六年去世）。表示一小撮人對魯迅的痛恨，我曾爲此不滿而表示於《魯迅全集》的後記中，高是世界文豪，如果魯迅一死可以替高的話，魯迅不會愛惜自己的死的。

魯迅居於上海的十年中（一九二七——一九三六），整天處在國民黨反動派、帝國主義、大小文人以及想從文化界爬上來的人包圍之中，他們認爲魯迅阻礙他們的道路，是擋在面前的絆腳石，想踢開他、踩倒他，種種明槍暗箭無所不用其極。可是魯迅晚年雖然處在敵人的文化圍剿、暗殺、威脅和疾病的包圍中，當聽到有關延安黨中央、毛主席領導的革命事業勝利的消息時，這光明的燈塔永遠指引著魯迅前進的方向，鼓舞他的鬥志，渺視敵人，挺著胸膛奮戰。他編刊物、寫稿、幫青年改稿、辦《朝花社》等等，以短短的十年工作量，就超過了前二十年，這是因爲有了正確的領導思想、正確的戰鬥目標、正確的唯物觀點，才能推動魯迅做到這些。魯迅所行所爲，均有作品。是否正確，黨和毛主席、全國工農兵可以審查評定。我深信黨中央和毛主席一定會對魯迅的屈從新洗。（原文如此——海嬰注）

此稿記述於旅途，全憑記憶，其中年、月和有關內容，可由魯迅著作中查對。

一九六六年五月廿七日

母親把這份材料封好交給工作人員，同時向他提出要上街走走。離錦江飯店僅距幾百米的霞飛坊，是我們曾經住過十幾年的地方，而且至今我妻子的父母兄妹仍舊住在那裡，怎能到了上海而不去看望呢！說到不安全，我們想不通會發生什麼事。中午有了回音，只允許到友誼商店去購物。無奈，我們在一位交際處管接待的女同志陪伴下，也可以說監視下在友誼商店二樓逛了一圈。裡邊冷清清的，只有幾個「外賓」在購物。這大概就是他們認爲安全的地方吧。母親買了一塊廣東香雲紗衣料，我給妻子挑了一件雨衣，不敢多逛，便匆匆打道回旅館。

隔了一天，又通知見「首長」。仍是這個地方、這個陣勢，邊上仍然沒有旁人，空空蕩蕩，只有江青在座，她開門見山講：「材料看了，時間嘛已經過去很久了，沒有什麼新的東西！也許你知道得不多。那你馬上就回去吧！我叫人去買飛機票。這次來上海不要告訴別人」。

對成仿吾談話的看法

在這風平浪靜的一九六六年五月，我們母子和全國人民一樣，在對即將發生的一切毫無預感的情況下，急匆匆而神秘兮兮地去了一趟上海，領受這樣一個特殊的任務。對於母親奉命寫的這份材料，我一字不漏地予以公佈，此中的是非曲直，我不想多說什麼，相信讀者會有自己的結論。而對於我來說，重讀舊文，感慨萬千，不禁又憶起當年母親苦思冥想時的煩難和無奈。

一九六一年十月，母親在上海魯迅紀念館門前。

從這次神秘的上海之行後，我發現母親有些變了。在去之前，她似乎也感覺到政治形勢逐漸變得不可捉摸，卻又什麼都不知道。她雖是黨員，又有人大常委、中國婦聯副主席、民主促進會副主席等顯赫頭銜，但能讓她接觸的中央文件卻不多，平時只能通過報紙和大參考來瞭解形勢，有時還靠「馬路新聞」來補充。她內心只有一條：雖然自己年老多病，仍要「活到老學到老」，要時時事事緊跟黨中央毛主席。因此，儘管那時她的心臟病已很嚴重，但只要心率稍稍正常，心絞痛和緩，便要拿起報紙來看，重要的段落還要親自加以抄錄。她常常獨自默默地在想著什麼，說話似乎也少了。另外，也許出於一種特殊的心情，她還重抄了《風子是我的愛》等兩三篇文章（直到她去世前的一九六八年一月二十一日，母親才向我們透露，這篇《風子是我的愛》，是她向父親的定情之作，她解釋說：風就是快、迅，指的就是父親魯迅）。

同年七月初，有一天全國婦聯接待室來電話說，山東大學四年級的學生王永升等幾人，要求面見母親，瞭解她對成仿吾的看法。他們提了這樣兩個問題：㈠對成仿吾的看法，你在《魯迅回憶錄》裡和現在有性質的不同，爲什麼？㈡一九五八年你與成仿吾的談話內容。

事情的起因是一九五九年蘇聯漢學家彼德羅夫訪問山東大學時，有一份成仿吾校長的講話記錄稿。

當時彼德羅夫問他：革命文學爭論時期，杜荃（即郭沫若——海嬰注）等人爲什麼要猛烈批評魯迅？成仿吾回答說：魯迅是老一輩，創造社是後一輩，彼此有些矛盾。我們對魯迅不滿意是一九二七年大革命失敗後，我們皆拋離廣東，而魯迅卻前往廣東，他是被朱家驊利用，做了廣東大學的教務長，這是他落後處。直到他後來發覺，才回上海。太陽社「左」得利害，創造社態度比較中間，郭沫若批評魯迅針對的僅是魯迅留在廣州這件事。

「當時與魯迅進行理論鬥爭是有的，但與魯迅對立的是太陽社，魯迅把我們和太陽社混為一起了。一九三一年魯迅說我們是流氓（我們皆已入黨），這是錯誤的。但從那以後，魯迅轉變了，對我們很好了，一九三二年底，我從蘇區（湖北打遊擊）到上海找黨中央，魯迅幫助我們找到黨中央，見面很高興。去年我見許廣平，向她感謝魯迅的幫助，許廣平說：『魯迅的錯誤很多』。」

「文革」初期，周恩來與母親在會議上。

對於成仿吾的這次談話，尤其是向外國人士這樣講，引起了學生的疑惑，為此，希望從母親那裡得到澄清。

對於這種事關歷史眞實和父親名譽的大事，母親理所當然有權予以說明。

她的答覆是：「一九二六年十一月七日魯迅從廈門寫信給我（當時我在廣州）說：其實，我還有一點野心，也想到廣州後，對於『紳士』們仍然加以打擊，至多無非不能回北京去；第二是與創造社聯合起來，造成一條聯合戰線，更向舊的社會進攻。當時，魯迅因為『三一八』運動，被北洋軍閥追捕，離開北京不久，他急於尋找戰機，聯合戰友，才想到廣州去參加戰鬥。因此一九二七年一月，魯迅從廈門到廣州，任中山大學文學系主任兼教務長。但到四月十五日，國民黨反動派在廣州開始大屠殺。魯迅當日不避危險，參加緊急校務會議，營救被捕學生，無效。他就堅決辭職，表示抗議。成仿吾說魯迅在一九二七年大革命之後才就任中山大學文學系主任兼教務長，是篡改歷史，有意誣衊魯迅。我在北京見到成仿吾時，的確提到這件往事，那是我向他打聽：他是否秘密地到過上海？他證實了這件事情，並且說明他是通過魯迅才和黨接上關係的。當時我並沒有說過什麼『魯迅也有錯誤』這一類的話。」

可以看出成仿吾所說與事實多麼不符，甚至還憑空揑造了母親的話，這就難怪要引起學生的懷疑了。而母親的回答仍舊心平氣和，僅是據實說明眞相而已。後來山東大學的學生將之作爲批鬥成仿吾的炮彈，那是母親始料不及，也是她不願看到的。李初梨身爲一位有聲望、有地位的前輩，他理應分辨得清這些，我不明白他爲什麼要如此誣衊故人。

事實上，在「文革」中，我們住的景山東前街七號，與李初梨隔壁相鄰，得知李家遭到抄、砸，破壞嚴重，她思想上怎麼也想不通，同時也開始爲自身的安全擔心，和我商量怎樣避免紅衛兵闖進我家來造反。按當時的風氣，唯一的辦法就是高掛、多掛毛主席像和語錄。因此一時間，我們家裡的鏡框都覆蓋了毛主席語錄，家裡的「四舊」屬於我的不少，爲了避免講不清惹來禍害，遂將我日常擺弄的那些無線電零件、電子管、外國古典音樂唱片統統交給我的大孩子去砸。叮叮噹噹敲了半天，統統砸成碎片才罷休。還有孩子們喜愛的小人書、連環畫冊和外國童話故事書，全賣給了廢品站，爲此他們傷心了好幾天。院子裡原來種著好些耐寒花木也統統挖掉，改種向日葵、玉米和蓖麻。每逢母親要外出，我們怕她年老遺忘，總要檢查她胸前的毛主席像章是否佩帶端正，「紅寶書」是否放在隨身小拎包裡。這是家裡人誰都有責任做的檢驗工序。我們臨街的大牆原來光禿禿的一色青磚，沒有大標語，我們怕革命警惕性特高的紅衛兵產生懷疑，衝進來責問，就趕緊去買紅色的油漆，刷了「毛主席萬歲」大標語，心裡才踏實下來。

在這惶惶不安的日子裡，母親的身體愈加衰弱，經常心率過緩，心絞痛頻頻發作。不想就在此時，被造反派奪了權的北京醫院，竟將她的醫療關係，跟領導幹部和所謂「資反分子」一道驅逐了。她被轉到設備較差藥品供應又不多的醫院去就醫，以致後來造成令我悲痛終生的後果。

這就是母親在「文革」中的經歷和心境。曾有朋友問過我，當時周總理有一個保護對象的名單，你母親也必在其內吧？我從後來發表的總理草擬的名單中，並未看到母親的名字。而實際上，即使那些上名單的首長和頭面人物，有的照樣受到嚴重的衝擊和迫害，這是人所共知的。

魯迅手稿事件與母親的死

在這裡我要向讀者報告，母親究竟是怎麼死的。

前文說過，新中國一成立，母親就將歷盡艱難保存下來的父親手稿等遺物，捐獻給國家，她以為從此可以萬無一失，再無後顧之憂了。不料，文化大革命一來，到處在「破四舊」，毀壞文化遺產，連北京魯迅博物館也亂了起來，領導靠邊，造反派奪權，這不由使母親和關心父親遺物的朋友們憂心忡忡，擔心這些珍貴的文物於混亂之中遭到意外的損失。但這憂慮僅屬於火災、失竊與人為損壞這一類。讓母親萬萬想不到的是這劫難竟會來自以「革命文藝」衛道者自居的中央文革。

據魯迅博物館研究員葉淑穗先生回憶，早在「文革」初期的一九六六年六月，「魯博」所藏包括《答徐懋庸關於抗日統一戰線問題》在內的手稿和書信（其中有些還從未公開發表過）計一千零五十四件，共兩大箱，（內裝八個楠木匣）就被文化部調走。而這樣的大事，母親和我們家屬卻毫無所知。但這是王冶秋提議的，出於保護文物的良好用心，自然無可厚非。讓人想不到的是，到了一九六八年一月，這批父親手蹟竟又被當時是中央文革小組成員的戚本禹取去，而這個曾經炙手可熱的人物轉瞬之間又被打翻在地，這不由使「魯博」的同志們為這些父親手蹟的安全擔心起來。他們一面緊急向中央打報告，一面委派葉淑穗向母親通報此事。這是一九六八年三月二日的事。

母親得知後真是憂心如焚。待葉淑穗離去後，她覺得僅靠「魯博」的一封信，似乎作用不夠，甚至連能不能到達總理手裡都難以保證，因此感到自己必須立即

母親遺像。

有所行動。於是與我商量，她要給中央寫信。就在這種急憤交加的心情之中，她開始執筆起草信的內容，一直伏案到深夜。這對於一個患有嚴重心臟病的七旬老人來說，無疑是雪上加霜。但我怎麼也想不到，悲劇竟會來得這麼快這麼慘。

母親連夜將信寫好後，又顧不得休息，次日上午，要我陪她去董秋斯、凌山夫婦家，她要向好友徵詢對信件的意見，並商討下一步該怎麼行動。到了東單東側的董家，母親將信交給董秋斯先生閱看，一邊介紹此事的經過。她講得急促而激動，想把這一天來鬱結於心頭的焦慮和憤慨盡情地宣泄出來。過不多久，我發現母親一邊說一邊在手袋裡掏

摸，我立即意識到她的心臟不好，她是在找硝酸甘油，連忙拿出一片讓她含在舌下。見她仍然感覺不好，我又讓她再含一片。誰知這麼重的藥量仍控制不了病情的發展，只見她從椅子上斜著身子慢慢地滑了下去，並立即失去了知覺。我們連忙將她抬上汽車，由淩山先生陪同，直奔母親原先的公費醫療單位北京醫院急診室。一路上我摸著母親的脈搏，它仍在跳動著，這讓我稍稍安心，以爲只要及時搶救，母親終能醒過來的。

豈知在這大白天，偌大的北京醫院急診室裡竟然沒有一個值班醫生。我們只能自己動手找來一張帶輪子的推床，靠著一位路過的解放軍同志的幫助，將昏迷的母親從汽車抬到推床上。我找到一位女醫生，求她趕快搶救，但她卻要求先得找到病歷卡，才能採取措施。可是這裡的掛號室已經沒有母親的病歷卡，她在北京醫院的醫療權利已與「走資派」一道被造反派所取消，轉到北大醫院的普通門診去了。我請求她先救人要緊，而她仍不肯立即採取措施，堅持要先找到病歷卡和做心電圖的儀器再說。我只得急忙奔到樓上病房去找醫生，恰巧母親熟悉的蔣國彥醫生在當班，他立即隨我趕回急診室，但是已經晚了一步，她的臉色已經變了，心臟亦已停止跳動。雖然蔣醫生仍然採取注射強心針和心臟按壓等措施，母親終因經不起這半個多小時的耽誤離我而去了。

這就是母親突然亡故的眞實原因和經過。應該說，她也是文化大革命的受害者，我下面要講的事實將進一步證明這一點。

這天晚上十點半，當我們全家沈浸在悲哀之中時，周恩來總理親自趕到北京醫院來悼念母親。總理問了發病經過，當時是否吃藥？我一一做了回答。總理說：「我也帶著這種藥。」隨即從身上掏出藥瓶來給我看。接著又說：「醫生告訴我這種藥不能多吃，只能在胸口感到悶時再吃，你媽媽吃了多少？」我說不多，含了二片。總理問在座的吳潔醫生：「如果不送醫院，就地搶救行不行？」吳回答：「病情發得很快，醫生趕去恐怕來不及。」總理說：「看來這種病當時如能急救，也許能延緩一個時期，但身體實在惡化得太快了，眞是無法可治。」總理問掌握醫院領導大權的造反派：「你們那時爲什麼不值班，找不到人嗎？」那個頭頭含糊地回答：「因爲沒有明確規定……」總理提高音量說：「今後必須値班！我要你們的電話號碼，抽空就打，看你們有沒有人在！」

總理回頭向我和我愛人馬新雲問了一些本單位運動的情況，又將話題轉到母親身上，問：「許廣平同志今年多大歲數？」我說今年七十歲。總理「噢」了一聲，說：「那我們是同年，都七十了。」又問「許廣平是廣東哪一縣的？」母親的秘書王永昌答：原籍澄海，生在廣州。總理又說：「江青同志打電話給我，說她本來想到醫院來看一下，她怕看了以後心裡更難過，所以不來了。以後開追悼會，我們都來，伯達、康生也知道這件事了。」

談話後，總理起身去太平間向母親遺體告別。直到深夜十一點半，他才和我們全家一一握別而去。

我們也隨即回家。但到家尙未坐定，便來電話，告訴我們中央領導要來。不一會，門外和牆邊就站了許多解放軍警衛。又過了幾分鐘，周恩來總理提前五分鐘來了，檢查了客廳的窗簾和環境，確定讓江青就座的位置，隨後江青、陳伯達、康生、姚文元他們才魚貫進來。在客廳裡落座後，江青環顧沙發後面，問道：「有沒有風呀？我怕風。」接著率先發話：「聽說這事，心裡很難過。我粗心了，沒有照顧好她的身體。一九三六年魯迅逝世時，我去送葬，走在第一排，有一張照片，可惜後來被偷走了。魯迅在我們最困難的時候，寫了〈答托洛斯基派的信〉，這在當時是不簡單的……」

在江青長篇大論之間，我將母親寫給中央的信當面交給總理，總理看後又遞給江青。信是這樣寫的：

現向您彙報一下：北京魯迅博物館原藏有魯迅〈答徐懋庸……〉手稿十五頁，書信手稿一〇五四封（一五二四頁，大部分未印）。一九六六年六月三十日，舊文化部以「保護」文物爲名，從博物館調走。一九六七年春天，戚本禹在文化部聽說此事，又將這部分手稿全部拿走。現在我不知道這些手稿究竟落於何處，甚爲擔心。如有散失或毀壞，將給人民帶來損失。因此希望能幫助瞭解一下此事，最好能將結果告訴我。如果可能的話，我還想看看這些手蹟。魯迅博物館已有報告向中央文革小組反映此事。隨信附上抄件一份，請您一閱。

許廣平

一九六八年三月二日

江青看信後說：「信裡反映的事情我們過去一點都不知道，叫戚本禹交代，衝著這一條就可以槍斃他！如果不交代，就槍斃他！這東西是不是找一個地方保管（姚文元插話：「放在中央檔案館。」），統統拍照。這些王八蛋想毀壞手稿，將來可能要翻案。看來她受了刺激，有心臟病的人怎麼受得住這個刺激呢！分明是陷害，要追查這件事！」

我又將母親預立的遺囑遞了過去。母親寫道：「如果我有一時的急變，致血液循環不通，竟然逝去的時候，我的屍體，最好供醫學解剖、化驗，甚至尸解，化爲灰燼，作肥料入土，以利農業，絕無異言。但是，我是一個共產黨員，我的身體，最後也聽黨的決定。我的親屬，也望他們好好地、忠誠地聽黨的話，一切遵循黨的指示，按毛主席指示的方向辦事。」

總理和江青看了，一致表示骨灰就按母親的遺願處理。江青還說：「不要去八寶山，八寶山有叛徒。」

他們在我家坐了近一個半小時。江青的話最多，還顯得很自責地說：「太粗心了，太粗心了，我們照顧得不夠。」姚文元僅插過一句話，陳伯達一語未發，康生更是諱莫如深，什麼態度也不表示。臨走握別，周總理還對我孩子說了一句：「我太粗心了。」

第二天，「中辦」向我傳達中共中央關於母親喪事的正式意見：尊重許廣平遺願，不開追悼會。同日，新華社發了一個兩行文字的消息。

五日清晨五點，總理辦公室秘書又來電話傳達總理的指示：

母親去世前一年，在抄錄有關材料。

(一)火化問題，哪一天都可以，和人大常委會商量著辦。

(二)骨灰處理，中央意見，尊重許廣平同志的遺囑。具體做法和人大常委會商量，同意少取一點骨灰，撒到上海魯迅墓前的小松樹旁。

(三)弔唁問題，未火化前，在北京醫院組織弔唁。火化後如仍有人弔唁，可在家裡設一小房間，中外人士要來都可以。

(四)追悼會明確不開了（告別式當然也沒有了）。

隨後，鄧穎超同志帶了秘書趙煒也專程來我家弔唁。她對我說：「你媽媽是最早提出死後火化，並不保留骨灰的人。恩來後來知道了許大姐的意思，向我說，我們將來也不保留骨灰，撒到大海裡去。」

在操辦母親喪事的過程中，我深切地感受到總理親切周到的關懷。而江青那天晚上在我家的表演，在我瞭解全部眞相之後，愈加看清了她的陰險和僞善。什麼「我心裡很難過」、什麼「我們一點都不知道」，其實整個魯迅手稿事件本來就是她一手造成的，她是害得我母親急憤交加猝然死去的罪魁禍首。自然，我是在「四人幫」粉碎之後才知道這一切的。

原來，周總理那天晚上離開我家之後，就在中央碰頭會上決定提審戚本禹。追查父親的手蹟，領受這任務的是傅崇碧和劉光甫兩位同志。前者時任北京軍區副司令，後者是北京衛戍區的副司令。這兩位首長於一九七七年初先後向我講述了追查的全過程和此後遭受的打擊。楊成武同志代表中央向傅崇碧具體布置這一任務，爲此他也被林彪江青一夥視爲眼中釘，成了主要的打擊對象。

母親在「文革」時期。

遵照中央指示，兩位司令員首先提審戚本禹，戚交代說，他是受江青之命去文化部取走這批魯迅手稿的。如今就存放在釣魚臺的中央文革。經過請示，他們就於三月八日，帶了傅司令的李秘書，分乘兩輛小車直奔釣魚臺。經過一番周折，當他們好不容易來到十八號樓時，但見江青怒氣衝衝地走了出來，大聲斥道：「你們來這麼多人幹什麼，要到我這裡來抓人嗎？要製造緊張空氣嗎？」她這一番淫威當然嚇不倒傅、劉兩位，傅崇碧同志向她說明，奉中央之命追尋魯迅手蹟，並且有線索說就在中央文革的保密室裡。江青聽了越發大怒，吼道：「手稿怎麼會在我這裡！」隨即命令將機要保管員喚來，劈頭蓋腦就是一頓臭罵，訓得那個保管員直發愣，連話也說不出來了。在旁的姚文元也找了幾個工作人員一同去找，不一會，抬來兩隻大木箱子，都用鐵鎖封閉著，這正是從魯迅博物館拿走的那部分信稿。面對這些鐵證，江青立即調轉話題，說：「這些東西不重要，重要的是毛主席的五卷手稿也丟了，你們也應該趕快去找。」眞是一副無賴相。

在這過程中出了一個小插曲。就是傅司令帶來的那位李秘書，本來有癲癇症，精神又脆弱，他經受不住江青的淫威，竟嚇得突然昏了過去，連手中的小公事包也掉落在地上。

沒想到這麼簡單的追查過程，連同李秘書掉落的那個小公事包，竟被林彪江青一夥肆意歪曲捏造，成了打擊革命軍隊幹部的炮彈。同月的二十四日，在一次部隊萬人大會上，林彪公開誣陷說：「楊成武擅自指示傅崇碧，帶著幾輛汽車，全副武裝衝進中央文革去抓人！」李秘書的那個小公事包裡只放著我母親致中央的信，而江青卻咬定裡面裝有手槍，用來對付她的。還在同一個萬人大會上指斥他們衝擊中央文革，是「目無黨中央和中央文革」，而後臺就是楊成武。直到一九七〇年的一個「批陳整風」會上，她仍造謠說傳崇碧的秘書打了她，還讓姚文元當場作證。

交代完母親的喪事和追查父親手蹟的經過，本來已沒有什麼可說的了。但我仍忍不住要說一說在治喪過程中及喪後遇到的尷尬和苦澀。

母親去世後第三天，即三月六日，國務院機關事務管理局就會同中央統戰部、人大常委會對善後作了研究。撫恤金，按慣例應發三個月的工資，因三月份工資母親已經領取，理應扣除，因此我們實際領到了五百二十元。這是照章辦事，自然無話可說。但另一件事卻使我不勝迷惑和犯愁。

事情這樣的。按母親生前擔任的職務，身邊可以配備一名服務員，一切工資待遇均由國家負擔。但當時母親想到國家還不富裕，而自己尚有一定的經濟能力，因此二十多年來，這位服務員每月三十七元五角的工資，一直由母親自己支付。而如今母親已經亡故，該怎麼安排這位服務員呢？依我的理解，服務員是國家配備的，理所當然應由公家去解決。卻不料，上面發下的文件竟是這樣決定的：「大家（這當然是指上述會商的三個國家機關了）認爲，這個工人不屬於國家編制，所以不能由國家參照工人職員退職退休條例處理，如許家不用時，只好由許家參照工人職員退職處理暫行規定（根據工齡，每年發給一個月的工資），自行補助退職金。」

這條決定既不承認這位服務員是國家職工，又要我們按國家規定承擔他的退職費用，粗略計算一下，要近八百元；而母親辛苦工作了一輩子的撫恤金才五百二十元，這麼說，母親當年的好心和覺悟，竟成了我們後人的負擔了，這怎麼讓人想得通呢？

但煩心事還不止此。當我們正在北京醫院布置靈床的時候，上面通知下午就有幾批外賓要來弔唁，使得時間一下子變得很緊迫。可是家裡的床單和枕套都是帶花卉的，不宜使用，惟一的辦法就是重新去買。但那時，布票每人每年都有限量，恰巧這年因給孩子添置春服，布票已經用盡。當我們爲此向人大常委會要求補助布票時，他們竟然回答：「我們不管是無產階級司令部的人，還是資產階級司令部的人，只要總理點了頭，我們才能辦！」我們怎麼好意思爲這幾尺布票的事去打擾總理呢！我轉而請求借用，竟也一口回絕。理由是：沒有治喪委員會，任何物品都不能借，什麼費用都不可報銷。他們明明知道喪事從簡原是母親的遺願，並非是「規格不夠」，他們更應該知道總理曾對喪事有過具體的指示，而有關部門竟如此刁難，絲毫不講人情。這麼看來，他們實際是把母親看成「資產階級司令部」的人了。這使我禁不住又一次流下傷心的熱淚。

緊接著就通知我們搬家。這當然是無話可說的。何況景山前街的住處房租很貴，每月要付相當於我一個人的工資，還不包括水電之類的開銷，如今沒有了母親的收入，靠我們夫婦倆的小工資，哪能承擔得起，不搬也得搬啊！因此一到四月，我們就忙著打包整理行李，將一些書籍雜物統統賣掉。五月初，利用休息天，靠著幾位司機和工人朋友幫助，開始正式撤離。這時，國家機關事務管理局非但不給任何援手，反而來清點母親借用的木床、沙發、桌椅等等家具，一件不可缺少，缺什麼賠什麼，甚至連院子旮旯角落多年不曾用過的燈泡不亮，也要我們照數賠償，直到他們清點核查完畢簽過字，才放我們走人。至於院子裡孩子們種的玉米、向日葵、小棗樹、小香椿樹等植物，統統都要我們親自拔光。令我心痛的是被毀的兩棵棗樹，那是從父親北京故居裡的老棗樹上引種來的，已經開花結果了，它對我們來說，有著特殊的紀念意義。

讓我們搬去的地方是三裡河三區一幢五層建築的二樓。由於母親在世時，大多數家具是向公家借的，現在突然之間要布置起一個新家，我們夫婦二人又都屬於低薪階層，平時無積蓄，不免困難百出，狼狽之極。我們那時已有三男一女，是個六口之家了，而木床僅有兩架，因此多數孩子只能睡書箱。那是當年母親裝運書籍到北京後遺留下來的，粗糙而多刺，手摸上去一不小心就會被扎一下。我們就利用這樣的舊箱子，每人六隻拼搭起來，權當夜晚的床鋪。次年我的岳父從上海來探親，我們只能讓他老人家跟著睡書箱，只是下面的鋪墊厚一些而已。可憐他在這書箱上睡了幾個月，就患肺癌故去了。

說到這屋子的基本設施，更讓人一言難盡。大概先前那家住戶十分馬虎，到我們搬進去時，所有的下水道都已堵塞，以致上面三層一有污水排下來，就會在我家每個出口處噴湧而出，幾寸高的污水和著糞便就這樣在我們房間裡蕩來漾去，直到幾天後才得以解決。

爲什麼要特意提到這些呢？因爲它幾乎危及我們一家人的生命。也許這污水中帶有大量病菌，突然之間，我們一家大人小孩幾乎都得了乙肝。其中尤以我的幼子最爲嚴重，爲此他只得半讀書半治療，直到幾年之後，用了許多藥物才見緩解。我本人得病時，單位裡的運動正進入「自報公議」階段，人人都要寫自傳講歷史，然後小組「公議」；所謂「議」就是追、逼！我的罪名有三條：反江青、境外關係和業餘無線電臺。追逼了整整兩個星期，也不許請假，以致我腸胃大傷，連番茄炒雞蛋都消化不了，吃進去多少，仍原封不動排瀉出來。直到我病情日益嚴重，兩位好心的同事高孚曾和楊忠平看不下去，聯名給總理寫了信，讓我住進北京醫院，我這條小命才被拾了回來。原來診斷的結果，除了肝炎，我還得了心包炎、胸膜積水、十二指腸潰瘍、肺氣腫、陳舊性結核等多種疾病，在醫院住了兩個多月，才准回家休養。要不然，我哪能活到三十年後的今天。直到「四人幫」粉碎後，我們的住房才得以改善。

讀者也許要問，你們不是早就買了大石作的房子嗎，何必去吃這種苦頭呢？這正是我要說的另一件煩惱事。

前文講過，母親由於工作不方便，得到周恩來總理的親自過問，才從大石作遷出，住到景山東前街七號去。大石作是私產，當然不必交納租金；而景山東前街屬於公房，每月要從母親的工資裡扣除租金若干，這無形中增加了我家的開支。那麼空出來的大石作房子又作何處置呢？母親將它委託給國務院機關事務管理局去管理，無償地聽憑他們去使用。這一進一出，我們明明吃了虧，但母親當時只考慮有利於工作，別的並不計較。

照理，母親去世後，有關方面既然要我們從景山東前街七號搬出，就該歸還大石作的原房。但當時這個四合院已被轉移給某部隊使用，成了四位軍官的家屬住房。又因當時的形勢，我們哪敢有「收回私房」這樣的「非分之想」！

一直到八九十年代，改革開放越來越深入，「繼承權」、「個人權益保障」已經是人們日常談論的話題，那時，我們才敢向有關部門正式提出：大石作房屋的產權爲我周海嬰所有，必須退還給我。但是他們始終不肯退還，再怎麼上告呼籲也不管用。據說某方面的房管部門是這樣向上面報告的：

「據我們調查，許廣平私自把大石作公房據爲己有，還要轉給她兒子周海嬰……。」

甚至還報告說：

「周海嬰是壞人。」

經我多方奔走，領導的關心，此事才初步有了著落。大石作的房子已肯定不讓收回（有關部門已自說自話將它交換出去），只肯拿兩套單居室作爲抵沖，其總面積只及我原房的一小半，關於應得的「產權證」，雖經多次交涉，有關方面還在拖延。我不知道他們的原因是什麼？

這自然又是題外話了。

我給毛主席寫信的前前後後

母親以生命的代價引起周恩來總理的重視，從江青手裡追回父親手稿，重新得到妥善的保存。但是事情似乎並未平息。

料理完母親喪事，搬過家，我仍回廣電部技術部門正常上班。大約過了半年，有一天，當權的造反派頭頭找我去談話。進到他的辦公室，出乎我意料，他並沒像往日那樣吆五喝六，而是笑容滿面，一團和氣。待客套過後，竟突然向我提起父親的手稿遺物，說上面對此很關心，我搬家時若有新的發現，放在自己手裡不安全，他們可以代為轉上去，保存在可靠的地方。我當即回答他，父親的一切手稿遺物，母親早就交給魯迅博物館和紀念館了。這使他頗感失望，談話也就此結束。

事後，我冷靜一想，覺得這次談話必有來頭。他口口聲聲說：「上面很關心」，這上面究竟是誰，一聽就能明白的。這麼說江青一夥覬覦之心不死，仍欲將父親手稿控制在他們手裡？這究竟出於何種動機，我這個小百姓自然無從得知，但有一點我卻是清楚的，這就是父親手稿落在他們手裡，絕不會是件好事，這也是母親焦急憂憤乃至猝死的原因。現在這兩大箱父親手稿雖被追回，但時局如此動蕩不定，變幻莫測，誰也不知道將來會是怎樣的結果。由此感到這兩大箱手稿能否眞正安全保存還是未定之

原國家文物局長王冶秋和著者。在北京醫院病房。

事，這眞讓我焦急萬分！

隨著時間的過去，我又發現了另一個問題。那就是表面上看，「四人幫」將父親抬得極高（這是父親所惡的。一九二七年他在廣州給章川島先生寫信時就說過：「我在這裡，被抬得極高，苦極。」），以致於神化（作爲兒子，我知道父親有著跟常人一樣的癖性愛好、喜怒哀樂，而不是什麼神，這些我已在上文交代過），將與父親曾經有過的一切論爭，不分大事小事、敵人朋友，一概上綱上線，當做政治鬥爭，以及打擊一切他們所不喜歡的人，使文藝界很多前輩慘遭迫害，以致喪命（我想這也絕不是父親所願意看到的，雖然他在維護自己觀點和尊嚴方面絕不妥協。這從他跟曾經攻擊過自己的創造社成員成仿吾先

「敵對」後友善的關係中可以看出）。他們這樣做，實際是在孤立父親。

還有一件事，一九五六年馮雪峰當社長之後，人民文學出版社曾經出過《魯迅全集》，這是當時內容最完備印刷最精美的版本，向來受讀者和研究者的歡迎。但「文革」一開始，就被禁止公開銷售。理由是裡面的注釋有「政治問題」。可是，對外的交流活動又離不開《魯迅全集》。有一次甚至窘到這種地步，周恩來總理要送一套《魯迅全集》給外賓，只得緊急向我來要書。書店裡也要靠它裝點門面，以顯示「百花」正在「齊放」，於是他們拿出一九三八年出的那套《魯迅全集》來重印。那是在當時惡劣的政治氣候裡，爲了搶救父親的著作不致散失，在經濟與人力都極有限條件下匆促編輯而成的。這就難免內容收集很不完備，印刷校勘又很粗糙——而他們竟以此來搪塞廣大讀者和國際友人。由此我逐漸意識到，他們並不是在眞的宣傳魯迅學習魯迅，而僅僅出於「鬥爭」的需要，魯迅只不過是江青一夥手中的工具而已。但不管怎樣，父親的著作畢竟還在社會上流傳，讀者仍能接觸到它。

而父親的另一部分作品即他生前寫給友人的大量書信，卻是另一回事。據統計，已發現的父親書信共有一千二百多封，這是父親文稿中極爲重要的一部分。父親一生從不隱諱自己的觀點，但做文章與給友人寫信畢竟不同。父親自己也說過做文章猶如「上陣」，身上不得不留「幾片鐵甲」，因而難免字斟句酌，多所考慮；而給友人寫信，雖然他也聲稱：「總是敷敷衍衍，口是心非」、「往往故意寫得含糊些」，而實際上卻是無論對人對事褒貶臧否，都無所顧忌直抒胸臆的，是瞭解研究他的絕好材料。父親這些書信有一部分過去出版過，新中國成立後又出版了一部分。但仍有二百多封，占總數的百分之二十，還不曾公開予以披露。如果不幸散失、乃至毀滅豈不是莫大的損失！

爲此，我與一些文藝界前輩和自己的朋友多次商議，大家一致的看法是，保存這批書信內容的最佳手段莫過於藏之於大衆——讓它們公開出版。我於是前去求助於當時擔任國家出版局領導小組負責人的石西民同志。奈何當時新聞出版大權掌握在姚文元手裡，石西民同志雖幾次申報，並多方奔走疏通，上面總是壓著不得批准。在此無可奈何的情況之下，石西民同志只得向我交底，遺憾地表示他已盡其所能、再也無計可施了。

就這樣，此事被擱置下來，一拖幾年。但我本人始終不甘心，多方托人探聽何以不能出版的原因。後來總算有位知道內情的朋友悄悄告訴我，說這些書信的收信人後來成了壞人，所以不能公開出版，甚至連只印幾十本、供內部參考研究都不准許。這使我大惑不解，難以接受。且不說時下帽子滿天飛，動輒將人打倒，定性爲叛徒、特務、四類分子，純屬草菅人的政治生命，即使其中有的果眞成了「壞人」，那麼他至少在當時還不屬於壞人之列，父親與之交誼通信，又有何不可？再退一萬步說，那收信者當時已是壞人，難道就能據此抹殺父親曾經給他寫信這個事實，以及父親在信中所述及的事和所表露的思想感受？總之，我想不通，又苦於無處可以申訴。

直到一九七五年初冬，這機會竟不期而至。那是有一天，我去南長街探望胡喬木同志，他熱情地接待了我。桌上一杯清茶，一盤水果，旁邊擺著一把水果刀，要吃自便，這使我倍感親切而自然。我便趁機訴說了自己的想法。他聽後略一沈思，回答說：「主席的眼睛做過手術後，近來可以看一些文字了，心情很好。你不妨寫一封信，可以轉上去試試。字要寫得清楚些大一些。小平同志復出工作了，這信可以請他轉，看看會不會有效果。」

這眞是絕妙的主意，我焉有不聽之理。回到家，我立即動筆起草，共寫了八張紙。我在信中報告了現存父親書信出版的情況和母親的死，訴說對其餘書信未予出版的不滿。我寫道：「如果有人認爲魯迅書信的受信人有的後來成了壞人不能出，我想這不應成爲一個障礙，因爲馬恩著作中，就有許多馬恩寫給拉薩爾、伯恩斯坦、考茨基的信，並未因此不出。」在信中，我還對「文革」中出的一九三八年版《魯迅全集》不完整和對父親的研究工作談了自己的看法和建議。我寫信的時間是十月二十八日，未加封口，仍去南長街面交胡喬木同志。

說實話，信是送出去了，我的心恰如十五個吊桶打水，七上八下，惶惶然沒有著落。因爲我還在信中說：「近年來……也向有關負責同志提過多次建議，始終沒有解決……」這不是在斗膽告「御狀」嗎？萬一毛主席不予理睬，這封信又落到當局者如姚文元一類人手裡，那我可眞要「吃不了兜著走」了。沒想到前後僅僅三天，即十一月一日，毛主席就有了批示：

我贊成周海嬰同志的意見，請將周信印發政治局，並討論一次，作出決定，立即實行。

毛澤東
十一月一日

自然，我本人是沒有資格立即聽到傳達的，僅從石西民同志那裡和別的途徑才間接得到這個消息。即使是那樣也已經夠振奮人心，足以告慰於母親在天之靈了！

到這月上旬，時任國家文物局長的王冶秋同志把我找去，告訴我，張春橋已向他正式傳達了毛主席的批示。爲了落實批示精神，需趕緊擬定個方案上報。這當中，首要的是先成立魯迅研究室。因此，關於人員的配置，要聽取我的意見。王冶秋同志說，北京魯迅博物館的任務除了展覽，主要是負收集保管文物資料之責，因此它只能從屬於研究室。也爲此研究室級別要高，其人員也該有相當的學術水平。談到領導人，他說：「我想來想去，讓天津南開大學中文系主任李何林來當研究室主任最合適。」下面的成員，他擬了十幾個，要我也提幾個給他。最後他說，這個方案要力求詳盡完整，無懈可擊，以文物局的名義報上去，免得江青他們從中掉花槍做文章。尤其要特別防範他們趁機「摻沙子」，安插人進來。一句話，要使他們鑽不了空子，更無法推翻。

從這次談話，我感到王冶秋同志與石西民同志一樣，對魯迅著作的出版和研究工作極爲重視。果然，不到一個月，即同年十二月五日，國家文物管理局和國家出版事業管理局就聯名向毛主席呈上批示的落實報告。這份報告寫得很具體，包括魯迅書信和著作的研究、注釋、出版等規劃安排，並附上一份要商調或借調的研究室人員名單。這個報告也很快得到毛主席、黨中央的批准。

至此，似乎一切都已綠燈大開。因爲這是偉大領袖的親筆批示，「四人幫」又把毛主席的話「一句頂一萬句」，聲稱要傳達落實不過夜。但我從事實中感覺到，江青一夥在對毛主席搞陽奉陰違。亦即順他們意的就誇而大之，立即「實行」，甚至誇大到了極端的程度；凡不對他們「胃口」或不利於他們的，就採取表面服從實際消極拖延的對策。毛主席對我這封信的批示，就遭到如此的命運。當然，上述的認識，我是隨著事情的進展一步步獲得的。

兩局聯合報告送上去後，同年的十二月二十五日，國家文物局召集關於魯迅問題的顧問會議，由王冶秋局長親自主持。應邀作爲顧問參加的有曹靖華、戈寶權、孫用、林辰、唐弢、楊霽雲、常惠諸位前輩。很榮幸，我這個小輩也叨陪末座。就在這個會上，從王冶秋同志的情況介紹中，我頭一回感到，具體負責此事的上層領導張春橋態度並不積極。毛主席批示後的第三天，即十一月三日，他才向石西民、王冶秋兩位局長傳達，這已經不是他們說的「傳達最高指示不過夜」了。傳達完毛主席批示，張春橋要求他們調查一下情況。待情況調查好了，張春橋又遲遲不來聽取匯報，直到這月的二十九日，即過了二十多天之後，才又找他們。張春橋自己解釋說，因爲清華大學有個什麼事件需要他馬上處理，並解釋說清華的事是「綱」，「這件事是『目』」，「可以放置一下」。

在報告得到毛主席、黨中央批准後，兩局便立即緊張行動起來。經過各方聯絡協調，克服各種困難和阻力，準備工作終於有了眉目。隨後，石西民同志以國家出版局領導小組的名義，於第二年（一九七六年）二月二十七日報了正式的實施方案——《關於魯迅著作出版問題的報告》。這份報告（王冶秋同志也看過）的主要內容是，要趕在魯迅逝世（十月十九日）四十周年前的八月份，重新出版幾種魯迅著作，作爲紀念活動的一部分。這就是說任務甚爲緊迫，總共才只有五個月時間了。

沒想到，報告又被壓了整整一個月，始終沒有消息，催促也無效。沒奈何，石西民同志只得直接給張春橋寫信，提醒他：「時間緊迫，安排出版和印刷工作必須抓緊進行。」這回總算快捷，三天就有了批覆。但批示話裡有話讓人嗅到他張春橋早就對此事心懷不悅。拆穿了講，他以爲這件事你們既然告了「御狀」，「已經主席、中央批

左起：曹靖華、王冶秋、李何林、作者。

准」，交由你們「出版局負責」，還囉囉嗦嗦搞「逐項報批」，給我幹什麼。由此終於明白，他何以總是拖拖拉拉，將這件事視之爲次要的「目」了。

國家出版局的計劃龐大，打算以「魯迅手稿全集編輯委員會」的名義，由國家文物出版社出版影印本，收集全部書信（一封也不漏）、日記，共五種，計有幾十冊，打算在一九八一年出齊。爲此文物出版社早在準備，請白朗、盛永華兩位編輯負責，魯迅博物館的葉淑穗、董靜艷協助，將所有的手蹟都拍成底片，足足忙碌了幾個月。這套書雖然後來開始陸續出版，但由於銷售情況不佳（文物出版社當時又是受命出版的，原本積極性就不高），便沒有全部裝訂面市，因此，這套影印本出版實際是有頭無尾，不了了之。我體諒出版社的困難，便與他們簽訂了放棄全部版稅的協定，並請公證處作了公證。這當然是「四人幫」粉碎後的事了。

至於計劃中的魯迅研究室倒是成立了。由李何林先生任主任兼博物館館長，工作人員也一一商調或借調而來。老一輩的顧問也聘請了多位。並爲此配備了兩輛臥車，以供年長者代步。但是後來，由於「魯研室」多年沒有獨立的年度預算，只能依靠專項任務的經費過日子，因此漸漸衰落，從魯迅博物館的上級淪爲從屬單位，顧問不再問，人員也悄然而去。到現在，「魯研室」只剩一位主任兩三個兵。若問內情究竟如何，我也說不清楚。王冶秋、李何林兩位老同志又相繼過世，這事似乎更是迷霧一團了。

長子周令飛的婚事

在提筆寫長子周令飛的婚事前，我曾再三猶豫過，甚至一度決定放棄不寫了。因爲，這不但是我不堪回首的往事之一，若全面交代出來，勢必牽涉方方面面，其中包括我尊敬的首長。我怕寫出來會被誤解爲「控訴」或「指責」。說心裡話，我不願意這樣做。因爲我明白，這是在那個特定年代發生的事，那時祖國還改革開放不久，人們——也包括我還有不少傳統的觀念和做法。更何況當時海峽兩岸還處於「劍拔弩張」狀態，幾乎禁絕一切往來，而我的兒子雖只是個普通百姓，身無一官半職，卻是人們矚目的名人之後——魯迅的孫子，一個共產黨員。而這個「特殊人物」竟突然跟一個「身份可疑」的臺灣姑娘到臺北結婚去了，正如港臺某個報刊所說的，成了海峽兩岸第一個「闖關」者，這就難免引起「地震」。加之境外媒體大肆炒作，其中又不乏別有用心者，弄得舉世皆知，撲朔迷離，眞假莫辨，給國家添了麻煩，我一直爲之深感不安。但是我既然在撰寫回憶錄，又怎能回避這件大事？好在時間已經過去許多年，此事的眞相也已大白，一切煙消雲散了，把它寫出來該是無大礙了吧？

一場風波

事情發生於一九八二年的一天。那是個假日傍晚，我家的電話急促地響了起來。我拎起電話，傳來女兒周寗的聲音。她當時正與哥哥周令飛同在東京讀書。令飛讀的是東京語言學校，她開頭也是學語言，後來攻讀營養學專業。兩人平時每月給家裡僅有一兩封平安家信，長途電話是捨不得打的。只有偶爾，令飛去某位我日本朋友的公司，朋友好心地讓他「揩油」撥個電話回來，為娘的能夠直接聽到兒子的聲音，總要興奮好幾天。要知道，在那個年代，撥打國際長途電話還被認為是一件非同小可的事——但是女兒這回卻直接打了國際長途回來，聲音急促地報告一件對我猶如晴天霹靂的事：她剛剛從東京電視臺的新聞節目中看到，大哥哥與姓張的臺灣女同學決定去香港結婚，並且在臨上飛機前，向媒體發表了三點聲明，內容的大意是：一、此舉純粹為了愛情，而沒有任何別的企圖；二、這事與我父母無涉；三、因為與臺灣的女孩結婚，兩岸的狀況又如此，我宣佈退出中國共產黨。

我畢竟受過黨的多年教育，深知此事將引起什麼樣的反響和後果。我當時心情雖然極其緊張紊亂，但本能告訴我：該立即向組織報告。我控制住自己的情緒，對女兒說：馬上打電話給我國駐日使館，女兒回答說，已經去過電話了，使館的同志只簡單地回答她：知道了。再也沒有別的話。女兒是經常參加使館活動的，應該說與使館很熟悉。既然對方這樣回答，我也就放心了。

接下來，我向妻子匆匆交代幾句，也顧不得對她的焦急稍稍勸解幾句，只讓她守候在電話機旁，不可離開，以防萬一女兒又有新的情況報告過來。我自己騎上自行車，立即趕到同事盧克勤（我們都是廣電部事業辦公室副主任）家裡，請他陪同我一起去徐崇華副部長的家。徐部長聽了我簡要的匯報，立刻拎起電話給外交部、中央組織部和其他他認爲需要報告的單位聯繫。他還特地趕到辦公大樓去打「紅機子」（保密專線電話）。奈何這日正巧休息，值班的人員無權回答和處置這件事，因此有的乾脆回絕，有的雖給了別的電話號碼，但轉來轉去總是像打太極拳一般，得不到明確的說法。我只能失望而歸。

讀者必定想像得出，這天夜晚，我和妻子馬新雲猶如熱鍋上的螞蟻，躺在床上輾轉反側，整整煎熬了一夜。我們回想著，相互尋問著，這究竟是怎麼回事？一切又是怎樣發生的？令飛這個孩子呀！你能立即回來給爹娘說個明白嗎？

雖然，這事先前並非沒有預兆。那是前不久，有位在教委工作的朋友告訴我一個驚人的消息：組織上可能要令飛中止在日本的學習，讓他立即回國，如有必要，甚至還可能不惜採取組織措施——強行押解回國。事情爲何這麼嚴重？到底他犯了什麼過錯？這位朋友又莫名所以，說不出個中原因來，因爲僅僅是傳聞而已。

但我考慮再三，無風不起浪，這事必有來頭，作爲父親，我切不可掉以輕心。於是我特地冒了夏天的傾盆大雨，趕到清華大學去找兼任中央教委負責人的何東昌校長。聽了我的匯報，也許是不便說吧，何校長只含混地回答，這事他不清楚，也不曾聽說過，讓他回頭瞭解一下，再告訴我。我腦子裡一頭霧水，怏怏而歸。

我們反覆思忖，孩子出國二年多，家信頻來，間或還附有他們在外的照片，覺得生活挺正常，學習也刻苦，並沒有發現沾染惡習和「軋壞淘」的任何蛛絲馬跡。倒是知道課餘他兼爲某電視臺搞節目製作，幹得不錯，同事的關係也好，以致妹妹到日本後就住在他電視臺一位同事的家裡。我本人又有不少日本朋友，愛屋及烏，他們自然也會對我的子女有所關照，若發現有不妥，必會勸止，或寫信給我，讓我出面前去勸導。但每每書信往來，他們都沒有提起這方面的事。而我這位朋友透露的事，在我看來何東昌校長雖說不知，實際是態度曖昧，不便明講罷了。這越發使我們感到事出有因，而且十分嚴重。難道孩子在外面犯下什麼大錯了嗎？甚或做出了什麼違法的勾當？我和妻子雖然想不明白，但有一點是肯定的：我是共產黨員，必須對組織忠誠老實，家裡出了這樣的大事，不管其是否眞實，都得及時如實地向組織報告。

我報告的領導就是徐崇華副部長。徐部長待人誠懇和藹，我十分信任他。他的回答是：「我沒有聽到過什麼關於你兒子的情況。如果需要，組織定會關心過問的。」他勸慰我安心，不必多想。這一夜，我總算安靜地睡了一覺，甚至連安眠藥也少服了一粒。

哪想到清靜了沒多少日子，這天大煩惱事竟無情地壓在我們夫婦身上，甚至比預料的還要嚴重，竟然牽涉到政治問題上去了！情急之中，我想到一向關心愛護我的廖承志舅舅。他因心臟不好，當時正在北京醫院住院治療。我前幾天剛去探望過，不妨去問問他吧，也許他知道情況，能夠爲我指點一二。於是次日一早，我趕到北京醫院北樓一層的高幹病房。他正斜躺在床上翻閱報紙，見我進去，稍現嗔怪之色，倒也沒有拒而不見的意思。這使我狂跳不安的心略爲平靜，我將所知的一切和向領導匯報的經過簡單地說了一遍。他靜靜地聽著，從神情猜測，似乎他早已詳知一切。隨後他向我問了幾個具體的細節，接著平靜地說：「令飛既然要在香港結婚，那你們兩個（指我與妻子）趕快準備一下，去香港跟女方的父母一道操辦婚禮。你先回去等待通知吧。」聽舅舅這口氣，似乎他以爲令飛這事雖然做得不妥，也並非怎樣了不

作者夫婦第一次與大兒令飛和媳婦張純華、長孫女景欣相聚。

得。即是說從這件事的性質上，他只當做是兒女感情之事。也許我錯誤領會了他的話，但我當時確實安心不少。

哪知情況又突然起了變化。到下午，舅舅來電話，要我到他那裡去一下。我於是又趕到他的病房。這時舅舅告訴我怎麼也不願聽到的消息：令飛與他的女友並沒在香港停留，而是直飛臺北，並要在那裡由女方家長單方面主持下成婚。這一來，除了對自己兒子的怨恨，我再也無話可說了。

我回家將一切告訴妻子，我們愁苦無奈，久久地相對無語。但我們兩人的心裡都在翻江倒海：臺北，這是什麼地方啊，豈是你可以去得的嗎？你爲了去那個地方竟然甘願連光榮的共產黨員稱號也不要了，你何以對得起黨，何以對得起國家，何以對得起愛你撫育你的奶奶和父母，你還是偉大魯迅的孫子啊！這是我們夫婦當時的眞實思想。我們確實爲兒子做出這樣的事而羞愧難過，欲哭無淚。僅僅幾天時間，我和妻子都發覺對方蒼老了許多許多。

就在這時候，一個嚴峻的抉擇擺在我們面前。有一天，廣電部部長——我所尊敬的吳冷西同志通知我去一趟。我進入他的辦公室，但見他坐在碩大的辦公桌後面，臉色冷峻，沒有任何寒暄客套，擺手讓我坐在他的對面，開門見山地說：「你兒子周令飛的事情，你知不知道這是叛逆行爲？政治影響極壞，你負有教子不嚴的責任。」還沒等我反應過來，他仍然以宣判的口氣說道：「你馬上寫一個聲明，宣佈與周令飛脫離父子關係。」

這宣佈是如此嚴峻。我知道組織的決定從來是令出如山，不容違抗的，但奇怪得很，一向懦弱的我當時的頭腦卻異常地冷靜。我嘴裡不說，心裡在反駁：兒子這件事發生之前我毫不知情，更沒有參與謀劃，而且一旦得知，便立即報告，我有什麼責任？何況從他讀書、參軍到長期在外工作，一向受的是組織的教育，要說責任組織上更應當甚於我這個作父親的。再說他早已是個成年人了，又遠在國外，鞭長莫及，我又如何管得了他？

吳冷西同志見我沒有表態——他似乎也不需要我表示什麼——又說：「這是黨的決定，你是共產黨員，黨的決定必須服從。」接著向我宣佈三條紀律：

一、最近一個時間內不會見任何記者，尤其是外國記者。實在避不開的，可回答「無可奉告」；

二、要表示已經跟兒子劃清了界限，斷絕了父子關係；

三、暫不出國。

下了這三點指示，他又向我委婉說道：上述組織決定也是從你的角度考慮，完完全全爲你好。這也是對你的考驗。他這樣說，也許是想給我些許安撫吧。但這絲毫沒有減輕我心頭的重壓。而且這時我想的已不是什麼「教子不嚴」的責任，而是可怕又可恥的兩個字：「叛逆」。

叛逆？我的兒子難道會是個背叛黨、背叛祖國、背叛人民、背叛父母、背叛作爲魯迅後代的人？我在反復地問著自己，妻子也在反復地問著自己。我本人已有幾十年的黨齡了，妻子雖然不是，畢竟也是新社會培養出來的人民教師，對於關乎黨和國家的大是大非總還能分辨得清的。如前面所述，作爲父母，我們也對兒子的唐突行爲深爲不滿，感到臉上無光。但是，若要承認他這麼幹竟是出於「叛逆」的動機，雖然我們對眞相還一無所知，仍然不敢也不願認同。但在嚴肅的組織紀律面前，我又不能不服從。我違心地把他們準備的「脫離父子關係」的草稿重抄了一遍，並簽上了「周海嬰」三個字（這份聲明一直未見公佈，也沒有退還給我）。

但是事情並未就此了結。我這個事業辦公室副主任，大小是個「官」，本來公務繁忙，閱讀的文件也多，還有這樣那樣的會議必須出席。自從這事一出，閱讀文件的資格被取消了，一向由我處理的技術部門待批、待辦的文件也不再在我桌上出現。我從此成了有其名而無其實的「副主任」。幸而，尙有各種報紙和大參考還沒被取消，我只能翻來覆去地閱讀，以消磨這漫長的八小時。我熬不了這樣的「清閒」日子，便去向徐崇華副部長訴說，要求工作，但他表示愛莫能助，只安慰我說：「那你就看看書、休息休息吧。」既然這樣，我也就開始「吊兒啷噹」，遲到早退也沒有人來管我。

相反地，有一些稀奇古怪的東西卻在我的桌上出現了。三天兩頭我的桌上擺著香港寄來的信件，有的還多至厚厚一疊，信封上的具名總是「內詳」，字跡往往粗糙而低劣。拆開信封，掉出來的又是大大小小的紙片，有國民黨的「青天白日旗」，有莫名其妙的梅花標記，也有令飛在臺北成婚的剪報。最可笑的，其中還夾著女人的全裸照片，我對此深感厭惡和無聊，同時也感到臺灣方面確實也在利用此事做文章。而他們又能從中撈到多少稻草？我感到又氣又可笑。我倒是擔心令飛在那邊的言行，可不能做出對不起黨和國家的事啊！可是內心又覺得這不可能。「知子莫若父」，我畢竟是瞭解他的，後來的事實證明我這估計沒有錯。我對這些烏七八糟「宣傳品」的態度是：一古腦兒上送給徐崇華副部長，由他交給有關部門去處理。

台灣台北市令飛的客廳。中間掛著祖父油畫。這是新雲的大弟馬樂群畫的。

這期間又有消息傳來，說是在某一次領導會議上，有人提議將我的職務都撤掉，而未獲通過。這樣，我總算僥倖仍能頂著這有名無實的頭銜，成日清茶一杯，報紙一張地混日子。

但是，這樣的「太平」日子仍然過不成。沒過多久，又有風言風語說從日本某方面提供的情報獲悉，令飛所娶的妻子原來是一個「受過長期培訓的女特務」，「經驗老到」，慣於施用「美人計」，已經勾引過多名大陸男子「投奔臺灣」。這傳聞眞嚇人。那麼說我兒子也成爲她鉤上之「魚」了？這可能嗎？這樣，我們夫婦又多了一份揪心事。

也就在這時，負責人事的郝副部長找到我家裡來談話，要我以父親的名義寫信給也在日本讀書的女兒周甯，讓她立即回來，藉口是要她詳細談談大哥令飛去臺北的情況。寫好的信交給他，由部裡轉外交部，通過信使傳遞到駐日使館，再由他們面交我女兒。我這時已經有點「橫豎橫」，什麼也不顧了，立即表示了不理解，問他爲什麼非要這麼做？看得出來，郝副部長也是在奉命行事，見我態度如此執拗，十分爲難，支吾猶豫了半晌，才口氣緩和地向我解釋：這也是替你著想，爲你好嘛。萬一你女兒也跑掉了，豈不問題更加嚴重？還說，我女兒目前正是一個臺灣男子的「目標」。

我將這一切告訴妻子。兩人又經歷了一個不眠之夜。跟瞭解兒子一樣，我們也同樣知道自己的女兒。從她每月無話不談的家信中，我們絲毫感覺不出她在結交男友的跡象。現在組織上竟然要這樣做，豈非意在禁止女兒繼續留在日本讀書？這就是說，兄長的這一「不軌」行動連帶她也不被信任了。妻子認爲這是搞「株連」，竟說了氣話：我是黨外人士，你們組織的決定對我沒有約束力。我是她娘，我不同意她回來！

當然，我不能跟妻子取同一態度。我是黨員，儘管思想也不通，在行動上必須服從組織。我遵照郝副部長口述的意思，給女兒寫了信。郝副部長鬆了口氣，似乎完成了一項艱巨的任務。

我們的四個孩子。前左周寧，中令飛，右亦斐，後令一。

過了個把星期，女兒來長途電話報告消息：事情已經風平浪靜，她的學業未受阻遏，更不必回國了。看來駐日使館並不把此事看得很嚴重（也許他們掌握我女兒的眞實情況吧），只是把她召去問了問最近學習情況。她答以正在緊張地複習功課，準備迎接大考。這時，使館的人對她說，你父親想念你，也想瞭解你大哥結婚的事，希望你回去一趟。女兒反問，大哥的事我已經把知道的全部告訴爸爸了，爲此通過多次電話，也寫過信，已沒有新的內容可說的了，還有特意回去一趟的必要嗎？使館的同志就說，那好，你就安心複習功課，準備考試吧。從此再也不提要她回國的事。

女兒這頭的事總算了結，我們夫婦還仍然在「另冊」裡待著。我開頭好歹還得天天上班「應卯」，後來部裡乾脆讓我回家「休息」。兒子做了這樣的事，作爲一家之長被冷落擱置，也算「罪有應得」。令人不可思議的是，連我非黨員的妻子的工作權利也遭到剝奪。她原是中學的外語教師，當時正值新學期開學前不久，她利用休假已將要教的課程做了準備。誰知臨到開學，校方突然通知她「下崗」，說是「學生不歡迎你講課」，讓她改去圖書館上班。妻子立即回答：停止我上課是學校的權力，不過我是教師，不是行政人員，圖書館我堅決不去，寧願去外語學院進修。這個要求校方倒是答應了。因此從一九八三年起，她這個老教師被整整剝奪了四年教學資格，直到一九八六年風波過去，校方才向她道歉（我想校方也是在奉命行事吧），讓她重返講臺，但這時她年已老矣，只教了三年俄語就到了退休的時限。

另外要說的是，我原是二千多名全國人大代表選出來的主席團成員之一。到令飛出事後的次年，又一次人大召開時，沒有任何理由，也未經有關的法定程序，我的主席團成員資格被取消了，只保留個代表資格。好在各位熟悉的代表朋友也都心照不宣，見了面照樣客客氣氣，對此事隻字不提。我也就處之泰然，照常日日與會，努力完成一個代表應盡的權利和義務。

這期間還有個小小的插曲。兒子在臺灣成婚後，知道父母惦念，托一位赴大陸經商的朋友捎來一疊結婚照。這位臺灣商人到了北京來電話說他正有事要出去，照片放在飯店大堂服務台，你們自己過來取吧。我這個膽小的人又想到「組織紀律」這四個字，跑去向徐崇華副部長請示。他沈吟片刻說，讓我們研究一下。過了一會，想是已經請示過了，答覆說：「照片去不去取由你們自己決定。」面對這模稜兩可的指示，我又不知該怎麼辦了。而老妻畢竟念子心切，毫不猶豫地說：「我不是黨員，我怕啥？我就去把它取來！」照片取到，我們合家一張張地看，心裡如五味瓶倒翻，說不出是喜是悲是福是禍。

這一天，我們夫婦又過了個不眠之夜。我們議論這位尚未謀面的兒媳——說來奇怪，她雖是位有錢人的「小姐」，我們倒十分喜歡她。我們更議論「調皮蛋」——自己這個兒子。這孩子在大陸曾有不少姑娘看上他，他總是談了一陣就興味索然，而最終竟爲一個臺灣姑娘愛得如癡如迷——「千里姻緣一線牽」，難道人世間眞有這回事嗎？

有一天，我向徐副部長報告，照片已經取到，是妻子去取的。不料他扔下這麼一句話：「有人認爲，這是對你的考驗。」

這事的弦，前後緊繃了整兩年。如前文所述，直到我親姨媽許月平（母親的幼妹）以垂暮臨死之心寫來多封哀傷淒切的信，要我們夫婦趕去香港探望，我靠著一位老領導的疏通，才得放行。並且自此之後，吳冷西部長當年宣佈的三條禁令也無形中消

周令飛曾是職業攝影記者（七十年代畫報社時期）。

失。因為隨後不久，我又獲准應邀前往日本訪問。

這當中有一段趣事值得一提。當我從香港探望月平姨媽回來，到單位去上班，黨支部某些領導見了我竟大為驚訝，似乎我周海嬰是忽然從天上掉下來的。還說：「不是說你不會回來了嗎？」我聽了只能報以苦笑。由此可以看出，有些人當時如何看待我周海嬰的。之所以放我去香港，其實以為我「早有異心」，「天要下雨娘要嫁人」，乾脆「放我一馬」走掉算了。而我是魯迅的兒子，是在母親的教育下長大的，我會是那樣的人？他們眞是太小看我了！

但是，我們與兒子睽隔多年，一直未能見面，作為父母怎能不日夜惦念著？當有消息傳來，夫妻倆已經為我們添了兩個小孫女，那思念之情更是筆墨所難以形容的。不過，最讓我們擔心的，還是兒子在那邊的言行舉止，即政治表現。我們估計國民黨當局很可能要利用他，各種政治色彩的媒體，也不會輕易將他放過，臺灣社會又是如此複雜，因此我們無時無刻都在心中默禱著：要頭腦清醒，千萬不能做出什麼出格的事，成爲人家的反共工具啊！

所幸各方渠道一直未有這方面的壞消息。他在臺北出版了一本書，名曰《三十年來說從頭》，據有關部門審閱，也未有越軌的言論。有人甚至還建議可以拿來在大陸出版。

兒子雖不能直接與家裡聯絡，也不時掛念著父母兄弟，特地托人帶口信過來，希望能批准他回大陸探親。我爲此向有關部門報告，竟獲得批准。廖承志舅舅爲此告訴我：「你兒子不是叛徒。」有這一句話，壓在我們心頭的這塊石頭才落了地。當他回來之時，新華社還專門發了消息，以宣示這事已告煙消雲散，天空一片明朗。使我深感黨和國家的政策越來越清明開放，這也反映兩岸的關係在日漸解凍。血濃於水，中華民族的骨肉親情，終究是隔絕不了的。

至於我兒子，這幾年往返兩岸已不下數十次，如今又幾乎長駐上海，爲兩岸的文化交流盡他的綿薄之力。

周令飛和妻子張純華

現在，該說一說有關我兒子周令飛和他臺灣妻子張純華從相識到結合的詳細經過了。自然，這些都是在事後——我兒子獲准回大陸探親後，才知道的。

因他是我們夫婦的長子，也即是我父母的長孫，故出生時我母親愛如「掌上明珠」。雖然她日夜忙於工作，但對孫子的撫育教養，仍一力承擔下來。而我又是個只會做爹，卻不知如何盡爲父之責的人。舉個例子說，妻子爲了堅持讀書，孩子半年後就斷了奶，雇了個保姆，每日以奶粉相餵。我機械地按克寧奶粉罐上所標示的進行配比，殊不知這是歐洲孩子的喝法，東方幼兒體質不同，不可照抄照搬，以致孩子吃了，腸胃受不了，不時地鬧肚子。爲此讓母親不知操了多少心。直至長到三歲，母親爲了讓孩子從小習慣過集體生活，接受共產主義思想教育，雖然她不忍心，還是把他送到北海幼稚園去全托。隨後的小學、中學，都按正常的教育程式進行，母親和我們夫婦都認爲讓孩子在社會主義學校裡受教育，心裡十分踏實。不過這孩子與我這個只知「循規蹈矩」的老子不同，聰明機靈，興趣廣泛，尤其對攝影藝術情有獨鍾（這一點似乎受了我的影響）。但他的個性極強，自己認準要做的事，非要達到目的不可。還在讀小學的時候，就不經我們大人同意，自己跑去報考一個什麼解放軍藝術學校。到了「文革」，他還只是個十六歲的中學生，而當部隊招兵時，雖然年齡不到標準，他硬是向駐校軍代表軟纏硬磨「泡蘑菇」獲准參了軍。他高高興興地向我們告別，到艱苦的東北高砲某部當了普通一兵，一去幾年，來信中從未向我們訴過什麼苦。

後來轉業，他被分配到人民美術出版社工作。因他攝影技術尚好，在部隊期間曾被借調到解放軍畫報社當過攝影記者。由於他長得高大挺拔，頗得姑娘們的青睞。對於一個青年人來說，生活該說是一片光明了。但他心裡總是有個遺憾：過早地參軍，影響了繼續求學。當國家重新恢復高考時，他雖然苦苦補習了幾個月，仍然沒敢去投考。但他不甘心，總想找機會重新讀書深造。

到了一九七九年前後，國家放寬了出國留學的政策，准許自費出國留學，並且很快就有一些青年相繼成行。這一來，令飛的心也動起來。作爲父母，看到子女有上進心，焉有不支援之理？這樣，他自己通過朋友的聯絡，報名日本東京的國際學友會附設的一家日本語言學校，打算先通過語言關，再進修別的專業。爲此，他向有關部門提出申請，希望獲得批准。

這就是大兒周令飛托人帶到北京飯店的結婚照，由我妻子馬新雲去取的。

誰知申請報告送上去，引起有關方面的格

外重視。根據我當時得到的消息，似乎像我們這種人家的孩子以自費名義出去留學，要靠外國人來關照，未免有失國家體面（現在看來，這樣的顧慮實在大可不必）。但是，按規定像令飛這樣的情況，似乎又不合「公派」的資格。爲此有關方面再三斟酌，拿不出合適辦法，批文也就遲遲不能下達。害得令飛心急火燎，三日兩頭地去教育部催問。最後，上面總算想出了變通措施，叫做「公派自費」。即是說，出去的一切費用由自己掏腰包，而對外的名義卻是國家所派遣。這樣的安排，也眞夠用心良苦的。但不管怎樣，事情總算獲得解決。只是待一切手續辦完，匆匆趕到日本，人家學校已經整整開學一個月。他只得趕緊設法將脫落的功課補上。

說來也眞是因緣湊巧。正在他爲初來乍到孤立無靠而犯愁時，有人向他伸來援助之手。那是同校的一位臺灣女學生，年紀雖然比他小，日語的基礎卻遠比他好，因此她在班裡學得挺輕鬆。有這樣一位同學願意爲他補課，那當然是求之不得的事。就這樣，兩人的接觸漸漸多了起來，由補課而至同遊，交談的內容也越發廣泛而投契。他覺得她是個既現代又傳統的姑娘，雖是富家女，卻沒有一般「小姐」的驕矜。這個在國內對談情說愛一直提不起興趣、總是談了不久就放棄的兒子，竟不知不覺中對她萌發了超乎尋常的感情。

不料就在此時，女孩的父母突然來電召她回去。並且從此一去久久不見回還。此中原因，他是直到後來才弄清楚的。

說起來，這也稱得上是我們中華民族的悲劇，是當時兩岸長期隔絕猜忌良深的最好證明。原來召女兒回國，並非出於她父母的本意。只因某有關方面「轉彎抹角」傳來「勸告」，說是你家的女兒竟然在日本與大陸男子談情說愛，這男子又不是尋常之人，他是「黨國」一向最討厭的魯迅之孫！她父親是個本分生意人，一向不過問政治，聽到這事怎能不擔心害怕，立即採取行動，把女兒召了回來，再不敢放她回日本去了。他是做服裝業的，本想送女兒出去學習這方面的技能，於他的事業能助一臂之力，現在只得無可奈何地放棄了。她父母想，孩子若要嫁人，太太平平找個本地男子算了，豈知女孩心中一旦燒起愛情的火花，是任何力量都撲滅不了的。她不時吵著要回日本，並信誓旦旦地說，別的男人一概不要，非嫁周令飛不可。這樣僵持了半年多，父母漸漸發現她不再嘴上口口聲聲掛著周令飛了，便僥倖地以爲年輕人的熱情也許來得快，去得也快，說不定時光的磨蝕，終於使她的頭腦冷靜了，認識到嫁給大陸男子是何等不合適，何況又是周令飛那樣的人。他們鑒於這樣的估計，又看到女兒在臺北總是心不在焉的樣子，便決定改變主意，重放女兒回日本。不過他們並沒忘記曾經得到過的「勸告」，再三告誡女兒回日本後不可再與那個姓周的有什麼聯絡。在得到女兒口頭保證以後，才讓她返回日本。

後來的事實證明，她根本沒把父母的囑咐放在心裡。一回到日本，很快就在一個什麼地鐵站口與我那兒子「巧遇」上了。而且經過一番波折，兩人的感情反而越發熾烈而牢固，終身的關係也就此確定下來。

但是上述這一切，不僅我們國內的父母，連同在日本的妹妹竟也一無所知。我在前面說過，我這個兒子向來是個自主性很強的人，凡事只要他認準了要幹，是誰也改變不了的，更不會與人商量。當年他小小年紀非吵著去當解放軍，竟被他如願以償就是最好的證明。至於我們夫婦也許是受了當時父親對我態度的影響，不干涉子女的行動喜好，只要不做出格的事，總是任其個性自由發展。因此，對於他們在國外的生活，能夠經常聽到刻苦學習、不沾染壞習慣的報告也就放心了。我想這也是多數父母對待成年子女應有的明智態度吧。

不想並非所有人都被「蒙在鼓裡」。據我們後來聽到的傳說（請注意，這僅僅是傳說！），和令飛事後所述，有關方面早就對他與那臺灣姑娘的關係開始警惕了。其注意的重點，自然是這姑娘的政治面貌和接近令飛的眞正動機。我前面所說的謠傳她是「臺灣方面訓練有素的女特務」，據說就是在那個時候傳遞到有關方面並引起重視的。現在眞相大白，我設身處地爲有關方面著想，也不能不嚴加警惕而採取相應措施的。我與妻子所遭受的壓力雖然至今回想起來仍難免不寒而慄和深感委屈，但畢竟還是可以理解的，因爲我自己早已親身經歷過，國民黨確實是什麼都幹得出來的。不幸的是，在當時這些竟被我兒子知道了。他甚至還聽說自己有可能被強行命令回國。至於回國後可能會遭遇什麼，他甚至連想也來不及想，只認定一件事：自己與那女孩已經生死不可分離。既然大陸不能容納他的所愛，那麼就只有一條路——走，立即走！於是，上面所說的一切，就這樣發生了。也許他聽到的純屬謠傳，事情並非他所想像。

我在台灣令飛家裡度過六十五歲生日。

但當時他眞的信了，並以年輕人的衝動，迅速而不顧後果地採取了行動。

在兒子頭一回獲准回大陸探親，向我們父母敘說這件事的經過時，他表現出了被誤解受委屈的情緒。但我們仍要「敲問」他「你不是聲稱婚禮在香港舉行嗎？怎麼竟直接去了臺北，何以如此愚弄輿論」？兒子坦率承認，這是他故意施放的「煙幕」。他怕萬一到了香港，仍有被截住「迫」回大陸的可能。這麼說，爲了愛情他竟什麼影響都不顧不管，連這種障人眼目的手法都使出來了。我不禁油然想起父親生前曾經講過關於我的笑話，他說「但願海嬰立刻變成二十歲，和愛人一同逃去吧」。不想父親的這句戲言，竟在他孫子身上應驗了！雖然他找的愛人本是同族同根，「逃去」的地方又同是中國土地，卻鬧出如此大的波折，幾乎轟動全球，更搞得我們父母焦頭爛額，由此我頭一回親身體會到：兩岸長期的隔絕，其後果影響是何其嚴重。我衷心祝願這隔閡早日消除，祖國早日統一，讓兩岸的有情人都成眷屬。

兒媳的事，我們也已經知道，她根本不是什麼「訓練有素的女特務」，而只是個好學上進的富家姑娘。去日本留學也僅是出於對服裝設計的熱愛。如今經此波折，學習的計劃被迫中斷，早早地擔當起相夫教女的重擔，她爲愛情付出的代價也是夠大的了。但是在這些年裡，特別是剛剛去臺北那段時間，令飛究竟幹了些什麼？對於這樣的大事，我們不放心，仍得細細追問。

兒子說，確實，剛到臺北那陣，有人企圖利用他。媒體一片喧嘩，有的將他赴台的行動乾脆名之爲「投奔自由」。加之「美國之音」一類外電的競相渲染，他似乎眞的成了個「叛逃者」。面對如此複雜的情勢，好在他頭腦還算清醒，雖然孑然一身，仍能從容自如地應對各種誘惑和「圍攻」。面對記者們不論如何別有用心的誘導，他絕不授予任何他們想要得到的片言隻語。有的媒體企圖邀他去爲其工作，他立即警惕地意識到有可能被利用而予婉拒。他這個一向熱衷於攝影藝術的人，寧願改行學習經營之道，當起他岳父開辦的百貨公司的協理。應該說，這個時期他的生活總算是安定而富裕的。

孰料好景不長，災難隨之而來。說起來，誰也不能講這是有關方面爲了報復他岳父當初不聽勸告，接納他這個來自大陸的「特殊人物」，而故意使壞搗亂。總之，好端端偌大一家百貨公司，沒過多久就被迫破產倒閉了。他岳父獨資經營的這家公司名曰「人人百貨公司」，地處熱鬧的岔路口，那裡人來車往，是生意人視之爲「風水寶地」的好地段。在籌備之初，得悉附近要建地鐵站，他岳父曾特地向有關方面詢問工程的計劃安排是否影響他的生意。回答是否定的。說你的公司盡可開張，生意不會受什麼影響。誰知待地鐵站開工時，所用器件都堆放在他公司前面，還爲此臨時攔起了圍欄。這一來，交通受到妨礙，顧客隨之大減，他們的生意就此每況愈下，導致資金滯擱。而銀行的還款計劃和利息又不得不如期兌現。萬般無奈，只有倒閉了事。岳父爲了躲債逃去日本，他幾個子女又不便直接出面，最後只有靠令飛這個外來的女婿爲之料理一切後事。這種被衆多債主追討的尷尬，聽多少難聽的話，看多少難看的臉色，還得「打躬作揖」，「巧舌如簧」，將各方應付過去，這在他來說，雖是空前未有的經歷，倒也是難得的磨練。但不管怎樣，這件大難事好歹被他應付過去了。

可是這樣一來，小夫妻的生活遭了大難。岳父破產，岳父家住宅房產都被銀行收去抵了債。他們一下子變得上無片瓦、下無立錐之地，只得到外面賃屋而居。而這時媳婦張純華，又懷上了他們第一個愛情的結晶，這使兒子不由痛心疾首，難過極了。

爲了這個家，爲了妻子和她肚子裡的小生命，一向自尊心很強的令飛，只得在這個完全陌生的社會裡艱難地尋找生路。

當聽到兒子敘述這段艱難的經歷，我們作父母的心不由得揪緊起來。他是多麼苦啊，穿過一條馬路又一條馬路、一幢樓又一幢樓地去尋找工作。不管活兒多髒多累，他什麼都願意幹。誰知很多老闆都聽說過他的事，知是「魯迅的孫子」，誰也不願招惹這個麻煩。因爲在那個時期，臺灣對大陸文化禁錮極嚴，魯迅的著作絕對禁止出版，誰要是從外面帶進去，「海關」一旦查出，就可能判刑坐牢。有的老闆雖然不知道魯迅爲何許人，但一聽說他來自大陸也不敢雇用。這就是當時臺灣冷酷的現實。

當兒子奔波一天，深夜回家仍兩手空空，這個硬漢子不免雙淚長流時，妻子張純華非但沒有怪罪他，還與他商量著如何共同謀出路。最後他們買了台爆米花機，將爆好的米花批發給攤販，以此度日。這事給那些無聊記者獲悉，寫文章拿我兒子當笑話，說什麼想不到魯迅的孫子竟落到在臺北賣爆米花過日子的地步。但我兒子不以爲然，心想我本分做生意，靠勞動吃飯，這給祖父丟什麼臉？照樣他幹他的。女兒出世後，先是送託兒所，後來被岳母抱去撫養。妻子始終爲丈夫助一臂之力，表現了中國女子富不驕、窮不餒的傳統美德，兒子爲此又一次流出感激的熱淚。

聽了這一切，我們還能說什麼呢？兒子是爭氣。他有權追求自己的所愛（就像他的祖父母），他沒有做出對不起祖國的事，他經歷了不同於大陸的艱難生活，反而把自己磨練得成熟了。更可喜的是他不願庸庸碌碌過一輩子，他有自己的追求。這次回來，他的經濟已經有了轉機，買了很多書籍資料，打算回去搞研究寫書。他與乃祖不同，對大陸舞臺藝術情有獨鍾。當年搞攝影，就常常拍攝這方面的作品。他關注祖國的傳統舞臺藝術，看到它漸趨凋零，內心甚感不安。在訪問過不少伶界名宿名角之後，他決心做一件別人還未注意的大事：研究建國後的舞臺藝術史。他帶回去的文字圖書資料重達十幾公斤。

兩年後，一本沈甸甸的長達五十萬字的著作《夢幻狂想奏鳴曲——大陸舞臺四十年》出版問世，並在臺北《中國時報》連載。

著作出版，他隨即進入臺北娛樂圈，當起節目製作人。在臺灣當個節目製作人跟國外一樣，不只是搖搖鵝毛扇策劃策劃而已，得親自籌集資金、寫作腳本、安排演出等等，一切都得自己動手。但他卻樂此不疲。不過，最讓他開心也最引以爲自豪的是：花了一年多時間，他居然說服了散居世界各國的收藏家拿出自己的珍藏，讓他拿到由他一手策劃的「中國古瓷精品展」中供人觀賞。有的收藏簡直價値連城，他是小心翼翼地捧在懷裡一路坐飛機送到展臺上去的。雖然這樣幹賺不了多少錢，但他的心是滿足的，他爲弘揚我們祖國民族文化盡了自己的力——我不由地想，實實在在的幹事業，不圖「空頭」的什麼名，這不正是父親對於他後代的期許嗎？

我還知道兒子心裡有一個願望，他不願意老被人加上「魯迅的孫子」這種定語。他當然承認自己是魯迅的後代，但他不願靠祖上「庇蔭」生活。他要創造自己的事業，走自己的路，體現自己的人生價值，不管將來結果如何，他都會一直奮鬥下去。我想，這也是父親所願意看到的。我希望我的孩子都能這樣想。

去臺北探親

獲知一切之後，我們夫婦自然很想見見這尚未謀面的兒媳婦，還有兩個小孫女，都長這麼大了，我們當爺爺奶奶的都還不曾親吻過她們。再有親家公和親家母，雖然我們兩家阻隔兩岸，相互的親情必是一樣的。

好在政府是實事求是的，既然一切都已明朗，再也不對我們限制什麼，只要我們提出想去臺北探親，有關方面總是放行。

倒是臺灣方面顧慮頗多。我頭一回於一九九五年去臺北，是應邀去參加無線電方面的某個研討會，純屬學術性質的活動。可是我的「全國政協委員」身份一度成了障礙，幸虧邀請單位多方疏通說明，才於會議開幕前半天，匆匆趕到臺北。利用會議的間隙我去了兒子的家，也見了親家，但畢竟時間倉促，瞭解不是太多。

眞正得以深入兒子的生活，是隨後兩次長達半年、我們老兩口與兒子一家的日夜相處。

正如兒子當初的印象那樣，媳婦張純華確是「既現代又傳統」。她小令飛四歲，長得不高，穿著樸實，舉手投足還帶著學生氣息。見了我們這兩個來自大陸的公婆，毫無隔閡，「爸爸」、「媽媽」的喊得挺親熱。對我們的生活起居總是噓寒問暖，照顧安排得妥貼而周到。到了開飯時，她自己雖也在同桌吃飯，卻時刻關注著我們，不時地爲我們搛菜添飯。也許本來就學的服裝專業吧，她的縫紉手藝堪稱精湛。我住了幾個月之後，由於受到悉心照料，肚子漸漸隆起，以致帶來的西褲穿上去總是緊綳綳的，兒媳便爲我放寬改製，竟是服貼又美觀。我們觀察她對待兩個女兒，既關愛有加又不姑息驕寵，實在是個合格的好母親。

隨著瞭解的深入，我們還進而知道，兒媳不但把自己的家治理得舒適整齊，出嫁都十八年了，還不忘回娘家去盡女兒的孝道，父母一年四季身上的穿著都由她一手料理。無論冬棉夏單都由她整齊有序地收藏在箱子裡。到了該換的季節，她總是不失時機地拿出來爲父母準備著。娘家放不下，乾脆連箱子一起搬回自己的家，便於洗刷曬晾。

大兒周令飛在上海祖父墓前。

總之，來到長子的家，我們彷彿回到了四十年代，感受到那個時代所特有的合家和睦、夫勤妻賢、恭順孝悌的氛圍，那可是我們中華民族的傳統美德啊！想起當初對兒媳的傳聞，什麼「訓練有素的女特務」，不禁啞然失笑，深恨造謠者之可鄙。

令飛一家住在臺北市的信義區，離市中心約有二十分鐘的路程，那裡是一片不高的山，實際也只能算是丘陵吧。一幢幢住宅便依山而築。兒子的家在其中一幢的一樓。樓底下還有一層，稱爲「雙一樓」。下面還有個地下室，是國民黨當局規定必備的「防空」設施，面積倒挺大，實際無「空」可防，兒子便用來做了飯廳、廚房、浴室和孩子的活動室。我們老兩口住的客房也設在這裡。好在安裝有除濕機（每天可以從裡邊拎出一桶水來），住在那裡倒也乾爽舒適。上面的一樓，是客廳和兩間臥室，外加衛生間，那是兒子媳婦和兩個孫女的生活區。兒子還養了一隻長耳朵、毛色黃白相間的名犬——「科卡」，才一歲多，來了生客總是挺親熱，做出種種頑皮動作，十分逗人喜愛。有趣的是它對我老伴格外親熱調皮，常常偷偷叼走她換下的襪子藏起來，故意跟你搗蛋。

看到這一切，我們夫婦眞是既欣慰又感慨。在臺北這樣的地方，完全靠自己一雙手，終於創造了這樣一個雖不算富裕、卻也舒適安逸的家，他們是何等不易啊！

我們當然也去拜訪了親家。由此也瞭解他們一家的身世經歷。親家公張進福先生比我小三四歲，長得十分魁偉，精力充沛，作風豁達灑脫，完全是個幹事業者的模樣，與我這個成天坐辦公室、鑽在技術堆裡的人，適成顯明的對比。他祖上在大陸閩南，至少三代前就遷居臺灣，起初以務農爲業，到他父輩才漸漸在生意經營方面開始升發，在臺灣也算得上是個中產階級。他從事的是百貨服裝業，而以後者爲主。因此當兩岸關係有了鬆動，他也在閩南故地設了製衣廠。卻不料遭遇上面所講的這場說不清道不明的「災禍」，落得閩南的製衣廠也跟著結束。不過老人畢竟是經過世面的，對於事業興衰起落也並不怎麼放在心上。

至於親家母，過著與我們上海從前有錢人太太一樣的生活。三日兩頭的到洗頭店做做頭髮，平日邀集幾個談得來的老姐妹搓搓小麻將。我曾經在旁參觀，發現她牌技極精，對方手裡有幾張什麼牌算得一清二楚。交情再好，牌桌上可是不講情面的，該壓的壓，該送的送，哪怕自己做好的牌爛掉不和。可惜她們玩的是臺灣格式，和牌的名目繁多，我看了半天還弄不懂其中的奧秘所在。

張先生兩口子也是好福氣，生養了三男兩女，我媳婦是他們的次女。這一家都是本分老百姓，跟政治毫不搭界。不過有一點卻是態度鮮明的，那就是他們都說自己是中國人，自己的根在大陸。

親家老兩口也來大陸探過親，在北京住了幾天。我們少不了有一番招待，陪他們四處走走看看。我兒媳婦呢，自從兒子想在上海求發展，也帶了女兒回大陸探過兩回親，到過北京、南京、上海。但她畢竟是生長於南方的人，對北方的乾燥氣候不大適應。她倒是喜歡上海，認爲無論從生活到氣候都與臺北相差無幾。若兒子的事業順利，她很願意帶著女兒長住上海，這樣也可免去夫妻女兒兩地相思之苦。兒子曾帶了妻子女兒，在爺爺魯迅墓前獻花鞠躬。我想父親必含笑於九泉，想不到他一直爲之提心吊膽、多病多災的「小乖姑」（父親生前對我的昵稱）竟是兒孫滿堂了。

我交代完長兒婚事的一切。其中提到一些我所尊敬的首長，若有冒犯處，我再說一聲對不起！我還要再一次聲明：我曾經有過委屈和怨言，但現在都已蕩然無存。總之，一切都是可以理解的。

父親的遺產

父親留給我的遺產，精神的無法估量，遺作的權益也出乎意外的沈重。前面說大兒媳張純華「既現代又傳統」，其實我母親何嘗不是這樣的人。只是各自表現不同罷了。

且讓我舉個例子。我漸漸長大開始懂事時，有一回偶爾發現母親左上臂內側深深凹下去，似乎被剜去了一塊肉。我當時撫摸著傷疤問母親，她只隨口回答這是過去的瘡疤。到我長成十幾歲的小夥子，又一次問母親，她才告訴我：那時年少單純，見自己的父親重病纏身，久治不愈，想起書中讀過的「二十四孝」中有一孝，叫「割股療父」，以報養育之恩。我母親便如法炮製，硬是將臂上一塊肉割下來熬成湯藥，讓祖父喝了。可見傳統的「知恩圖報」思想是如何深刻地在母親頭腦中紮了根。

我前面說過，打從進入解放區，母親便有一種如釋重負之感。她與父親惟一的愛情結晶、又爲父親視作「小紅象」的我，整整十年中她幾乎以全部生命保護著，惟恐被病魔奪去，惟恐遭到白色恐怖的威脅。如今終於熬到頭了，將我送到這「天高任鳥飛」的天地，可以讓我自由而幸福地成長。爲此她深情地對我說：「我把你交給黨，從此我放心了。」並爲我的二十歲生日題了詞，希望我健康成長，「貢獻其涓滴」於社會。於此可見她對黨的感激和信任。

新中國成立後，黨給父親以崇高的評價，又委母親重任，讓她擔任政務院副秘書長和別的職務，每月的工資有三百六十萬（舊幣），自己又有能力買下大石作的房子，身邊配有秘書，出去工作有汽車接送，生病住院，住的是幹部病房，自己只需付飯錢，一切醫療費用由國家負擔。我那時在大學讀書，非但學雜費一概不收，連吃飯錢都不必自己掏。這與當年在上海霞飛坊，日日為生計犯愁，為治我這病兒四處奔走，恨不得一個錢掰作兩份花，眞是天上地下之別。由此她感到一切都很滿足。更何況黨和政府處處想著老百姓，百弊正在剷除，萬業正在興起，這不正是父母為之奮鬥夢寐以求的社會嗎？

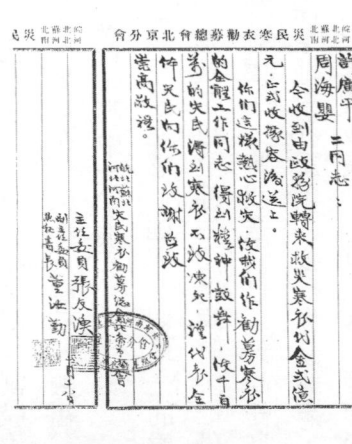

母親以我的名義捐款的收據

上述這一切，都使母親的報恩思想愈加強烈。她要做的只是奉獻、奉獻、再奉獻，而對於個人和家庭的物質生活從不考慮，自然更不會為自己身後兒孫們的事擔心什麼了。她一心想黨之所想，急人民之所急。凡是人民需要的，只要家裡有，什麼都可以拿去捐掉。母親去世後，留下一些遺物文稿，我還沒能全部整理，但從已經發現的就有這樣幾份收據：一是以主任委員張友漁先生署名的「皖北蘇北河北河南災民寒衣勸募總會北京分會」收到以我們母子名義捐獻的現金二億元（舊幣）。上面沒有年份，只寫著「十月十八日」，想是還在新中國成立初期；一是「抗美援朝」開始，全國人民紛紛捐獻飛機大砲，這回母親乾脆僅以我一個人的名義，爲全國文藝界捐獻的「魯迅號」飛機拿出了一千萬（舊幣）。她要我像父親那樣心中處處想著國家民族的存亡，而她自己大約是已經拿不出什麼錢了，只捐了區區五十萬元（舊幣）。所有這許多錢，來源只有一條：父親的版稅。還有一封上海出版公司具名「劉哲民」的信，說明因出了唐弢編的《魯迅全集補遺》兩種，已「寄出版稅三千七百六十七元七角」，請她查收。信後寫的時間是已改用新幣制的一九五二年。因此那時這三千多元錢，可說是一筆不小的數目了。但母親在信末用鋼筆批道：「三千五百元捐市婦聯福利事業」，自己只留了個零頭。

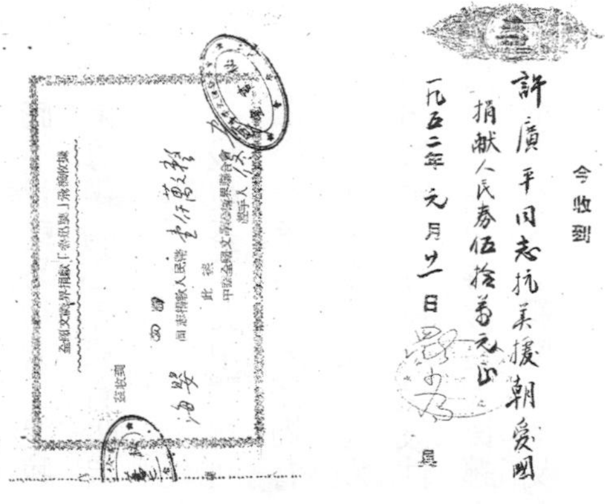
今收到
許廣平同志抗美援朝愛國
捐獻人民券伍拾萬元正
一九五二年元月廿一日
具

至於父親的遺物、手稿、書信乃至八道灣和西三條的房子，母親也悉數捐給國家和博物館、紀念館，非但不收分文，甚至連「捐獻證」、房產轉換手續都沒想到要。家裡僅存的父親遺物中，有一幅父親親筆字軸，那是我們視爲珍寶的一件紀念品。但是有一回我從讀書的北大回家，母親又欣喜又捨不得地告訴我：她把這幅字也捐了。用做民主黨派慶祝毛主席六十大壽的賀禮。這幅字母親過去一直壓在箱子底不肯輕易示人，連我都沒有見過。可是母親既然決定了，我又能說什麼？因為我知道母親的心，只有暗自惋惜罷了。

到了一九五六年，是父親逝世二十周年，在臨近紀念日前，我與妻子從中關村回大石作的家，忽然發現客廳裡有些異樣，似乎牆上少了什麼，顯得空落落的。仔細看去原來當年陳師曾等幾位友人送給父親的四幅水墨畫不見了。一問，才知道又被母親拿去捐給魯迅博物館了。因此，今天我可以公開聲明：作為魯迅嫡嗣，身邊絕無幾件可資紀念的遺物。甚至連一九三三年父親親筆抄錄的《兩地書》，他指定待我長大後讓我留作紀念的，竟也被母親捐了出去，以致我至今年已七旬，也未得親手觸摸一下父親專門為我而作的手澤。

因此到一九六八年三月，母親猝然離世，留給我的只有一個三千元的存摺。那是她出版的回憶父親三本集子的稿費，一分錢也不曾動過。

這就是我母親。我就是在母親這樣的熏陶下長大的。

在向讀者介紹過母親之後，我要回到這篇回憶的正題：關於父親的遺產而引起的糾紛。

讀者一定會想：許廣平先生既然那麼崇高無私，你這個當兒子的怎麼眼睛裡老是裝著個「錢」字，還不惜對簿公堂，豈不辜負先母對你的教導？

過去，父親每出一本著作，總要受到出版商的剝削。往往書出了，錢賺了，當向他要版稅時，就對不起，總是找種種藉口拖延、尅扣，甚至連由他一手扶持起來並給以信任的學生也如此，最終不得不拉破面皮，聲言要上公堂打官司，這是人所共知的。從父親亡故後，到一九四八年我們被地下黨安排去解放區，這許多年間，除了朋友的偶爾資助，我們母子（也包括北京的朱安女士）主要是靠出版父親遺作過日子的。而此時盜版蜂起，甚至連信賴的朋友都來趁機非法出版父親著作。而自己批出去的書，又往往受到書店的刁難，拿不回錢。母親一個婦道人家，一個書生，一個對經營之道少有知識的人面對這衆多不義趨利之徒，她赤手空拳，毫無辦法。

我重複這些前文已講過的事，無非要說明當新中國成立了出版總署，出來掌權的又是可信賴的老朋友葉聖陶、胡愈之和叔叔周建人，母親怎能不勝欣喜，以爲這一來託付有人，可以對付一切不法的盜版商了。加之她那時也已被任命爲國家幹部，公務繁忙，再也無餘力也沒有必要將這過去賴以活命的「魯迅全集出版社」維持下去。於是她回到上海，把出版社加

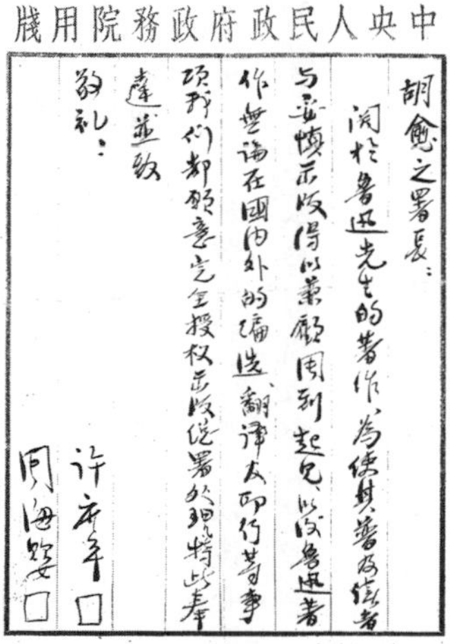
中央人民政府政務院用箋

胡愈之署長：

關於魯迅先生的著作，為使其普及流傳與出版得以兼顧周到起見，將魯迅著作無論在國內外的編選、翻譯及印行等事項，我們都願意完全授權出版總署辦理，特此奉達，並致

敬禮！

許廣平
周海嬰

一九五〇年10月10日

以清理停業，改將有關出版父親著作的一切事宜委託給國家出版總署處理。委託信由我們母子聯署，這封信我至今還保留著，全文如下：

胡愈之署長：

關於魯迅先生的著作，爲使其普及讀者與妥慎出版得以兼顧周到起見，以後魯迅著作無論在國內外的編選、翻譯及印行等事項，我們都願意完全授權出版總署處理。

特此奉達並致

敬禮

許廣平 周海嬰

一九五〇年十月十日

我想讀者看了一定明白：一，我們母子委託的是我國政府負責出版事業的最高行政領導機構「處理」；二，委託書的用詞僅是出版事宜「完全授權出版總署處理」，而非捐出版權。當時人民日報爲此發過消息，不容置疑。

當時，出版總署接受我們母子的委託後，交由人民文學出版社去具體執行，這也是順理成章的事。因爲這個出版社是國家辦的，又是全國最權威的出版社。特別是當時的幾位社領導，馮雪峰、樓適夷、聶紺弩都是母親一向極熟而信賴的朋友。總之，一切圓滿而放心。

但是，隨著父親著作的陸續出版，版稅一筆筆計算出來，就發生了衆所周知的「捐獻」問題。

按社長馮雪峰前輩的意見，母親應當收下所有的版稅，並爲此多次前來勸說。而母親卻連著給他寫了兩封信，表示要捐獻給國家。究竟是何動機，只有我兒子最清楚。

首先的原因是解放後母親的思想精神狀態，就是我在開頭所敘述的那樣，完全處於一種忘我無私的境界。在此情況下，要她接收如此一筆鉅款，便自覺十分不妥。她感到黨和國家對父親如此推崇，父親應當屬於人民，他的著作理應由人民去共用，而不應收取什麼報酬。再說，我們的生活已與解放前有了天壤之別，一切不用愁了，還要這麼多錢幹什麼？

何況，解放後的社會觀念也已經改變。過去我們母子靠父親版稅過日子，誰都認爲是正當的。而現在法律雖然明文規定繼承遺產屬於合法，但在輿論上卻被當做可恥的不勞而獲，是資產階級思想。因此，當她自己的著作出版，凡有版稅寄來，總是照收不誤，隨即存入銀行。而父親的版稅，那就屬於遺產，不是自己的勞動所得了，她身爲國家幹部，還有我這個魯迅的兒子，享用它豈非「大不光彩」？

實事求是講，雖然已事過境遷，似乎別人也不再提起，但那個陰影總是在母親的內心深處揮之不去。這就是一九四八年初入解放區時，在瀋陽遇到的那種刻骨銘心的尷尬。一向拿慣了父親的版稅，轉眼之間成爲「可恥」的事。最爲難堪的是連接受我們向學校的捐贈，也推三阻四，像是一筆不潔之款子。我們日日相伴的是蜚短流長、冷眼相向。這記憶太痛楚，太不堪回首了。更何況，母親這時正在爭取入黨，熱切地盼望自己能成爲父親曾經寄予希望的隊伍之一員呢。

隨著父親著作大量出版，所積累的版稅也越來越多，作爲社長的馮雪峰爲此感到尷尬，希望這筆錢再也不要在他們的賬面上延宕下去了。這時母親提出建議：能否將這版稅轉變成讀者的實惠，比如降低書價，或者乾脆明碼標明以九折出售。馮雪峰回去商量，社裡有關部門卻表示爲難，說書籍如何計價向有規定，不可破例，此議只得作罷。

這時馮雪峰聽到一種建議，認爲可否以父親的版稅爲基金，再向國家申請一筆錢，湊成個大數目，設立「魯迅文學獎」，以促進創作的繁榮。他將此事告訴母親，兩人覺得這倒是個妥善的辦法。但此議傳出，卻遭到一些文藝界有影響人士的反對。這些作家一向不滿意於當時掌握文藝界領導大權的周揚，由於不信任他的工作作風，因而也懷疑「魯迅文學獎」一旦被他控制，是否能眞正搞得合理而公正？此議也仍然作罷。

面對這種局面，馮雪峰感到左右爲難了：一方面社裡催著儘快結算；另一方面受者又堅持不收。在此兩難之下，馮雪峰只得向周恩來總理去稟報，請示處置辦法。總理的意思是，最好還是勸許大姐收下。因母親的態度堅決，總理改而指示：以「魯迅稿酬」名義將版稅從出版社提出，悉數存入銀行，以備將來我們母子需要時取用。即是說國家不能接受這筆捐款。我現在體會，總理作此決定，固然是尊重我們母子的權益，在為我們的將來著想。另外，是否也從政治和政策的高度考慮：若此例一開，豈非無形中在暗示或誘導別的作家也這樣做？這影響可就大了。馮雪峰得了這指示才如釋重負。他及時將父親的版稅轉入銀行，以專款名義儲存起來。

母親是極尊敬周恩來總理的，既然他作了這樣決定，焉有不服從之理？她從此不再堅持己見，對銀行裡的錢只是不去動用罷了。但她一直記著我們母子擁有這筆錢。直到一九六六年夏天，她還讓秘書王永昌同志去人民文學出版社找財務科長查詢過存款的實際數目。

上述事實清楚不過地說明：我們母子曾有的提議被周恩來總理否決了，「不收」或「捐獻」父親稿酬之事早已不復存在。

後來的嚴酷生活證明，總理當時的決斷是多麼有遠見。我在前文說過，一九六八年三月，母親亡故，一家人的生活轉眼之間跌到艱難的底層。從此我們夫婦總是為兩個字著急，那就是「經濟」！請想想看，我們夫婦都是低工資，兩人每月的收入合起來才一百二十四元。這區區收入卻要負擔一家六口外加一位老保姆張媽的一日三餐和衣著讀書。張媽過去一直照料母親的起居生活，母親故去後，她不肯離去，甘願與我們一起過苦日子；再說我們也離不開她，白天雙雙去上班，幾個讀書的孩子全靠她管著。誰知「屋漏偏逢連夜雨」，我自己又被多種疾病纏身，其中最嚴重的是心包炎和肝炎。緊跟著我的兒子老三也染上了B肝。幸虧母親那筆三千元的稿費分文不曾動過，它就成了我們求醫買藥、營養調理的救命錢。但那時的物價已不比從前，眞不知道這三千元究竟能夠維持多久？我們明知銀行裡存有一大筆屬於自己的錢，但這是什麼年代，我們哪敢想。

不料，我們的困境竟被周恩來總理知道了。我在北京醫院住院期間，周總理指示將「魯迅稿酬」名下的錢提出三萬元，供我養病之用。我這條小命，才得活到今天。我由此深切體會到總理當時考慮之周密深遠。

想不到隨後面臨的棘手事，越加與錢有關。

這得從「文革」說起。我們夫婦在三里河的單元裡苦打苦熬，好歹將三男一女四個孩子撫養大了，大兒子周令飛當時正上初中，懷著「一片紅心幹革命」的激情，初中沒畢業就參軍去了。那年他才十六歲。老二按規定被安排去北京郊區插隊，跟農民一樣種田看瓜，老老實實接受再教育，當然不能像「逍遙派」那樣有足夠的時間看書自學。別的孩子雖在讀書，但當時學校之混亂，學生根本不能正常上課，那是過來人都知道的。再說老三雖在上學，但他的肝病實際並沒痊癒，只能是半讀書半休養著。最小的女兒當時還是個小學生，啥也不懂，能要求她什麼呢？而我們夫婦倆，馬新雲在學校，我在廣電局，幾乎天天開會、學習、大批判，還三天兩頭加班加點，實在也沒精力更多地顧及孩子們的學習。就這樣，孩子們被硬生生地耽誤了！

等到「四人幫」粉碎，百業重興，其中最引人關注的是恢復高考。這時，參軍的老大即將復員了，插隊的老二回城了，老三老四也已長大成人。他們都面臨著這個大問題：將來該走怎樣的人生道路？但是兄妹們一合計，決心不放過這難得的高考。他們日夜補習，整整苦熬了幾個月。而考試的結果，一個個「名落孫山」。這一來，我的兩個孩子只得在家待業了。請想想吧，看到他們成日在家情緒鬱悶地晃來蕩去，我們作父母的會是怎樣的心情？

正在我們焦急無奈之時，黨組織伸出了援助之手。中組部派了王子光、沙洪、柳林等幾位同志來我家瞭解情況，商議了幾種讓孩子繼續學習的方案。其中一個，便是自費去日本留學。日本的關係我倒有一些，擔保人估計也不難找到，只是，哪來這一大筆路費和置裝費？

就在此時，中組部提出何不動用早先存在銀行裡的「魯迅稿酬」——拿爺爺的錢培養孫子們，是名正言順的事。為此，當時的中組部部長胡耀邦同志很重視，專門作出了「清理魯迅稿酬」的批示，並派人去人民文學出版社查詢。事情並沒有解決。一九八一年五月二十七日，當時的文化部副部長林默涵同志給我寫信，明確表示：「過去積存的和即將出版的新版的版稅，全部都應歸您，別人無權過問」（這封信我還保存著）。在同年的魯迅誕辰一百周年紀念日之前，中央組織部又作出了各出版社都要結清魯迅稿酬的決定，就連人民文學出版社的直接上司國家出版局也多次催促。直到此事引起中央領導同志的注意，周揚、習仲勳、朱穆之、趙守一先後發了話，連書記處的胡耀邦、陳雲兩位同志也下了指示，他們才交給我一張面額二十七萬元的支票。

我剛拿到人民文學出版社的支票，眞是「湊巧」，時間幾乎是同步，地區稅務局即來電話要我去一趟。到了那裡，就有一位負責人對我說，你這筆錢馬上要繳納百分之二十（合計五萬多元）的「個人所得稅」。我據實說明，那是五十年代所得，而非現在的收入。但是這位負責人不聽我的解釋。

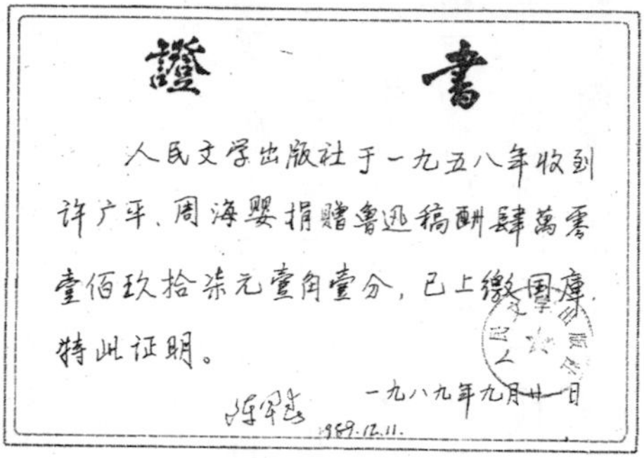

證書

人民文學出版社于一九五八年收到许广平、周海嬰捐贈魯迅稿酬肆萬零壹佰玖拾柒元壹角壹分，已上繳國庫。特此证明。

一九八九年九月廿一日

1989.12.11.

人民文學出版社將應付版稅四萬多元，作爲「利潤」上繳國庫。扣下應繳款留作自用。經交涉之後，我得到這麼一張「捐款」證書。

無奈，我只得去上級稅務總局申訴，一位領導接待了我，回答是「研究、研究」，讓我先回去。這就奇怪了。若有明文規定，拿出文件來向我宣讀明白，我還有什麼可說？我雖被人家斥爲「愛錢」，也不至於連應繳的稅款都敢抗拒。由此我預感所謂「研究」很可能是「緩兵之計」、裝作「愼重」的託辭。實際上他們已經「內定」了的。

果然，過了幾日，那位領導以電話回答我，並且口氣十分強硬：「不行，仍要照『規定』繳稅！」我無奈，只得提出讓人民文學出版社以「上繳國庫」名義非法侵佔的四萬元錢抵沖，但立即遭到拒絕，並威脅說：若不在限期內交清，就是「抗稅」，要

「給予懲戒」。沒有辦法，我只得老老實實如數交清。此事究竟該如何看待，還得請懂稅法的朋友指教。

「四人幫」粉碎前後，我多次應邀訪日，臨行前，當時國家出版局的王子野副局長幾次授權我，要我與日方洽談父親著作在日本的出版事宜。我爲此與日方出版商有過多次接觸和探討。由於有這些基礎，一九八一年，日本「學研社」擬與人民文學出版社簽訂允許日方全文翻譯新版十六卷《魯迅全集》的合同。文化部副部長林默涵同志爲此指示社方，要先與家屬商議，擬出個共同的權益口徑，再由社方出面與日本「學研社」談判。但我卻對整個談判進程一無所知。直到簽約的前一天，才派人以電話通知我：協定將於次晨簽署。因此，當新版日譯本《魯迅全集》出版多時，我仍不見其面目。直到一九八五年秋我又一次訪日，遇到「學研社」人員，當他們得知竟連送我的《魯迅全集》日譯本樣書也沒有收到，不由大爲驚訝。爲了國家的面子——老實說，也爲了保全人民文學出版社在日本朋友前的面子，我只能三緘其口，什麼也不說。

還有一件事，那筆父親稿酬，僅是解放初期到一九五八年之間的那部分。那麼，這以後呢？據我所知，在整個六十年代，出了更多的父親著作。國際上向有慣例，作者版權保護期應該是五十年。當時的國家出版局邊春光局長就在報紙上公開宣佈過：我國的著作權年限遵循國際慣例定爲五十年。這就是說，一直到一九八七年，我都可以合法地享有父親的版稅。退一步說，一九八四年文化部頒發了《書籍稿酬試行規定》

內部掌握的尺寸，著作保護期雖不同於國際慣例，也定了三十年。這樣，我的權益，至遲也可享受到一九六七年。

就在這個時期，我陸續收到上海文藝出版社（先後兩筆，一九八〇年和一九八四年）、中國青年出版社（一九八一年）和四川人民出版社（一九八四年）寄來的父親著作版稅。雖然數目大小不同，但都尊重了我的權益，這是令我欣慰並十分感激的。

一九八六年六月二十八日，我終於向法院提起訴訟，以侵犯權益為由，狀告人民文學出版社。我滿心以為，法律會替我撐腰。不想法院一審判我敗訴，再審我又敗訴，這是我所萬萬想不到的。我永遠不服這樣的判決。

至於公堂控辯雙方的說詞，某些名詞性質的論爭，我不想在此複述。我想讀者看了也必定會嫌煩的。我只說一些片段，以做大家茶餘飯後的談資……

片段之一

審判歷時兩年。但判決前的庭上調查僅有一次，時間約三小時，主要依據的「事實」均未向當事人（當然是我一方）核實確認。

我的訴訟代理人朱妙春律師曾向北京高院辦公室某主任反映案情。其中一條指出審判員「工作上有失誤」。該審判員在工作記錄中寫道：曾經走訪過國家版權局某同志，「簡單介紹了一下案情」（也不知是怎麼介紹的），對方聽了「隨口說道：『周海嬰既然以前願意上繳國家，現在又要，那當然不行了。』」朱妙春律師據此說：「這句話怎能代表國家版權局的意見？」

一九八八年十二月二十三日下午和二十四日下午，我的訴訟代理人朱妙春律師要調閱人民文學出版社與日本「學習研究社」及其曙光株式會社的合作出版合同，這原是法律賦予律師的權利，但遭到法官的拒絕。先說怕被「新聞界捅出去」，朱妙春律師據理力爭，並表示願書面保證不會泄露，甚至連原告也不讓知道，而仍不得准許，其理由是此材料已列爲副卷。按法律規定，法院方面是有權不讓律師接觸副卷的。然而同一位法官又聲稱：「到開庭時再當庭宣讀。」朱律師當即指出，既然要作爲證據當庭宣讀，而又不允許訴訟代理人查閱，這顯然是剝奪法律賦予律師的權利。但該法官始終堅持己見。談到後來，朱妙春律師才知道：法官也有其「苦衷」。原來一審時，「人文」並未提供這份與原訴內容至關重要的合同，因此可以說，這次是無根據地宣判周海嬰不享有新版日譯本《魯迅全集》的權益。既然事後提供了，法院豈非據此可以糾正錯判？而且朱妙春律師也更有權查閱了。但這位法官卻說：「如果讓你們看了，那就袒護你們了。」原來如此！因爲這份合同裡載有那樣的內容：作者應得版稅的規定是日本方面依據伯爾尼公約的國際慣例。

片段之二

官司敗訴，我的「臭名」也遠播四海。準確地說，是打從將人民文學出版社告到法院，我在一些人的心目中已經「敗訴」了。我不怕出醜，且摘錄一些當時所收集到的非議——

有的說，周海嬰出爾反爾，說話不算數，竟要收回捐出去的錢。

有的說，周海嬰眞讓他的父親丟臉，竟爲了錢對簿公堂。

有的說，周海嬰死要錢貪得無饜，要了還想要，他還算是個共產黨員、全國人大代表呢！

連遠在香港的《百姓》雜誌也趁機湊熱鬧，某篇文章在開頭處登了一幀父親畫像，旁邊印著一行醒目的字：「魯迅想不到他的兒子會爲他的稿費問題進法院。」在罵過我「出爾反爾，說話不算數」（很奇怪，這與人民文學出版社所講如出一轍）之後，進而挖苦道：「身爲魯迅後裔當不了大官，爭回一些錢總是有用的。」

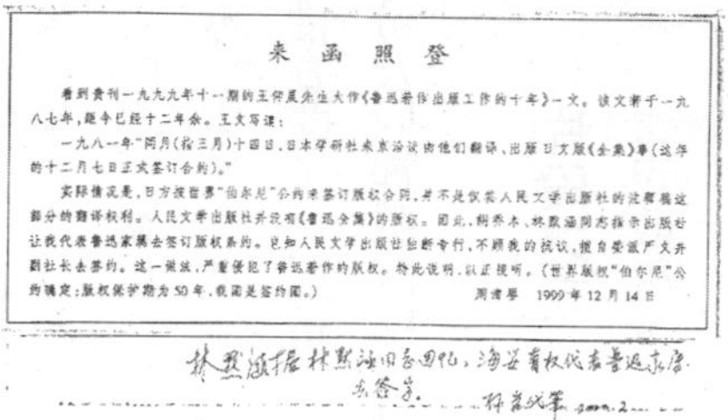
来函照登

看到贵刊一九九九年十一期的王仰晨先生大作《鲁迅著作出版工作的十年》一文。该文著于一九八七年，距今已经十二年余。王文写道：

一九八一年"同月（指三月）十四日，日本学研社来京洽谈由他们翻译、出版日文版《全集》事（这年的十二月七日正式签订合约）。"

实际情况是，日方按世界"伯尔尼"公约来签订版权合同，并不是仅买人民文学出版社的注释稿这部分的翻译权利。人民文学出版社并没有《鲁迅全集》的版权。因此，胡乔木、林默涵同志指示出版社让我代表鲁迅家属去签订版权条约。岂知人民文学出版社独断专行，不顾我的抗议，擅自委派严文井副社长去签约。这一做法，严重侵犯了鲁迅著作的版权。特此说明，以正视听。（世界版权"伯尔尼"公约确定：版权保护期为50年，我国是签约国。）

周海婴 1999年12月14日

左邊三個字是林老親筆所簽。

總之，我周海嬰一時成了魯迅的「不肖子」，做了讓父親蒙塵的醜事。但這些大都是局外人，自然只顧罵得痛快淋漓，管它什麼當事者的痛癢。也有另一種人，他們不罵、不鄙視，卻爲我的行爲痛心疾首，深感不安，試圖暗中阻止我，或另想別的體面辦法，以達到兩全其美之目的。其思想核心還是那句話：爲爭父親稿酬上公堂是不光彩的——魯迅多麼偉大，怎可把他跟銅臭聯繫起來呢！這些都是一向愛護我的，熟悉和不熟悉的文藝界前輩、領導和朋友。

這樣，就得說到一位文藝界前輩，我至今一直尊敬著的老人。法院判我敗訴的理由之一是：許廣平母子早將魯迅稿酬放棄了。對周恩來總理的指示卻隻字不提。但是，事實如我上述，千眞萬確，且當時還有個證人在，那就是與馮雪峰同時在人民文學出版社工作、並任副社長的樓適夷前輩。

樓適夷與母親早於抗戰時期就相識，可說是老朋友了。日寇進入上海法租界不久，即將母親抓去，除了要她交代自己的抗日救亡活動，還想從她那裡獲得其他左翼抗日文化人士的線索，其中之一就是逼她說出樓適夷的下落。母親被逼不過，就施了一計，故意將日寇帶到樓適夷早已搬遷的舊居去，讓鬼子撲了個空。爲此母親免不了又受到一頓毒打。這事後來被樓先生得悉，深爲感動，從此與母親的交誼越發深厚，對我這個小輩也時來表示關愛，我也一直尊敬他。

因爲他是「人文」當時的副社長，對處理父親稿酬的前後經過自然了然於心。但當我與「人文」打官司時，我的訴訟代理人朱妙春律師去向他調查，他口頭證實有這回事，卻拒絕親筆寫下具有法律效力的證詞。原來此前有一段人所不知的故事。

那是社會上正爲父親稿酬糾紛一事傳得沸沸揚揚之時。有一日，樓適夷來到我家，在對我這個小輩的生活表示關切之後，談話的內容就轉到了父親稿酬，意思是這錢當然是歸你的，但爲了顧全你父親的聲譽和你本人的影響，可否先提出個具體的捐贈計劃，然後再將錢撥還給你。並暗示說這不是他個人的意見。我從話中聽出，他其實是受胡喬木同志委託而來。

我深知老人完全出於一片愛屋及烏之心，他年紀這麼大，身體又不好，平時難得出門，如今專程為此而來，我這個小輩理應聽從前輩的教誨，最低限度也該給他個面子。遺憾的是，老人所提者正是我所最想不通的：別人的遺產可以合理合法地繼承，為何唯獨魯迅的稿酬他兒子不能拿？也許我當時委屈不平的情緒太盛，竟一時說話有些生硬，直沖沖地回答他：錢還沒有拿到手呢，何來捐獻之事？老人聽了，一時默然，歎了口氣，起身告別而去。我現在回想，老人家一定在心裡歎息：眞是孺子不可教啊！

不過樓適夷雖然對我不滿，畢竟還是仁愛慈祥、實事求是的，當陳明先生（已故丁玲前輩的丈夫）出面前去詢問時，仍給了正面的回答。下面是陳明先生的記錄：

「一九八八年十二月十一日，就人民文學出版社五十年代積存魯迅稿酬一事，訪問了樓適夷同志。請他談談周恩來總理二次指示馮雪峰同志，第一次是勸許廣平接受，第二次是讓出版社立戶存起來，留待許廣平、周海嬰需要時領用。」

樓適夷同志說，這件事他已談過許多次，也向社領導周遊同志講過。從人民文學出版社的賬面上，也可以反映出這件事。

「由於樓適夷同志已經病了三個月，沒有請他寫書面證明。」

當然，支援我訴訟的媒體也有。還有文藝界有聲望的老作家寫信來安慰我，旗幟鮮明地支持我的行動，黃源老就是其中一位。因此雖然官司輸了，我的心卻是溫暖的。

再說幾句

回憶錄寫到這裡，似乎應當收筆了。但有一件事再三疑慮，是不是應該寫下來，心裡沒有把握，因為既有此一說，姑且把它寫下來請讀者判斷吧。

這件事要從母親的老朋友羅稷南先生講起。他思想進步，崇敬魯迅，生前長期埋頭於翻譯俄國高爾基的作品，五六十年代的青年接觸高爾基的主要文學著作，幾乎都是讀他的譯著。抗戰時期，他們夫妻住在蒲石路，距離我家霞飛坊很近，母親經常帶著我在晚飯後到他們家，靜靜地聊些時政傳聞、日寇潰敗的小道消息。羅稷南先生長得高大魁梧，脾氣耿直，一口濃重的口音，聲音低沈，若不用心不易聽懂。新中國成立之後，據說他受聘於上海華東師範大學任教，直至退休。九十年代羅老去世，我因定居北京，沒能前赴告別。

一九五七年，毛主席曾前往上海小住，聽說照慣例請幾位老鄉聊聊，據說有周谷城等人，羅稷南先生也是老友了，參加了座談。大家都知道此時正值「反右」，談話的內容必然涉及到對文化人士在運動中處境的估計。羅稷南老先生抽個空隙，向毛主席提出了一個大膽的設想疑問：要是今天魯迅還活著，他可能會怎樣？這是一個懸浮在半空中的大膽的假設題，具有潛在的威脅性。其他文化界朋友若有同感，絕不敢如此冒昧，羅先生卻直率地講了出來。不料毛主席對此卻十分認眞，沈思了片刻，回答說：以我的估計，（魯迅）要麼是關在牢裡還是要寫，要麼他識大體不做聲。一個近乎懸念的詢問，得到的竟是如此嚴峻的回答。羅稷南先生頓時驚出一身冷汗，不敢再做聲。他把這事埋在心裡，對誰也不透露。

一直到羅老先生病重，覺得很有必要把幾十年前的這段秘密對話公開於世，不該帶進棺材，遂向一位信得過的學生全盤托出。

我是在一九九六年應邀參加巴人（王任叔）研討會時，這位親聆羅老先生講述的朋友告訴我這件事的。那是在一個旅館房間裡，同時在場的另有一位老專家。由於這段對話屬於「孤證」，又事關重大，我撰寫之後又抽掉。幸而在今年（二〇〇一年）七月拜訪了王元化先生，王先生告訴我應當可以披露，此事的公開不至於對兩位偉人會發生什麼影響，況且王元化先生告訴我：他也聽說過這件事情。

我記得，類似的這種擬想，在「文革」初期，母親就曾接到學生紅衛兵的多封來信，也有逕寄黨中央的，敘述了許多的理由，要求追認並接納魯迅爲一名光榮的共產黨黨員，我不清楚是否也有與羅稷南先生那般脾氣的人，亦把這個問題率直地提出來請示，毛主席的回答是怎樣的，那也只能留待另一位寫了。

後記

我已經七十歲了。七十年來，我生活中的每一天都是與我父親聯繫在一起的。但說心裡話，我本來並無撰寫回憶錄的念頭。雖然此前也偶爾寫過，如一九八一年的《重回上海憶童年》，但那只是記憶的斷片。如要比較完整地記下自己一生的經歷，尤其是涉及父親的活動，我可沒有這個勇氣。因爲在大量的前輩回憶文字面前，我自知缺少這方面的資格。

父親在世時，我還是個調皮愛玩的懵懂孩童。父親的生活起居，寫作待客，我雖然日日看到聽到，父親與朋友之間的談話，我每每在場，他們也並不迴避我，我對他們交談的內容偶爾發生興趣，其實他們究竟說的什麼，也不甚了然。故現在要我回憶這些，腦子裡幾乎是空白消磁的錄音帶。父親去世後，我家搬到了法租界霞飛坊，家裡僅有我們母子兩人，那時我已漸漸長大，有些事母親便與我商量，去什麼地方也往往帶我同行，知道的事情自然多起來。可是那時我的精力主要放在讀書做功課上；況且嚴重的哮喘又如影子般地折磨著我，使我不時地困臥病床。因此很遺憾，對於在孤島時期與抗戰勝利後的社會活動，所知仍然有限。而勝利後至一九四八年我們離開上海，確是母親在社會上最活躍的時期。到了解放後，我已經成年，學習、工作，在社會上有了自己的活動天地。雖然與母親經常在一起，卻各忙各的，只是茶餘飯後，說些無關緊要的家務事而已。那時母親擔任多種職務，相當繁忙，她的交往廣泛，照理必有大量值得記錄的故事。但母親是個嚴守紀律的人，不該讓我們知道的，絕不吐露半句；我自己也有意迴避，從不主動向她打探什麼。加之我以為，既然父親母親的文章都已公之於衆，父親的一切遺物手蹟亦早交與博物館、紀念館保存，又有這麼多學識卓著的專家在研究它們，我又不幹這一行，也就越加不去留意。至於我自己，一生並無什麼大的建樹可供記載，而只是腳踏實地工作與生活，為社會盡一份綿薄之力。

因此，當《文匯報》蕭關鴻和水渭亭先生建議我撰寫回憶錄，並不斷熱情鼓勵，我雖然口頭表示願意，但由於上述的原因和想法，內心總是猶豫不定，遲遲拿不定主意；況且，要認真寫出來，又難免牽涉一些人和事，這又使我顧慮重重。須知，我經歷的是是非非已經夠多的了，實在不願意到了古稀之年，再惹得一身麻煩。但是，我難辭這兩位朋友一再的勸說和鼓勵，盛情難卻，才終於下決心接受他們的建議。

說實話，雖然我一時下不了動筆的決心，而記憶的輪子卻已在不由自主地轉動起來。那些長期澱積於腦底，幾乎已被忘卻的往事，件件樁樁浮現出來，使我發現：自己這一生，確實經歷過，也聽到、看到過一些值得記錄的事。這當中，既有歡樂，也有酸辛，我為什麼不向人們坦白述說呢？這也許是我最後決心寫這本書的內心動力吧。

現在，回憶錄終於完成了。但在敘述的時間和內容上，並不那麼連綿相接，片片斷斷，疏密不均，缺失謬誤，在所難免。因爲它純然是從我長久沈積的記憶中挖掘出來的，幾乎沒有可供核對的資料。這就不免會像出土「文物」，往往難以展現它本來的面貌，在「粘合」的過程中，也許不經意地將甲俑的胳膊錯裝在乙俑的肩上。但這並非是我不負責的「瞎編」「亂寫」，或故意蒙混視聽。這是我要坦白報告於讀者的。我還要說明：有關童年回憶那部分，利用我先前寫出來的文章加以補充調整。至於所附照片，除注明出處者外，大部分是我本人所攝。但是其中有一些我查不到作者，有哪一位看到，請告知出版社。

最後，我要再次感謝王元化先生在百忙中答應我的要求，爲本書作序；感謝蕭關鴻、水渭亭二位先生對本書的關注和付出的許多心血。

期待著讀者朋友的聲音。

周海嬰

二〇〇一年春於北京木樨地寓

文化叢刊

魯迅與我七十年

2002年5月初版　　定價：新臺幣350元
2002年7月初版第二刷

著者　周海嬰
原著主編　蕭關鴻
發行人　劉國瑞

出版者　聯經出版事業公司
臺北市忠孝東路四段555號
台北發行所地址：台北縣汐止市大同路一段367號
電話：(02)26418661
台北忠孝門市地址：台北市忠孝東路四段561號1-2F
電話：(02)27683708
台北新生門市地址：台北市新生南路三段94號
電話：(02)23620308
台北基隆路門市地址：台北市基隆路一段180號
電話：(02)27627429
台中門市地址：台中市健行路321號B1
台中分公司電話：(04)22312023
高雄辦事處地址：高雄市成功一路363號B1
電話：(07)2412802
郵政劃撥帳戶第0100559-3號
郵撥電話：26418662
印刷者　世和印製企業有限公司

責任編輯　莊惠薰
校對　陳麗華
封面設計　莊祐銘

行政院新聞局出版事業登記證局版臺業字第0130號

本書如有缺頁，破損，倒裝請寄回發行所更換。　　ISBN 957-08-2432-8(平裝)
聯經網址 http://www.udngroup.com.tw/linkingp
信箱 e-mail:linkingp@ms9.hinet.net

國家圖書館出版品預行編目資料

魯迅與我七十年 / 周海嬰著．蕭關鴻原著主編
--初版．--臺北市：聯經，2002年
448面；14.8×21公分．-- (文化叢刊)
ISBN　957-08-2432-8(平裝)
〔2002年7月初版第二刷〕

I．周海嬰-傳記　II．周樹人-傳記

782.886　　91007255

聯副文叢系列

●本書目定價若有調整，以再版新書版權頁上之定價為準●

(1)鹽田兒女	蔡素芬著	180
(2)邊陲的燈火	楊蔚齡著	180
(3)散文的創造(上)	瘂弦主編	150
(4)散文的創造(下)	瘂弦主編	150
(5)飛翔之光——聯合報文學獎1994卷	瘂弦主編	250
(6)人生是一條不歸路	王邦雄著	170
(7)紅顏男子	李岳華著	150
(8)天下第一村幹事	陳介山著	120
(9)未來世界	王小波著	140
(10)讓高牆倒下吧	李家同著	170
(11)新極短篇——全民寫作(一)	陳義芝主編	180
(12)我寫故我在——聯合報文學獎一九九五卷	瘂弦主編	250
(13)陳瑞獻寓言	陳瑞獻著	130
(14)膜	紀大偉著	180
(15)每個人都有大智慧	趙衛民編	160
(16)站在巨人肩上	瘂弦、陳義芝編	220
(17)扶桑	瘂弦主編	200
(18)真女人紀事	陳義芝、黃秀慧編	150
(19)新極短篇——全民寫作(二)	黃秀慧主編	180
(20)美麗新世界——聯合報文學獎一九九六卷	瘂弦主編	250
(21)雙身	董啟章著	200
(22)眾神的花園	瘂弦主編	380
(23)大漠魂	郭雪波著	150
(24)人生散步	瘂弦主編	140
(25)向時間下戰帖——聯合報文學獎一九九七卷	陳義芝編	250
(26)陌生人	李家同著	170
(27)橄欖樹	蔡素芬著	180
(28)閱讀之旅（上卷）	陳義芝編	200
(29)閱讀之旅（下卷）	陳義芝編	200
(30)智慧100	聖嚴法師著	200
(31)人與海：台灣海洋環境	賈福相著	240
(32)迴旋	張讓著	250
(33)默	杜修蘭著	180
(34)沉雪	李晶、李盈著	200

(35)台灣現代小說史綜論	陳義芝主編	480
(36)華年放異采——聯合報文學獎一九九八卷	陳義芝主編	250
(38)看海的人	賈福相著	250
(39)台灣文學經典研討會論文集	陳義芝編	420
(40)惡寒：第廿屆聯合報文學獎中篇小說評審獎	張惠菁著	220
(41)金色海灘：第廿屆聯合報文學獎中篇小說評審獎	樊小玉著	180
(42)新的寫作時代——聯合報文學獎一九九九卷	陳義芝編	250
(43)消失的海岸	孫寶年編	250
(44)二十世紀文學紀事	鄭樹森編著	280
(45)李喬短篇小說精選集	李喬著	250
(46)再現文學垂天大翼——聯合報文學獎一九九九卷	陳義芝編	220
(47)藍色運動：尋回台灣的海洋生物	邵廣昭等著	280
(48)時代小說（上、下）	蘇偉貞主編	500
(49)聯副插畫五十年	陳泰裕主編	精380